"中国STEM教育202

王 素 主编 / 李 佳 袁 野 副主编

# 数字化转型中的 STEM 教育

李 佳 袁 野 等 / 编 著

教育科学出版社
·北 京·

出　版　人　郑豪杰
项目统筹　殷　欢
责任编辑　贾立杰
版式设计　徐丛巍　杨玲玲
责任校对　贾静芳
责任印制　叶小峰

**图书在版编目（CIP）数据**

数字化转型中的STEM教育/李佳等编著. —北京：
教育科学出版社，2023.4
（"中国STEM教育2029行动计划"丛书/王素主编）
ISBN 978-7-5191-3477-8

Ⅰ. ①数… Ⅱ. ①李… Ⅲ. ①科学教育学–研究
Ⅳ. ①G40–05

中国国家版本馆CIP数据核字（2023）第066744号

"中国STEM教育2029行动计划"丛书
**数字化转型中的STEM教育**
SHUZIHUA ZHUANXING ZHONG DE STEM JIAOYU

| | | | | |
|---|---|---|---|---|
| 出 版 发 行 | 教育科学出版社 | | | |
| 社　　　址 | 北京·朝阳区安慧北里安园甲9号 | 邮　　编 | 100101 | |
| 总编室电话 | 010-64981290 | 编辑部电话 | 010-64989637 | |
| 出版部电话 | 010-64989487 | 市场部电话 | 010-64989009 | |
| 传　　　真 | 010-64891796 | 网　　址 | http://www.esph.com.cn | |
| 经　　　销 | 各地新华书店 | | | |
| 制　　　作 | 北京京久科创文化有限公司 | | | |
| 印　　　刷 | 天津市光明印务有限公司 | | | |
| 开　　　本 | 720毫米×1020毫米　1/16 | 版　　次 | 2023年4月第1版 | |
| 印　　　张 | 16.25 | 印　　次 | 2023年4月第1次印刷 | |
| 字　　　数 | 214千 | 定　　价 | 59.80元 | |

# 丛书编委会

主　编: 王　素

副主编: 李　佳　袁　野

编　委:（以姓氏拼音排序）

# 本书编著者

李　佳　北京市海淀区教师进修学校

袁　野　中国教育科学研究院

罗　天　首都师范大学

黄　瑄　北京教育学院

卢超群　香港教育大学

张一鸣　人民教育出版社

李秀菊　中国科普研究所

洪倩楠　美国南加州大学

周莹莹　英国格拉斯哥大学

马　存　首都师范大学

李谦益　北京师范大学

刘垚佳　中央音乐学院

# 丛书序一

我国改革开放以来的发展经验表明，人才，尤其是科技人才是国家实现从富起来到强起来伟大飞跃的重要资源。党和国家领导人历来对人才工作高度重视，从邓小平同志提出"尊重知识，尊重人才"，到习近平总书记提出"人才是第一资源"，无不体现了这一点。现今，在我国迈向第二个百年奋斗目标的新征程上，科技人才的重要作用更加凸显。一方面，在后疫情时代全球经济增长放缓、"贸易战"频发、大国力量对比变化等影响下，"技术脱钩""教育脱钩"等正成为阻碍全球发展的重要因素，国际环境日趋复杂；另一方面，新一轮科技革命和产业革命的加速拓展使得全球创新版图正在重构，抢占科技制高点的竞争将更加激烈。

在这样的背景下，科技人才自主培养就成为我国建设现代化强国的重要保障，也赋予教育新的重要时代使命。在过去，我们的教育虽不及发达国家，但可以充分利用"超级全球化"的红利和机会，通过广泛的教育与科研国际合作交流弥补我们在科技人才培育上的不足；但是在当今全球化受阻、"逆全球化"势力抬头的背景下，原来的科技领域国际合作交流路径障碍重重，所以必须对教育发展做出新的调整与规划，"提高人才供给自主可控能力"。正如习近平总书记《在中国科学院第二十次院士大会、中国工程院第十五次院士大会、中国科协第十次全国代表大会上的讲话》中所指出的："培养创新型人才是国家、民族长远发展的大计。当今世界的竞争说到底是人才竞争、教育竞争。要更加重视人才自主培养，更加重视科学精神、创新能力、批判性思维的培养培育。"[①]

---

① 习近平. 在中国科学院第二十次院士大会、中国工程院第十五次院士大会、中国科协第十次全国代表大会上的讲话［EB/OL］.（2021-05-28）［2022-10-08］. http://www.gov.cn/xinwen/2021-05/28/content_5613746.htm.

虽然高等教育直接关系到科技人才，特别是创新科技人才的培养，但是中小学教育阶段所发挥的奠基性作用也不容忽视。国内外研究均表明，许多大科学家对科学的终身兴趣始于童年，所以从小保护好学生的科学兴趣并且让其一直持续下去就非常重要。另外，科学精神、科学思维等是成长为科学家的必备素养，而这些素养需要从小培育。相比于西方发达国家，我们目前的科学教育体系还存在着不少问题，这也是目前我国面临技术"卡脖子"难题的重要根由。在这里，我愿意结合我自己的学习与工作经历，就中小学阶段的科技人才培养谈几个需要关注的问题。

第一，如何进一步提高理科教育在中小学的地位。在过去，我们有"学好数理化，走遍全天下"的口号，影响了一批又一批的高中生在高中文理分科时选择理科，在高考志愿填报时选择理工类专业。近些年来，在取消文理分科后，不少学生在选择高考科目时避难就易，再加上缺少必要的指导，使得物理、化学、生物学等科目的受重视度不够。而从国际发展经验和相关研究来看，科学领域的人才培养需要从青少年时期抓起，这已经成为国际共识。以美国为例，美国在科学和工程教育上处于世界领先地位，而美国2022年发布的《学前至小学阶段的科学与工程：儿童聪慧与教育者优势》强调指出：应该从学前阶段就开始进行科学和工程教育，包括重视学习环境建设、注重学科整合、加强课程资源和教师队伍建设等。①

第二，如何改革理科课程、教学与评价体系，以更好地培养中小学生的科学兴趣与科学思维。经过改革开放几十年以来的发展，我国的中小学教育已经解决了"有学上"的普遍需求，随着社会主要矛盾转化为"人民日益增长的美好生活需要和不平衡不充分的发展之间的矛盾"，人们对教育的需求也开始向"上好学"转变。教育的"内卷"成为一种突出的社会现象，中小学理科教育的应试

---

① National Academies of Sciences, Engineering, and Medicine. Science and Engineering in Preschool Through Elementary Grades: The Brilliance of Children and the Strengths of Educators［M/OL］. Washington, D. C.: The National Academies Press，2022［2022-10-08］. https://doi.org/10.17226/26215.

化现象仍然没有得到有效解决。中国科学院2021年针对220多位院士的调研结果显示，79.1%的院士认为基础教育阶段的过度"刷题"磨灭了学生的好奇心与科学兴趣。[1]解决这一问题，需要科学的制度设计，其中，课程、教学与评价体系的改革既是关键，也是基础。

第三，如何开发和利用好校外科学教育学习资源。课外的科学学习资源对于扩大学生视野、激发学习热情具有重要的价值。我在上中小学的时候，科学方面的课外图书资源相当有限，还是高中时读到的《化石》杂志激起了我对古生物学的兴趣。通过课外阅读，我开始了最初关于生物进化的思考，并在高考时选择了古生物学专业，最终走上古鸟类研究之路，推究原因，也正是源于青少年时期这段启蒙经历。现在的课外学习资源除了纸质的书籍外，还有各种各样的电子资源，比我们那时丰富了不少，所以要有效利用起来。国外在这方面已经形成了一些成熟的做法。例如，美国课后联盟（The Afterschool Alliance）发布的报告显示：2020年，73%的家长反映他们的孩子课外学习项目中有STEM学习的内容，60%的家长反映他们的孩子每周至少参与两次STEM活动[2]；57%的社区图书馆会为学龄前儿童提供STEM课程，87%的图书馆会为小学生提供STEM课程等[3]。站在新的历史起点，参考他山之石，我们在推进中小学科学教育方面，更要充分利用现有资源，加快探索步伐。

上述这些问题的解决不可能一蹴而就，可以在有条件的地区通过实验性的实践来进行探索，这既需要理论研究为之廓清方向，更需要有效的实践操作指导以及相应的案例分享。中国教育科学研究院王素研究员集多年研究主编的这

---

① "我国数理化基础学科教育若干重大问题研究"课题组. 我国数理化基础学科教育若干重大问题研究（咨询报告）[R]. 北京：中国科学院，2021.

② The Afterschool Alliance. STEM Learning in Afterschool on the Rise, But Barriers and Inequities Exist [R/OL].（2021-08）[2022-10-08]. http://afterschoolalliance.org/documents/AA3PM/AA3PM-STEM-Report-2021.pdf.

③ The Afterschool Alliance. Community STEM Collaborations that Support Children and Families [R/OL].（2020）[2022-10-08]. http://afterschoolalliance.org/documents/Community-STEM-Collaborations-that-Support-Children-Families.pdf.

套"中国STEM教育2029行动计划"丛书涉及科学教育的课程设置、教学设计、学生评价、教师专业发展、优秀案例呈现等方方面面,相信会对相关的改革实践提供有价值的参考,并发挥积极作用。

中国科学院院士

教科版小学《科学》教材主编

# 丛书序二

我们正处在一个大变革的时代，科技革命日新月异，全球格局正在重塑，大国博弈日趋激烈。国际竞争的根本在于人才的竞争，特别是高科技人才的竞争，因此很多国家把科学、技术与工程教育置于国家的战略地位，认为STEM教育与科技人才的培养关乎国家安全和人才竞争。我国要在2035年基本实现社会主义现代化，进入创新型国家前列，实现建成人才强国的战略目标，加快建设世界重要人才中心和创新高地，其中，STEM教育对于我国培养科技人才、提升青少年的科技素养具有重要意义。

中国教育科学研究院于2017年成立了STEM教育研究中心，并发布了《中国STEM教育白皮书》，提出了"中国STEM教育2029行动计划"。该计划提出，中国的STEM教育要有顶层设计，要实现大中小学的贯通培养，要利用社会资源建立STEM教育生态，发展一批STEM领航学校和种子学校，培养一批STEM种子教师，并开展系列的促进STEM教育发展的活动。几年来，我们努力发挥科研的引领作用，通过建立STEM教育协同创新中心、召开STEM教育发展大会、开展相关课题研究等推动中国中小学STEM教育的发展，并取得了一定的成效。同时，在对中国STEM教育的调研中我们发现，大部分学校和教师对STEM教育有一定的认识，但是缺乏系统的知识和有效开展STEM教育的方法。因此，我们在2020年组织STEM教育领域的相关专家进行了一系列研讨，希望给教师提供一套完整的、实用的STEM教育案头书，书中既有相关理论的阐述，又有可操作的案例，由此诞生了"中国STEM教育2029行动计划"丛书。

丛书共12本，包括《数字化转型中的STEM教育》《STEM课程设计与实施》《STEM学科教学：链接与赋能》《STEM教师的跨学科成长》《STEM教学设计与评价》《STEM活动与竞赛》《未来学校设计：STEM空间营造》《STEM与工程思维》《STEM与设计思维》《STEM与计算思维》《STEM与创新思维》

和《STEM与人工智能》。

《数字化转型中的STEM教育》重点梳理了STEM教育的相关理论以及在数字化转型的大背景下STEM教育的基本特征。书中提出，STEM教育更关注学生跨学科整合能力和问题解决能力的培养，而数字化转型对学生提出的能力要求中，跨学科知识、认知和元认知技能、创造新价值、协调矛盾和应对困境等方面都与STEM教育的目标相符。STEM教育将成为支撑数字化转型的重要方式之一。书中对STEM教育的跨学科性、情境化、实践性、素养导向性、智能化和创新性的阐述对落实新课标提出的学科实践、跨学科整合都具有参考价值。

学校教师非常关注如何在学校现有的课程体系下设计和开展STEM教育。我们认为STEM不是一门课程，而是一个课程群，涵盖的内容非常广泛，在学校的实施形式也是多样化的，包括学科教学、跨学科项目、活动、竞赛等。针对当前教师面临的主要挑战，我们组织了6本书来系统地阐述如何进行STEM课程设计与实施。

其中，《STEM课程设计与实施》一书阐述了STEM课程建设的本质、模式与特征。这本书提出，STEM课程的设计与开发首先须遵循课程开发的基本规范，聚焦课程的定位、课程的价值取向、课程的构建、课程的目标、课程的实施与课程的评价等六方面。其次，STEM课程是体现跨学科融合的综合课程。最后，STEM课程是项目式课程。和所有的项目式课程一样，它在设计开发与实施时是以真实项目为驱动的。这种界定对于学校建设STEM课程非常有价值。书中还对STEM课程目标设计、内容开发、内容来源与转化、实施路径及评价都进行了系统的论述，并给出了不同类型的STEM课程案例供读者参阅。

STEM分为广义和狭义之说，其本质是跨学科教育，但在当前学科教学占据绝大部分时间的情况下，如何在学校开展STEM教育？我们从学科教学、跨学科教学、活动与竞赛等不同的STEM教育形态出发向教师们展示如何开展STEM教育。

《STEM学科教学》这本书有个副标题：链接与赋能，表明了本书作者对STEM与学科教学关系的认识。在作者看来，当下随着新课标的发布，课程改革已经进入了以"提质增效"为特征的深化阶段,学科教学还可以在关注学生的问题解决能力、跨领域合作交往能力以及学习活动设计与实施的有效性、学科之间的有机整合、信息技术与学科学习的深度融合等方面进行改进。这其中就体现了STEM教育对学科教学的赋能。STEM教育的跨学科性、项目式的学习方式,强调在真实世界中创造性地解决问题的能力,不正是新课标期待学科教学完成的目标吗?如何实现这种赋能呢?这就是链接的作用。欢迎读者进一步阅读这本书,挖掘更多学科教学与STEM教育的关系。

STEM教育最典型的特征就是跨学科融合,这也是新课标所强调的。很多老师对跨学科教学感到陌生,不知道如何应对,所以我们专门写了一本《STEM教师的跨学科成长》。这本书以活泼新颖的视角阐释了跨学科的演变过程,并从学识、思维、视角、技能四个方面给出了教师的跨学科成长路径。读完这本书,相信你会深受启发,积极走上跨学科成长之路。

STEM教学如何设计与评价?我们也专门用一本书来进行阐述。新课标强调素养导向的教育,强调"教—学—评"一体化,这些理念在STEM教学中如何实现?STEM教学是否有独特的教学模式和有效的教学策略?作为一种项目式学习,STEM教学又如何实现通过评价促进学生核心素养的发展?如何设计和使用STEM学习评价量表?《STEM教学设计与评价》一书对此给出了积极的回应,并结合STEM学习的创新案例帮助大家对这些问题有更清晰的认识。

STEM教育在中国经历了演变的历程,科技教育曾经是更为我们所熟知的名字,尤其是科技活动和竞赛,学校和学生都很喜欢,参与度高。伴随着课程改革,学校设置了小学科学、中学理科课程、通用技术、信息科技、综合实践等有关课程,并开设有社团、校本课程以及科技节等多样的、丰富多彩的课程与活动。STEM教育与原有的很多科技活动和竞赛有着传承关系。学校和校外如何组织、设计STEM活动与竞赛?它们与学校的课程是什么关系?不同学段的STEM活动有什么特点?有哪些典型的STEM活动与竞赛?STEM活动与竞赛如何体现育人功能?《STEM活动与竞赛》一书对此进行了有意义的探索。

相比于常见的学科教学,STEM教育具有很大的特殊性,强调在真实的任务中解决问题，因此需要相应的空间、特殊的环境给予支持。什么样的学校空间是我们所期待的？它传递着怎样的理念？空间与教学和育人之间是什么关系？学习空间设计有哪些可能性？为了回答这些问题，我们专门写了一本《未来学校设计：STEM空间营造》。这本书无论是写作方式还是内容都非常具有创新性，它既有人文的叙事，又有哲理的思考，还给出了操作的方法。从中我们可以看到对学校设计方法论和流程的阐释，并通过具体案例了解到好的学校设计是如何诞生的，体会新的学习理念是如何影响空间设计的。

STEM教育特别注重学生思维方式的培养，我们用4本书阐述了4种重要的思维——工程思维、设计思维、计算思维、创新思维。在过去的学校教育中很多老师对这些思维的培养感到陌生，随着育人目标的改变，思维发展成为教育中极为重要的部分，特别是上述4种思维方式，无论学生将来从事什么职业，这几种思维培养好了，应对工作就会游刃有余。《STEM与工程思维》一书的作者从认知维度、能力维度和实践维度三个方面阐释了工程思维的价值、特点、思想方法，同时给出了运用工程思维解决问题的策略，以及工程思维教学案例及解析，为教师理解工程思维，有效开展教学实践提供了支持。

设计思维在各行业中应用广泛。有些中小学也开设了设计思维培养课程，但是大部分学校教师对设计思维及其教学还是陌生的。《STEM与设计思维》一书力图用一种设计思维的方式来写作，使用图文并茂的形式让读者一眼就可以看到设计思维的要义，并获得不一样的阅读体验。书中给出的大量案例也会让读者切身体会到设计思维的魅力，以及如何在教学中运用设计思维。

进入智能时代，面对全新的世界，人类不仅需要开发新的工具来控制和体验这些设备与技术，更需要全新的思维方式，使我们能够看透技术的本质，以创造性的、深思熟虑的和适当的方式理解并使用这些技术。从这个视角来看，计算思维作为运用计算机和互联网及其他信息处理代理有效执行人类构造和表述问题的思维方法，不仅是计算机科学家和数字工程师的专业兴趣，也将超越具体学科，成为这个时代最基本的思维方式。这是《STEM与计算思维》这本书中对计算思维的描述。计算思维将成为21世纪公民必备的基本思维智慧，成为与阅读、写作、算术一样的基本技能。如此重要的思维在中小学应该如何培养？本书作者对计算思维的本质、指向计算思维教育的STEM项目设计以及如何运用计算思维解决学科教学问题都做了系统阐述，并辅以案例说明。

创新思维是21世纪核心素养中的重要组成部分。对于创新思维大家既熟悉又陌生，熟悉的是在许多场景下都会提到创新思维的培养，陌生的是如何在学校教育中有效培养创新思维。创新思维可以赋能学生在不久的将来自如地应对工作、生活带来的挑战，也为社会带来更大的价值。赋能学生的前提是赋能学校，而这中间最重要的一环是赋能教师。教师如何设计教学活动激发学生的好奇心，使用什么方法和工具鼓励学生自主探索、应对挑战、学会从失败中学习，如何创建一个友善的环境，使用正确的沟通方式和学生对话、交流，值得每一位教师在阅读时深思。在这本《STEM与创新思维》中你还会了解到我国和新加坡多所学校的创新思维教学培养案例。

人工智能也是目前学校开展STEM教育的重要内容领域，因此我们特别编写了《STEM与人工智能》这本书，通过对各学段大量案例的展示与解析，让教师了解在STEM教育中如何开展人工智能相关内容的项目设计与实施。

我们期待这套STEM教育丛书能给教师提供更加全面了解STEM教育的机会，同时也希望这套书成为教师开展STEM教育的得力助手。我们还会开发与这套书配套的视频课程，使其成为STEM教师专业学习的有效资源。希望我们的努力能助推中国STEM教育的发展，更加希望我们这套书能成为正在阅读本书的你的好朋友。

王 素

中国教育科学研究院比较教育研究所所长

中国教育科学研究院 STEM 教育研究中心主任

# 前　言

　　"中国 STEM 教育 2029 行动计划"丛书共 12 本，本书作为丛书的第一本书，是理论性最强的一本。其余 11 本书侧重 STEM 教育实践，涵盖了 STEM 教学设计、课程开发、空间设计和高阶思维的培养，实操性非常强。

　　本丛书的读者对象主要是一线中小学教师，其次是教育研究者。中小学教师喜欢可读性强且操作性强的书。对于中小学教师以及多数理科出身的 STEM 教育工作者来说，理论更像是空中楼阁，高深莫测，晦涩难懂，让人抓不到，摸不透，对它怀有敬畏之心，很难在实践中运用。本丛书为何还要设置这样一本以理论阐释为主的书呢？

　　在回答这个问题之前，我们先思考一个问题，是不是有翅膀就可以飞？历史上很多人对这一问题的回答是肯定的，为此，他们尝试用不同的材料做出形态各异的翅膀，绑在身上，从高处一跃，结果却失败了。如果不了解飞行背后的原理，就无法解答这个问题。

　　同样，做 STEM 教育也是如此。如果仅仅阅读、学习和模仿本丛书另外 11 本书中的案例，你也可以在学科教学中融入 STEM 教育的元素，或开发出跨学科的 STEM 课程，成为一名合格的 STEM 教师。但是只有了解了 STEM 教育的基本理论，才能触类旁通，举一反三，从而成为一名优秀的 STEM 教育工作者。就像武侠小说中描述的一样，初学者修的是招式，高手修的是内功。

　　本书以理论为主，以实践为辅，全书共五章，分别与读者探讨以下五个问题：STEM 教育是什么？STEM 教育曾经从哪里来？STEM 教育现在是什么样的？STEM 教育未来有何作用？如何开展 STEM 教育？这五个问题层层递进，环环相扣。各章节内容安排如下。

　　第一章"什么是 STEM 教育"探讨的是 STEM 教育是什么，致力于帮助读者理解 STEM 教育的本质，了解 STEM 教育的内涵、目标和特征，为本丛书的学习奠定基础。

第二章"STEM 教育的发展历程"探讨的是 STEM 教育曾经是从哪里来的，致力于帮助读者理解 STEM 教育的来龙去脉和发展变化。从 STEM 教育政策、STEM 教育标准和 STEM 教育实践三个维度，以美国、英国、德国、芬兰、中国、韩国、马来西亚、日本、澳大利亚的 STEM 教育发展历程为例，简要介绍 STEM 教育在全球的发展历程，引导读者从时间和空间的广度思考 STEM 教育在时代发展中的演变。

第三章"教育数字化转型与 STEM 教育"探讨的是 STEM 教育现在是什么样的，致力于帮助读者了解当前数字化转型中 STEM 教育的崭新面貌和发展目标。

第四章"STEM 教育的作用"探讨的是 STEM 教育未来有何作用，致力于帮助读者理解在数字时代 STEM 教育在国家战略、教育改革与人才培养中承担的使命和发挥的作用。

第五章"全球 STEM 教育实践案例"探讨的是 STEM 教育如何做。数字化转型中的 STEM 教育是一项全社会共同参与的教育实践，应当构建 STEM 学习生态系统。本章通过展示全球多个国家的优秀 STEM 教育实践案例，帮助读者理解如何在 STEM 学习生态系统中开展 STEM 教育，包括学校、家庭、校外等教育场景，以及如何融合以上多个教育场景开展 STEM 教育。

本书第一章由黄瑄和李秀菊编写，第二章由罗天和洪倩楠编写，第三章由袁野和周莹莹编写，第四章由李佳和周莹莹编写，第五章由卢超群和张一鸣编写。李谦益和刘垚佳负责部分文献资料的查阅和汇编，马存负责全书的校稿和修订，首都师范大学孙悦玲、聂淼参与了书稿部分内容的修订，最后由李佳和袁野统稿。

感谢中国教育科学研究院比较教育研究所王素老师对本书编写提供的指导和帮助，感谢教育科学出版社殷欢老师和贾立杰老师对书稿成文给予的建议。

本书力求帮助读者将 STEM 教育理论了然于胸，这样再学习丛书其余 11 本实操性强的书定会另有一番感悟。理论和实践相辅而行，方足致用。

李 佳

2022 年 12 月

# 目　录

# 第一章 什么是STEM教育

在新一轮科技革命和产业变革中，人类社会迅速进入数字化、智能化时代。学科交叉融合成为科学研究范式的突出特征，科技创新呈指数式增长，数字时代对人才培养的新需求引发新的教育变革，教育进入数字化转型阶段。本章将围绕什么是STEM教育，简述STEM教育所经历的发展变革，并基于教育数字化转型的背景，阐述国家、课程、学习、教学、社会等不同层面STEM教育的内涵，以及STEM教育的目标和STEM教育的特征。

本章学习目标：

1. 了解STEM教育的内涵本质、学科内容、教育形式、目标取向和特征属性等在过去的几十年内发生的显著变化。

2. 明晰STEM教育的内涵及其在国家层面、课程层面、学习层面、教学层面和社会层面的不同体现。

3. 了解STEM教育的目标，包括激发学习兴趣、提升STEM素养、培养未来劳动力和培养创新人才。

4. 把握STEM教育的特征，即跨学科整合性、情境化实践性、STEM素养导向性、智能化创新性。

# 一、STEM 教育的演变

　　STEM 教育，最早可以追溯到二十世纪五六十年代，经历数十年的发展变革，在教育数字化转型阶段日益受到世界各国的关注。面对复杂多变的国际形势和日益显著的全球性问题，仅具备单一知识或技能已不足以应对未来的工作和生活，STEM 教育的内涵与目标等也因此逐渐发生变化。在教育数字化转型背景下，学习方式正经历重大转型，教育的实践性、个性化等特征愈加明显，与教育变革的步伐一致，STEM 教育更加侧重以学生为中心构建教育环境、以学生素养提升为导向开展教学活动。教育数字化转型中的 STEM 教育，无论是内涵本质、学科内容、教育形式，还是目标取向、特征属性等，与 STEM 理念提出之初相比均发生了显著变化。本节将从 STEM 教育内涵和 STEM 教育目标两个方面阐释 STEM 教育的演变过程，关于 STEM 教育在全球范围内的发展历程将在第二章进行详细阐述。

## （一）STEM 教育内涵的演变

　　STEM 是科学（Science）、技术（Technology）、工程（Engineering）和数学（Mathematics）四个英文单词首字母组成的缩写，最早由美国提出，其初衷是为解决 STEM 人才短缺的问题，通过 STEM 教育为 STEM 相关工作领域培养充足的人力资源，以提升国家的创新能力和竞争力。1986 年，美国国家科学委员会（National Science Board，NSB）发布《本科科学、数学和工程教育》报告，首次明确提出将科学、数学、工程、技术整合起来进行教育的建议。（朱学彦 等，2008）20世纪90年代，美国国家科学基金会（National Science Foundation，NSF）使用"SMET"作为科学、数学、工程和技术的简称（National Research Council，1999），后改为"STEM"并沿用至今。20世纪末，随着美国逐渐将STEM提升到国家战略的地位，STEM教育受到世界各国的广泛关注与重视，逐渐成为国际科技教育领域改革与实践的热点。

在提出之初，使用STEM这一术语只是简单表示科学、技术、工程和数学这四个独立而不同的领域。此后，诸多研究者认为STEM的内涵更为广义，既包含科学、技术、工程和数学学科，同时也包含农学、心理学、医疗健康等学科（Ashby，2006），甚至涵盖社会学、经济学、政治学等社会科学（Green，2007），学者Zollman认为STEM还应包括环境、教育等（Zollman，2011）。美国《STEM教育法（2015）》（*STEM Education Act of* 2015）给STEM教育下的定义是：STEM教育是科学、技术、工程学和数学学科的教育，包括计算机科学教育（United States Congress，2015）。

进入21世纪后，众多学者、研究机构对STEM和STEM教育的内涵表述仍不尽相同，没有严格一致的概念界定。但STEM教育的含义已经出现了显著变化，不再是简单的分领域、分学科概念，而是注重科学、技术、工程和数学的跨学科整合（Honey 等，2014；Nathan 等，2013）。在具体的项目或课程中，研究团队往往依照自身的理解与需求对STEM教育的概念进行界定（Bybee，2010a）。例如，美国河谷市州立大学（Valley City State University）STEM教育中心认为，STEM其实超越了首字母缩写的字面含义，STEM教育不止于科学、技术、工程和数学，而是青少年"参与"的学习，是基于项目的跨学科学习，它运用科学探究过程和工程设计过程，是关于实际问题解决和团队合作的学习，STEM教育把抽象的知识与真实的生活整合于一体。

STEM教育也可以代表一门跨学科交叉的新学科，或者是一种强调以学习者为中心、以真实情境的问题解决为背景的整合式学习方式、教学方法、教育理念。美国杜克大学常务副校长 Denis Simon 在第三届中国 STEM 教育发展大会上指出，近十年来 STEM 教育的内容和形式如图 1-1 所示，从 2013—2014 年的学习分析、移动学习、在线学习、可视化及远程实验室等，逐渐转变为 2015—2016 年的 3D 打印、游戏及游戏化学习、沉浸式学习环境、可穿戴技术、智能手机和平板电脑学习等，2017 年后，STEM 教育出现了更为灵活的内容和形式，如物联网、虚拟老师等。

| STEM 2013—2014 | STEM 2015—2016 | STEM 2017年后 |
|---|---|---|
| ·学习分析<br>·移动学习<br>·在线学习<br>·可视化及远程实验室 | ·3D打印<br>·游戏及游戏化学习<br>·沉浸式学习环境<br>·可穿戴技术<br>·智能手机和平板电脑学习 | ·物联网<br>·虚拟老师<br>·…… |

图 1-1　STEM 教育的内容和形式

STEM 教育内涵的发展变革呈现出从独立学科叠加，逐渐发展为多学科综合，再发展到教育数字化转型中的跨学科融合，甚至超学科、新学科的建立的趋势。STEM 教育的内涵正在不断扩大，甚至延伸出将人文（Arts）、阅读（Reading）整合其中的 STEAM、STREAM，STEM 教育从学科领域、教育内容、教学形式等均表现出极大的发展性和包容性。

# （二）STEM 教育目标的演变

美国提出 STEM 教育时，最初是以确保科学、技术、数学和工程领域的人力资源为目标的。这四门学科教育的成功、STEM 领域从业人数的稳定增长，是国家在未来全球竞争中立于不败之地的重要保障。然而在全球化大背景下，美国在科技创新等领域的竞争力比以往有所下降。尤其近三四十年，亚洲国家及发展中国家，如韩国、中国、印度、巴西等，选择学习自然科学、技术工程专业的学生比例较高，取得 STEM 领域相关学位的人数迅速增加，在一定程度上削弱了美国等传统发达国家在高等教育的 STEM 领域中长期以来所拥有的优势。而且许多在美国攻读 STEM 专业硕士及博士学位的高水平人才并不是美国人，这使得美国有很强烈的危机感，认为加强 STEM 教育刻不容缓。

除了鼓励更多年轻人选择 STEM 作为大学专业、未来职业，以弥补 STEM 人力资源缺口之外，早期 STEM 教育的另一个重要目标是提升青少年在 STEM 领域的学习兴趣和学业成就。近年来，国际学生测评项目（Programme for International Student Assessment，PISA）的数据显示，美国青少年的数学、科学学习成就在全球排名并不理想。美国国家教育进展评估项目（National Assessment of Educational Progress，NAEP）的结果也表明，美国中小学生未能具备数学、科学学科能力的人数众多，在国际数学与科学趋势研究（Trends in International Mathematics and Science Study，TIMSS）测试中，美国中小学生测评数据高于国际基准的比例也较低。STEM 教育的理念与促进学生个体 STEM 学习兴趣产生与维持、提升学业质量、延续职业发展目标相一致。

在教育数字化转型背景下，知识的获取已不是教育的主要目标，与掌握知识相比，跨学科知识的运用、问题分析与问题解决、数字素养、团队合作、批判性思维、交流沟通等能力才是更为重要的。进入 21 世纪以来，STEM 教育的目标进一步聚焦于提升学生的 21 世纪技能和 STEM 素养，以帮助其更好地适应日新月异的数字时代。21 世纪技能和 STEM 素养已成为当今世界各国科学教育关注的重要内容，是人们在以知识为基础的工作场所和社区中能够更加胜任岗位需求的重要保障（李学书 等，2019）。STEM 教育倡导基于真实问题情境和跨学科融合视角的教育，重视学习者的能力发展，强调概念与知识的实践应用，对于培养青少年的 STEM 素养和 21 世纪技能等具有显著推动作用，这些素养和可迁移技能正是公民在未来生活与工作中所必需的。换言之，STEM 教育和具备 STEM 素养的人才培养，是我们拥抱变化、应对危机的有力措施。

近几年，气候变化、环境危机、国际公共卫生紧急事件等全球性问题凸显，科技创新成为社会快速平稳发展的主要推动力，培养具备 STEM 素养的问题解决者和具备创新能力的人才，成为时代对 STEM 教育提出的新要求。联合国教科文组织（United Nations Educational, Scientific and Cultural Organization, UNESCO）认为，STEM 教育的核心价值是利用科学、数学、技术、工程知识来解决日常生活或社会问题。2019 年 UNESCO 发布的《探索 21 世纪的 STEM 素养》（*Exploring STEM Competences for the 21st Century*）（UNESCO International Bureau of Education，2019）报告指出，STEM 教育旨在寻找如何创新性解决人类共同面临的诸多全球性难题，尤其是消除贫困、消除饥饿、清洁能源、应对气候变化等与联合国 2030 可持续发展目标（Sustainable Development Goals，SDGs）（United Nations，2020）直接相关的社会、经济和环境问题。

STEM 教育的广泛开展有利于提升 21 世纪公民参与科技和终身学习的热情和兴趣，通过这种方式，为人类应对挑战提供更多支持。在 STEM 学习过程中，学生探究和探索的热情得到提升，解决问题、迎接挑战、创造创新等能力被激发和提高。学习者能更好地将所学知识应用于新的情境中，具备坚韧的性格和团队合作精神，这些对于人们在学术和生活道路上的坚持与终身学习非常重要（U.S. Department of Education，2016）。

STEM 教育目标的发展变革呈现如下趋势：提出之初，STEM 教育的目标在于培养大量 STEM 领域人力资源，提高学生对 STEM 领域的兴趣和自我认同，部分国家期望通过 STEM 教育的开展，提高学生的学业质量水平，以应对国际大规模学生测评中学生表现水平的不如意或下滑问题，如美国、澳大利亚等。教育数字化转型背景下，STEM 教育的目标逐渐聚焦于学生的 21 世纪技能和 STEM 素养，以保证他们具备很好地适应日新月异的数字时代变革的能力。此外，还有部分国家期望改善 STEM 学术及工作领域存在的较为显著的性别、种族差异，改变以往女性、少数族裔、弱势群体在 STEM 领域所占比例过小的现象。如今，STEM 教育的目标已经指向高质量发展背景下的问题解决能力、批判性思维及创新能力。

# 二、STEM 教育的内涵

STEM 教育涉及科学、技术、工程和数学四门学科，其核心在于整合，落实 STEM 理念能够带来"整体大于部分之和"的教育效果，并且对个人发展、国家命运乃至人类社会发展都有着重要且深远的影响。因此，STEM 教育具有的丰富内涵，在国家、课程、学习、教学和社会层面有着不同的体现，如图1-2 所示。

国家层面 · 科技创新人才培养

课程层面 · 跨学科、整合式

学习层面 · 主动学习，基于项目/工程设计

教学层面 · 基于课程标准，以学生为中心

社会层面 · 社会参与的良性循环

图1-2　STEM 教育的内涵在不同层面的体现

## （一）国家层面

从宏观角度和长远发展来看，STEM 教育是直接指向国家利益的教育发展战略（赵中建，2012）。当今世界正处于百年未有之大变局，国际秩序体系正在发生深刻变化。5G 技术的突破、空间站的建成等标志性事件，都彰显了我国经济与科技实力的大幅跃升，也让我国在国际竞争中掌握了更多话语权。

为应对大国间逐渐加剧的博弈，维护国家的安全，提升国际竞争力，我国必须进一步落实创新驱动战略，推动全局发展。

STEM 教育能够为国家经济社会发展提供根本性的贡献（龙玫 等，2015）。具体来说，首先，科学技术作为第一生产力，它的产出与进步依靠对 STEM 领域的学习和钻研，依靠从事 STEM 行业的专家和技术工程人员。STEM 教育以工程桥接科学、技术与数学，培养能够发现科技需求并能够解决问题与创造产品的人才，从而带来巨大的经济效益。同非 STEM 行业的劳动者相比，STEM 从业人员对社会经济的贡献有着"四两拨千斤"的效果，用更多的 STEM 人才来覆盖劳动力已然成为科学教育的重要目标（朱学彦 等，2008；Hoeg 等，2017）。其次，科技创新作为经济发展的内源性驱动力，高度依赖学科之间的交叉与合作（Leonard-Barton，1995）。STEM 教育的深度整合学习，能够让学习者发现和剖析真实世界中的难题，利用科学与数学知识，创造技术，通过工程中的迭代不断优化解决方案，进而实现创新（霍林 等，2020）。创新所带来的科技进步绝不仅只影响出口总值与国内生产总值数字上的变化，它更是提升国防力量与国际话语权的关键。最后，STEM 教育能够提升国民素质，提高社会生活质量，拉动国家经济内循环（龙玫 等，2015）。STEM 教育将学习者置身于真实情境中，建立对科技知识的真正理解，这让他们在走出学校后能够更好地参与到社会生活与决策中，对自己和他人都能产生正向的影响。同时，STEM 从业人员能够获得更高的劳动报酬，从而提升他们的消费能力，在整体上促进经济内循环。

因此，STEM 教育是关乎国家利益与命运走向的战略规划，并非教育界自下而上诉求的教育改革（上官剑 等，2015）。它能够促进个人价值的实现和国家综合实力的提升，是实现中华民族伟大复兴的一条教育道路。

## （二）课程层面

在课程方面，STEM 教育代表了课程组织方式的重大变革，它是实现多个学科课程内容融会贯通的具体途径（余胜泉 等，2015；刘恩山，2011）。我国中小学教育多年以来一直执行分科教学方式，各学科自身都有着系统化的知识结构，并由专任的学科教师进行讲授。各学科无论是从课程目标的设定到课程内容的选择和组织，还是到课程效果的评价，都是"各行其是"，并不会进行刻意的联系。这就导致学生的学习是在"理想状态"下进行的，重知识轻实践，难以接触真实的、复杂的、涉及多个学科的生活问题，降低了将课堂知识迁移到实际生活中加以应用的可能性，从而出现学生纸笔考试分数高但解决问题能力差的现象。而 STEM 教育下的广域课程将打破学科之间的界限（余胜泉 等，2015），将科学、技术、工程与数学整合起来，学生在具体的、实际的问题驱动下，需要通过密集的实践活动与团队合作，迭代得出最佳解决方案，从而深刻理解概念性知识，同时提高问题解决能力。

相比于学科课程，STEM 教育的课程目标更为多维，由于涉及科学、技术、工程与数学四门学科的整合，无论是知识方面、技能方面还是情感方面，学生需要达成的目标将变得更加立体，更加符合社会发展对人才的需求。在课程内容上，STEM 教育将更具开放性，学生参与的程度更高（黄璐 等，2020），有时甚至需要教师"放手"，让学生自由探索，创造出意想不到的学习成果。在课程评价上，STEM 教育比学科课程更依赖于实作评价和形成性评价（Meyer 等，2020）。当纸笔测试不再作为主要的评价方式时，将会促使学生更为专注于解决问题的过程和对概念知识的理解。此外，目前国际范围内尚未形成十分成熟的 STEM 教育课程体系，各研究团队对 STEM 教育课程的设计与实践仍处于探索中。可见，在课程开发上，STEM 教育虽受到关注已久，但仍具有较强的前沿性和新颖性。

STEM 教育的指向和特点与我国基础教育改革的方向一致，在目前三级课程的体系下，适合以校本课程的方式开展相应的教学活动（刘恩山，2011）。当校本 STEM 教育课程参考国际研究成果，同时也能够遵循学校办学宗旨，结合师资力量情况，符合学生学习需求时，将更具生命力和适应力（黄璐 等，2020）。

## （三）学习层面

从 STEM 教育下的学习过程可以看出，一方面，STEM 教育是学生充分进行知识概念化并应用于实际生活中的跨学科学习方式（Martín-Páez 等，2019）。对训练迁移的研究表明，只有当学生发现现实生活中遇到的情境与学习时发生的情境之间有相似性时，才更有可能运用所学的知识（泰勒，2014）。因此，由现实问题驱动的 STEM 学习过程为学生提供了知识迁移的机会，促使他们关注和思考周围的环境，将抽象的知识与真实生活关联起来。为了解释某个现象或者解决某个问题，学生需要主动寻找能够帮助他们的概念性知识，而由于问题的真实性与复杂性，这些知识会涉及多个学科。这样，学生不仅整合式地学习了概念，还在真实情境下将其应用于实践中，从而实现真正的理解（郝和平，2016）。

另一方面，STEM 教育也是提高学生元认知、执行功能和自我调节能力的主动学习过程。工程设计过程是 STEM 教育的核心环节之一，其突出特点是设计的迭代，这意味着学生会根据需要多次重复工程设计的步骤，在失败和改进中实现优化，完成学习（刘恩山，2017）。学生为了解决问题制作产品原型，必须分工合作，主动寻找和利用能够帮助他们的知识，并有意识地进行团队内的沟通与管理。元认知能力源于学生的自我监控活动，他们应当主动反思"我已经知道了什么，我还需要知道什么才能继续往前推进？"，这能够促使学生主动地获取信息并进行认知加工（Meyer 等，2020）。执行功能是使人们能够朝着某个目标去计划、排序、发起和维持其行为的高级过程。工程设计过程需要学生团队合作，在一定的纲要步骤下针对一个具体问题有组织有计划地实行一套方案，这将有效地训练学生们的执行功能。自我调节让学生能够根据既定的目标、想法和情绪来指导他们的活动（Meyer 等，2020）。STEM 学习过程中，学生要学会与队友共同监控团队的走向是否符合学习目标，如不符合需要及时做出调整，使得团队的进程始终在预期的"轨道"上。

## （四）教学层面

整体而言，STEM 教育是基于课程标准的，需要整合多个学科内容，凸显学生主体地位并强调课堂管理的教学过程。STEM 教育下的课程是一张蓝图，将它真正转化为 STEM 教育下的学习，使学生受益，则必须借助教师教学的力量。目前，尚没有可供遵循的一般性原则或模式来指导教师在课堂上开展 STEM 教学（Wang 等，2011）。但 STEM 教育的理念在宏观上统领了其教学过程的设计与实施，从而显现出一定的教学取向，为教师提供参考。

首先，教学层面的 STEM 教育应当是基于课程标准的（Martín-Páez 等，2019）。STEM 教育并非独立于已有的传统知识体系向学生传递新的科学知识和技术，而是能够帮助学生实现整合式理解的新的教学组织方式。它所传递的内容仍然要包含于国家指定的课程标准，与国家的育人方向保持一致。其次，在教学层面落实 STEM 教育需要整合多个学科。教师需要明确 STEM 教学不能只涉及自己所任学科的知识，必须纳入其他学科的内容。为了让学生所学的知识有序且有逻辑关联，需要教师自身具备多学科的知识储备或者加强学科教师之间的合作，从而在教学准备阶段就落实学科间的整合。再次，STEM 教育的课堂教学必须以学生为中心，教师保持高指导性和低参与度（余胜泉等，2015）。从明确需求、提出问题到最后提出最优的解决方案，学生在每个步骤都占据着主导地位，如此才能最大程度激发学生的好奇心、主观能动性与责任感，帮助他们获得成就感与自信心。这就要求 STEM 教育的教学应当是做好充分准备的，教师需要尽可能地去预设学生可能的想法，并尝试在课堂上以指导者的身份引导学生聚焦最具学习意义和探究价值的问题（Meyer 等，2020）。在必要时给予学生合适的、有限的启发性提示，推进学生的学习进程。最后，STEM 教育在教学实施中需要强化对学生的管理。以学生为中心的教学必然会带来课堂组织与管理的问题，为了让学生获得学习自由但不过度，避免 STEM 教育沦为过于重视过程体验、强调趣味性而欠缺学习成果的形式化教学，教师需要设立合理的管理制度，如分层管理、问责制等，以帮助学生实现团队自治，保证整体的学习进度。

## （五）社会层面

STEM 教育绝非局限在校园中的象牙塔，它在育人上的影响和实用性更多地体现在学生毕业离开学校、开始承担一定的社会角色后。毕业生们通过从事 STEM 领域的工作创造出更高的经济价值，或基于 STEM 教育所获得的素养更好地参与到社会生活中，为社会的规律运转做出贡献。因此，可以认为 STEM 教育是维护社会稳定和推动社会高质量发展的前期准备和长远规划。

STEM 教育能够显著地推动社会上的就业创业与收入平衡（龙玫 等，2015），这是社会稳定的重要因素。目前国家对科学技术发展的重视促使其在政策、经济等方面对 STEM 工作岗位给予大力的支持，由此催生了 STEM 职位的缺口，从而保障了 STEM 专业人才的就业与创业。前已述及，能够获得更高劳动报酬的 STEM 工作可以提高公民个人生活质量，提高购买力。当高收入的 STEM 工作占据高比例时，将促使地区经济更加平衡，减小贫富差距，促进社会稳定（龙玫 等，2015）。此外，STEM 教育能够促进不同背景群体的平等（陈小婷，2015），这是社会稳定的有力表现。在重视 STEM 教育已久的美国，获得 STEM 学位的女性和少数族裔所占的比例正在逐步增加，曾经在就业市场处于弱势地位的群体能够通过 STEM 教育获得更多更好的工作机会并取得高收入。这样一来，STEM 教育通过就业创业促进了性别平等与种族平等，减小了不同群体之间的地位与收入差距，维护了社会的稳定。

STEM 教育能够培养具备更高素质的公民（杨彦军 等，2021），在整体上促进社会的和谐和高效运转。我们并不会要求所有学生都以 STEM 作为自己的职业生涯，但即使未从事 STEM 相关工作，接受过 STEM 教育的公民也应当是富有建设性的和善于思考的，能够应用 STEM 知识理解和解释这个世界，具备参与 STEM 相关社会事务的意愿（Bybee，2010b），进而更好地理解和支持、理性地讨论与 STEM 相关的社会决策。这对于社会的发展、公民在社会生活中的有效参与、为科技发展构建良好生态环境等都有着重要的积极影响。

综上所述，STEM 教育能够为国家经济和社会发展提供重要贡献，是课程组织方式上的一次重大变革，是一种跨学科学习方式和主动学习过程，是基于课程标准的、需要整合多个学科内容、凸显学生主体地位并强调课堂管理的教学过程，对维护社会稳定和推动社会高质量发展具有重要作用。

# 三、STEM 教育的目标

习近平总书记指出："发展是第一要务，人才是第一资源，创新是第一动力。"当今世界面临的激烈竞争，归根结底是人才的竞争，培养好、发展好、使用好人才关系到中华民族伟大复兴中国梦的顺利实现。STEM 教育作为一项融合了科学、技术、工程、数学领域的跨学科教育，主要以激发学习兴趣、提升 STEM 素养、培养未来劳动力、培养创新人才为教育的目标，如图 1-3 所示。本节将对 STEM 教育的四方面目标进行简要阐述，有关 STEM 教育目标的具体内容、如何实现，详见第四章。

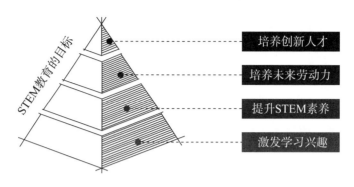

图1-3　STEM教育的目标

## （一）培养创新人才

创新强则国运昌，创新驱动成为国家在全球竞争中寻求优势的核心战略，而创新人才更是其中的关键。虽然我国劳动力总量居世界首位，但与主要发达国家相比，我国重大原创科研成果少、科技大师级人物少、基础研究促进发展的作用小、创新人才培养成效不明显（中国教育科学研究院，2017）。

STEM教育关注对学生实践能力、创新能力、问题解决能力等的培养，能够促进青少年科技创新人才的发现与培养。一方面，STEM教育中灵活包容的学习空间与学习方式，能够让学习者在不受限的环境中激发创造力；另一方面，STEM教育使学习者能够借助科技与工程创新，运用设计思维来开发产品、提出问题解决方案，通过创造性的头脑风暴、构思、原型设计等阶段，提高创造力，提升创新能力。因此，STEM教育有助于选拔和培养国家急需的科技创新人才，进而提高国家竞争力、服务人类社会发展。

## （二）培养未来劳动力

今日之学习者是未来之劳动力，提供给他们的学习经验将直接影响其未来的职业选择。数字时代背景下，科技创新已经成为经济增长的主要动力，美国、英国、德国、芬兰等国家高度重视 STEM 教育，制定了国家层面的 STEM 教育发展政策，将 STEM 人才培养计划作为重要的人才发展战略。

近年来，我国就业市场也存在 STEM 领域用人需求显著大于供给的情况，如计算机软件工程技术、机械设计工程技术等 STEM 岗位人才缺口明显。创新驱动的知识经济代替了传统工业经济，计算机和人工智能替代了大量劳动力，随之而来的是低端劳动力市场岗位就业难、高端劳动力市场人才十分短缺。STEM 教育作为一种重视科学及工程实践的跨学科融合教育，对于应对上述低端劳动力需求减少、高端劳动力短缺等问题具有重要意义。

## （三）提升 STEM 素养

当今世界，科技的快速发展使社会生活更加便利、智能，同时也对生活在这个时代的人们所具备的素养提出了新的要求，应具备未来社会所需的技能或者软技能，具有在数字化、智能化时代幸福生活的能力，也即 STEM 素养。研究者对 STEM 素养的界定具有多元性，有些按照科学、技术、工程、数学的分学科素养来阐述，有些则基于 STEM 学科的整合性特点进行综合性阐述。但无论是分科的 STEM 素养，还是整合的 STEM 素养，通过跨学科、系统化的 STEM 教育，都能够有效提升涵盖科学素养、技术素养、工程素养、数学素养，以及数字化素养、信息素养等在内的 STEM 素养。

## （四）激发学习兴趣

STEM 教育活动通常是基于真实问题情境的，学习主题往往与学生日常生活联系紧密，学生在课程学习中能够深切体会到科学、技术、工程、数学等学科知识在生产及生活中的应用，并见证 STEM 学科领域各项能力在问题解决过程中的重要性和实践价值，从而激发学生的学习兴趣，提高其课内外 STEM 学习积极性。STEM 课程中不同科目内容的整合，以及以学生为中心的、多样化的教学方式，也使教学过程本身变得更加有趣、更有吸引力，尤其对幼儿园、小学等早期学习阶段的学生而言，有更多接触 STEM 教育的机会，将对未来选择就读 STEM 专业、选择 STEM 作为职业方向等产生持续的、积极的影响。

# 四、STEM 教育的特征

STEM 教育将科学、技术、工程、数学等学科进行整合，关注真实情境下的问题解决，将知识获取、技能应用、产品创造、素养提升等过程联系起来，以系统化思维应对日趋复杂多元的社会发展。当前，STEM 教育呈现出跨学科整合性、情境化实践性、STEM 素养导向性、智能化创新性等特点。

## （一）跨学科整合性

近十年来，整合 STEM（Integrated STEM）的理念得到各界越来越多的认同。Nadelson 和 Seifert 将整合 STEM 界定为来自多个 STEM 学科的知识与内容的无缝融合（Nadelson 等，2017），如图 1-4 所示。他们采用光谱图的方式定义 STEM，将分散的、特定领域的 STEM 置于 STEM 光谱的左侧（比如物理、化学等传统学科），将整合的、一般领域的 STEM 置于 STEM 光谱的右侧。

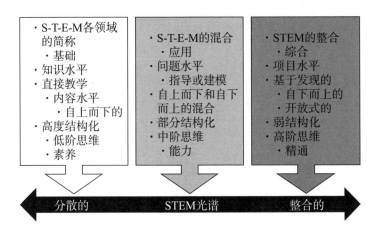

图 1-4　STEM 光谱图（译自 Nadelson 等，2017）

梳理 STEM 教育定义的发展，可大致将其归为以下三类（董泽华，2015）：

（1）STEM 教育是四门学科或课程的简单融合，类似于综合课程；

（2）STEM 教育是一种跨学科的、动态的教学方式，是一种学习态度；

（3）以 STEM 素养的理念来发展 STEM 教育，认识、学习和理解事物。

无论是以上哪种 STEM 教育定义，都展现出"跨学科整合"的特点，将四个学科领域内的知识与技能整合到同一教学内容中，从而消除传统分科教学所导致的各学科割裂、不利于综合解决实际问题等弊端（叶兆宁 等，2014）。从 STEM 各学科内涵及关联来看，科学是技术和工程设想得以实现的前提，也是数学及其理论得以应用的价值实现平台；技术是实践科学与工程的手段，技术的进步反过来也会促进科学更迅速地发展；工程是科学与技术的应用，工程设计的需求是技术创新的动力；数学是科学、技术和工程最基础的工具和语言。STEM 把科学、技术、工程和数学系统地糅合为有机整体，更契合现实生活中所要面对的真实情境，体现出整体大于部分之和的效果。

联合国教科文组织参考 Vasquezg 提出的如图 1-5 所示的 STEM 课程的学科整合斜面（经 Alex Delaforce 改进）来说明不同融合程度 STEM 课程的特点（金旭球，2020）。

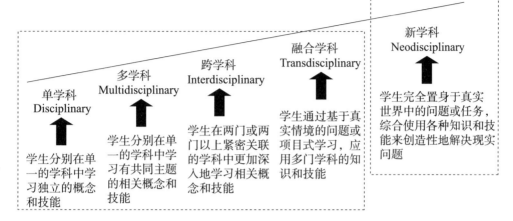

图1-5　STEM课程的学科整合斜面（改编自金旭球，2020）

（1）单学科（Disciplinary）：学生分别在单一的学科中学习独立的概念和技能，即传统的分科教学。

（2）多学科（Multidisciplinary）：学生分别在单一的学科中学习有共同主题的相关概念和技能，如在物理课、生物课中，学生分别学习"物质与能量"的相关内容，但每门学科又有所区别，通过对多学科STEM课程进行关联，可以帮助学生构建知识体系。

（3）跨学科（Interdisciplinary）：学生在两门或两门以上紧密关联的学科中更加深入地学习相关概念和技能，通过跨学科学习实现更高层次的整合，如以"物质与能量"为主题，把物理、化学、生物、地理等学科中的相关内容整合在一起开展教学。

（4）融合学科（Transdisciplinary）：学生通过基于真实情境的问题或项目式学习，应用多门学科的知识和技能，以消除传统学科界限的方式促进学习经验的塑造。

（5）新学科（Neodisciplinary）：学生完全置身于真实世界中的问题或任务，综合使用各种知识和技能来创造性地解决现实问题，所谓"新学科"即一种"完全无视传统学科边界"的学科分类。

上述STEM课程的整合主要是从学科知识的角度出发，随着STEM整合程度的提高，通常会采用基于问题的学习（Problem-Based Learning）模式。通过创设复杂、有意义的真实问题情境，让学生在问题解决的过程中理解并建构知识，达成对知识的灵活运用，提升解决问题和自主学习的能力。除了学科知识整合取向外，也有研究者提出了生活经验整合取向和学习者中心整合取向（余胜泉 等，2015）。生活经验整合取向提出将多学科知识融合到真实的社会性项目中，采用基于项目的学习（Project-Based Learning）模式，将知识、思维、能力的发展与真实情境相联系，重视社会实践活动以及培养学生解决社会问题的能力。学习者中心整合取向强调问题由学生发现、提出，培养学生发现问题和解决问题的能力，在解决问题的同时需要学习和运用跨学科知识。

评价是提高教与学质量的有力工具，为提高 STEM 教育的质量，需要系统地评估和监控学生的 STEM 相关能力。教育研究者认为，学生在大规模测评及考试中的分数不能作为 STEM 成就指标，因为这些评估工具不具备 STEM 教育的跨学科整合性（Arikan 等，2022）。STEM 教育的评价不仅要关注学生对核心概念的理解，同时还要关注学生的推理能力、问题解决能力、论证能力和科技创新能力等的发展。可见，STEM 教育的评价同样应具有整合性。在 STEM 教育的研究和实施过程中，需要国家、社会和学校的支持，需要科学家、教育研究者和教师的合作，这也体现出 STEM 教育对社会资源的整合。

## （二）情境化实践性

为了培养科技人才，巩固自己的全球领先地位，美国进行了一系列的教育改革，强调科学探究和工程实践在科学教育中同等重要。实践是科学、技术与工程的重要特征和需求，通过凸显过程与实践，工程学的思维习惯将直接影响学生的问题解决能力和创新能力，因此 STEM 教育还具备传统授课式教学所缺失的实践性（Tang 等，2018）。

在 STEM 教育中，学生对学习过程的参与是非常重要的，情境化的学习实践能够使学生充分应用所掌握的跨学科知识。与传统教学方法相比，学生在经历发现问题、设计解决方案、实施并测试方案、最终解决真实情境问题的体验过程中，既收获了结果性知识，又掌握了过程性知识。STEM课程的设计往往将基于项目或问题的学习（Project/Problem-Based Learning，PBL）、基于工程设计（Engineering Design-Based，EDB）、科学探究（Scientific Inquiry）、5E教学模式（5E Instructional Model）、小组合作（Group Collaboration）、动手教学活动（Hands-on Instructional Activities）等教学策略应用于教学。这些教学策略鼓励学生承担团队学习与协作任务，倡导在情境化的学习中开展科学研究或工程实践，最终解决源于现实的问题，构建所需产品。

美国北卡罗来纳州立大学项目团队开发了一个基于流行病情境的STEM项目，主要面向在科学、技术、工程和数学方面表现通常处于弱势的中学生，如非洲裔美国人、拉丁裔美国人、印第安人和女生等（Gilchrist 等，2021）。课程开发团队包括具有生物学、计算机科学、数学、流行病学、物理学、STEM教育背景的多位教授、基础科学教育者、研究生和项目主管。课程开发流程包括STEM内容选择、制定按学科划分的课程大纲、课程整合、校正和修订课程计划，如图1-6所示。

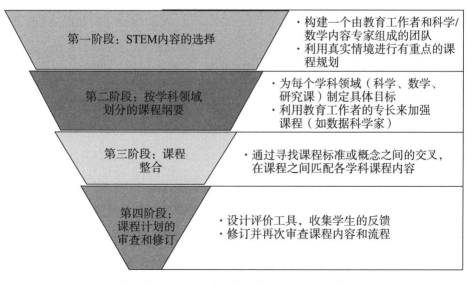

图1-6　"流行病"STEM课程开发流程

"流行病"是学生非常熟悉的真实生活情境，课程开发团队将与流行病有关的STEM内容整合成一个教学单元，通过调查病原体、探究常见口罩材料及其有效性、基于计算机模拟器探究病毒的传播与预防等活动，向学生介绍流行病学家的工作，以及流行病学家在疾病传播、治疗和预防方面所需的必要知识和技能，并且通过这种基于问题的情境、数学建模和模拟实践活动，指导学生发展对科学、STEM职业、数学和计算思维的更深层次的认知，同时促进参与者所需各项学习技能的提升。该课程案例充分体现了STEM教育所蕴含的情境化实践性。

## （三）STEM 素养导向性

STEM教育的一项重要目标是提升学生的STEM素养。美国州长协会（National Governors Association，NGA）2007年颁布的《创新美国：拟定科学、技术、工程与数学议程》（*Innovation America: Building a Science, Technology, Engineering and Math Agenda*）指出，在知识经济时代，只有具备STEM素养的人，才能在激烈的竞争中脱颖而出。这是因为面对资源短缺、人口老龄化、食品安全、突发疫情、自然灾害等全球性挑战性问题时，与掌握知识相比，知识应用的能力，以及团队合作、批判性思维、问题解决、交流、创新等能力更为重要。开展STEM教育，培育具备STEM素养的人才是应对挑战的有力措施。

STEM教育对于应对全球性挑战的素养导向体现在以下几个方面：

（1）具备STEM素养有助于人们应对未来的工作、学习和生活；

（2）具备STEM素养是科技、工程等专门人才成长的重要组成部分；

（3）具备STEM素养对于系统化解决复杂现实问题具有积极影响。

STEM素养包含科学素养、技术素养、工程素养和数学素养，但不是四者的简单组合，它强调的是在这四项素养的基础上，充分运用相关能力，把"零碎知识与机械过程"转变成解决现实问题的综合能力（余胜泉 等，2015）。Ardianto 等人也认为 STEM 素养不是单独学科的知识或技能，而是由内容知识（科学、技术、工程和数学）和解决日常生活问题的跨学科技能所共同组成的能力，包括内容、实践和环境三个领域，如图 1-7 所示（Ardianto 等，2019）。

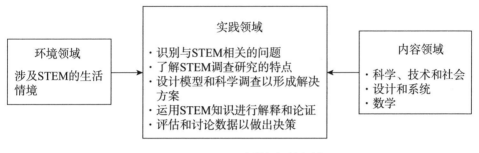

图1-7　STEM 素养包括的领域

杨彦军等人从知能、情意、价值三个维度系统分析 STEM 素养的结构，提出了 STEM 素养结构金字塔模型，将知能维度的 STEM 素养分为 STEM 学科基础知能层、STEM 学科核心素养层、STEM 共同核心素养层三层内容（杨彦军 等，2021）。

Chapoo 采取定性研究方法，通过参与式观察、半结构化访谈和学生任务三种方式来解读学生参与 STEM 活动后能力的变化（Chapoo，2018）。研究结果表明，参与热传递主题"设计保温容器来解决现实问题"的 STEM 活动，能够帮助学生提高数字素养、创造性思维、有效交流能力、问题解决能力等。我国 2017 年颁布的普通高中课程方案提出，要着力发展学生核心素养，使学生成为有理想、有本领、有担当的时代新人。祝智庭等人指出，实施公民科普素养教育、嵌入式课程、项目型课程、整合性学科四个层次的 STEM 教育，有助于发展学生的核心素养（祝智庭 等，2018）。

## （四）智能化创新性

随着大数据、物联网、人工智能等技术的飞速发展，教育也逐步走入数字化、智能化的时代。中共中央、国务院印发的《中国教育现代化 2035》指出，要"加快信息化时代教育变革，建设智能化校园，统筹建设一体化智能化教学"，要"强化创新能力的培养"。当前，STEM 教育正在通过各种先进技术手段的应用，充分展现其智能化创新性的时代特征。

余胜泉认为，STEM 教育中的技术手段可以用来激发和简化学生的创新过程，将技术作为 STEM 教育的认知工具融入教学的各个环节，可以帮助学生运用技术解决复杂问题，获取和掌握复杂信息，进行复杂的建模和计算，分享与交流成果或作品，呈现多样化的创新成果，分享和传播创意，进而激发学生的创新意识、提升创新能力，同时还有助于深度学习的发生（余胜泉 等，2015）。

Wang 和 Chiang 开发了一款 STEM 教育软件，将 STEM 教学与新型工程设计相结合，学生将面对软件中呈现的工程设计情境，为情境中的角色面临的问题找到解决方案（Wang 等，2020）。软件以鲁滨孙漂流为故事背景，学生需要完成的任务包括建造房屋、灌溉农作物、捕捉蚊子以预防传染病、制作净水器等。这种智能化的教学方式可以提升学生的学习兴趣和自我效能感，将 STEM 教育软件作为学生学习的脚手架，可简化学生的创新过程，在降低学习难度的同时，并未弱化对学生 STEM 素养的培养。

许多国家为了发展智能化的 STEM 教育，还专门成立相关机构来研发 STEM 教育技术软件。澳大利亚为了发展幼儿 STEM 教育，在多所学校成立研究院，以期开发更多符合课程标准的 STEM 应用程序服务学生，如 3D 打印机、画刷、AR 体验设备等（韦倩倩，2019）。前面提及的北卡罗来纳州立大学开发的以流行病为背景的 STEM 课程，也使用了编程模拟软件。课程要求学生具备开发流行病暴发模拟器所需的编程技能，并结合 STEM 知识开发可视化流行病暴发模拟器，包括疾病基本繁殖率、潜伏期、感染持续时间、免疫、医疗和隔离措施，以模拟疾病在人群中的传播（Gilchrist 等，2021）。此活动借助技术工具来培养学生的数据实践能力、模拟与建模能力、计算求解能力以及 STEM 学科相关高阶思维等。

由此可以看出，充分借助学习软件、人工智能、云平台等技术优势，在教育与技术深度融合的基础上开展 STEM 教育，可以丰富学习者的学习资源，增加多样化的教学及评价方式，促进学习主体多元化参与智能化创新性的 STEM 学习。

## 本章回顾与反思

### 本章小结

本章主要基于政策文本及研究文献，论述了数字化转型背景下对 STEM 教育的理解。本章从 STEM 教育内涵和 STEM 教育目标入手，梳理了 STEM 教育数十年来的发展变革趋势；阐述了 STEM 教育在不同层面所承载的丰富内涵，体现出 STEM 教育与我国教育改革方向的一致性；简述了 STEM 教育的目标；提炼总结了数字化转型背景下 STEM 教育所呈现的显著特征。

### 要点梳理

1. 数字化转型中的 STEM 教育，无论是内涵本质、学科内容、教育形式，还是目标取向、特征属性等，与 STEM 提出之初相比均发生了显著变化。

2. STEM 教育具有丰富的内涵，在国家层面、课程层面、学习层面、教学层面和社会层面有着不同的体现。

3. STEM 教育的目标主要有激发学习兴趣、提升 STEM 素养、培养未来劳动力和培养创新人才四个方面。

4. STEM 教育呈现出跨学科整合性、情境化实践性、STEM 素养导向性和智能化创新性四个方面的特征。

## 本章思考问题

初步了解 STEM 教育的发展变革历程、内涵、目标和特征之后，尝试用自己的话概括什么是 STEM 教育，并思考 STEM 教育和当前的学习、教学或研究有哪些关联。

# 第二章　STEM教育的发展历程

STEM 教育政策的发展历程

STEM 教育标准的发展历程

STEM 教育实践的发展历程

本章主要讲述STEM教育在全球各个国家的发展历程。我们将以这一命题为核心，依次从STEM教育的政策发展、教育标准发展以及教育实践发展三个方面讲述STEM教育在不同国家、不同地区的发展历程、政策趋势以及改革特点。

每一小节，我们尽可能选取北美洲、欧洲和亚洲等在STEM教育上有特色的国家或地区进行梳理，希望能给读者带来更为广阔的视角，更为具象化地了解什么是STEM教育、各个国家或地区对于STEM教育的不同需求，以及走过了哪些不平凡的STEM教育之路。

本章学习目标：

1. 了解全球各个国家或地区在STEM教育方面的政策、教育标准以及教育实践发展历程的概况。

2. 认识到STEM教育的发展是一个长期而复杂的过程，不同国家之间，甚至国内地区之间的发展历程都会有所不同，最终形成了各自独特的教育政策、教育标准以及实践经验。

3. 意识到尽管STEM教育在不同国家或地区的具体内容存在差异，但在目的和使命上有一定的共性特征，应当鼓励更多的女性参与到STEM教育领域中。

# 一、STEM 教育政策的发展历程

## （一）北美洲——以美国为例

美国是 STEM 教育的发源地。在 20 世纪 60 年代冷战时期，美国与苏联的太空竞赛使美国认识到了科学技术教育的重要性。为此，美国政府颁布了一系列法案和相关政策来保证 STEM 战略的实施。

如前所述，1986 年，美国国家科学委员会发布《本科科学、数学和工程教育》（*Undergraduate Science，Mathematics and Engineering Education*）报告，这被视为 STEM 教育最早的雏形。1996 年，美国国家科学基金会发表《塑造未来：科学、数学、工程和技术的本科生教育新期望》（*Shaping the Future：Perspectives on Undergraduate Education in Science，Mathematics，Engineering，and Technology*），提出要大力培养 K—12 教育系统中的师资，并要提高所有人的科学素养。21 世纪以后，STEM 教育在美国的发展更是得到了国会的大力支持，进入重要的发展阶段。2005 年美国国家科学院（National Academy of Science，NAS）、国家工程院（National Academy of Engineering，NAE）、医学科学院（Institute of Medicine，IOM）和国家研究中心（National Research Center，NRC）向美国政府提出《科学与工程领域的卓越与领先带来的巨大经济社会效益》专业报告，指出美国需要保持科学与工程方面的领先地位。2006 年美国总统布什任职期间，国会发布《美国竞争力计划：在创新中领导世界》（*American Competitiveness Initiative，Leading the World in Innovation*），提出培养具有 STEM 素养的人才是全球竞争力的关键，并决定加大对 STEM 教育的资金投入。

2007 年是非常重要的一年。美国参众两院通过《美国竞争力法案》（*America Creating Opportunities to Meaningfully Promote Excellence in Technology, Education, and Science Act*），从此该法案成为美国联邦政府推动 STEM 教育发展的主要依据。该法案鼓励发展 STEM 教育，强化主要研究机构的教育功能，以确保维持和增强美国的全球竞争力。同时还批准在 2008 年到 2010 年期间为联邦层次的 STEM 研究和教育计划投资 433 亿美元，包括用于学生和教师的奖学金、津贴计划资金以及中小企业的研发资金。该法案还要求把美国国家科学基金增加到 220 亿美元，除自然科学和工程的研究资金外，重点用于奖学金支持计划、幼儿园到 12 年级（K—12）阶段的 STEM 师资培训和大学层面的 STEM 研究计划。2007 年 10 月，美国国际科学委员会发出《国家行动计划：应对美国科学、技术、工程和数学教育系统的紧急需要》（*A National Action Plan for Addressing the Critical Needs of the U. S. Science, Technology, Engineering, and Mathematics Education System*），提出 STEM 教育的主导作用，并将 STEM 教育从本科阶段拓展至中小学基础教育阶段。

2009 年奥巴马总统上任后，美国对 STEM 教育更为重视。他上任之初，美国便颁布《美国振兴及投资法案》以及"竞争卓越"计划（Race to the Top），强调 STEM 的重要性，并拨款大力资助 STEM 教育。随后启动了"为创新而教"（Educate to Innovate）及"尊重项目"（Respect Project），2012 年又提出了新科技教育十年计划。奥巴马总统任职期间，美国联邦政府投入了大量资金，用以支持幼儿园到 12 年级阶段和高等教育阶段的 STEM 教育研究。美国各州也纷纷采取了促进 STEM 教育发展的有效措施，包括创建全州 STEM 教育网络、成立区域 STEM 中心、创办 STEM 高中、启动幼儿园到 8 年级（K—8）阶段学生计划项目、加强教师专业发展等。奥巴马总统对于 STEM 教育的大力扶持和大刀阔斧的改革，深深地影响着美国 STEM 教育的发展。表 2-1 对奥巴马政府发展 STEM 教育的举措做了详细的梳理。

表 2-1　奥巴马政府发展 STEM 教育采取的措施

| 年份 | 具体措施 |
| --- | --- |
| 2009 年 | 奥巴马政府颁布了《美国创新战略——确保我们的经济增长和繁荣》，旨在培养最顶端的劳动力，努力在 2020 年之前再培养 10 万名从事 STEM 教育的教师；美国国家科学院第 146 届年会上，奥巴马宣布"竞争卓越"的全国性计划，目的是提高美国学生国际数学和科学的成绩水平；2009 年 11 月，奥巴马又在全美实行"为创新而教计划"，旨在提高学生的素养和 STEM 水平，增加弱势群体（妇女和儿童）接受 STEM 教育和就业的机会。 |
| 2010 年 | 继《美国 K—12 工程教育：现状及未来》之后，又发布了《K—12 阶段工程教育标准》报告，两个报告分别对 15 种 K—12 工程课程进行评估，探索了制定和实施《K—12 阶段工程教育标准》的可行性，显示出国家对 K—12 阶段工程教育课程的关注与重视。6 月，奥巴马政府还颁布了美国首部《州立共同核心课程标准》（Common Core State Standards，简称 CCSS），要求学生在进入大学之前，按照相同的课程标准学习。 |
| 2011 年 | 奥巴马政府颁布了《成功的 K—12 阶段 STEM 教育：确认科学、技术、工程和数学的有效途径》，确定了在中小学实施 STEM 教育的计划。 |
| 2012 年 | 启动了一项"尊重项目"，旨在提升教师专业地位；2 月，奥巴马又提出"新科技教育千年计划"；发布了《K—12 年级科学教育框架》，明确指出科学教育的三大维度，即科学与工程实践、跨学科概念和学科核心概念，提出了科学教育的原则和观点。7 月，奥巴马宣布在全国范围内打造一支全新的 STEM 教师队伍，他们将成为全美 STEM 学科最优秀的教师。 |
| 2013 年 | 奥巴马政府颁布了《新一代科学教育标准》，规定了 K—12 年级阶段科学教育的内容和要求，并首次将工程教育引入科学教育，使得工程素养的培养成为科学教育目标的一部分，由此体现出综合教育的发展趋势，同时也使得 STEM 教育在基础教育中得以深化。 |
| 2014 年 | 美国国家工程院和国家研究委员会发布《STEM 与 K—12 教育整合》，指出综合教育模式是 K—12 教育中开展 STEM 教育的有效方式。奥巴马政府还签署了《2015 年 STEM 教育预算》，指出 2015 年美国 STEM 教育的财政预算为 29 亿美元，要比 2014 年增加 3.7%。 |

2015 年美国国会颁布《2015 年 STEM 教育法》，将计算机科学纳入 STEM 教育课程，着力实现教育的数字化转型。2017 年美国总统特朗普签署《总统 STEM 教育备忘录》，确定联邦政府每年至少投入 2 亿美金用于 STEM 教育，

并将计算机科学列入 STEM 教育范围。2018 年，白宫和美国 STEM 教育委员会（The Committee on STEM Education，CoSTEM）联合发布了 STEM 教育五年战略——"北极星"计划：《制定成功路线：美国的 STEM 教育战略》（*Charting a Course for Success: America's Strategy for STEM Education*），该计划的核心目标如表 2-2 所示。表 2-2 列出了本战略计划下的教育路径和目标，以及拥有 STEM 教育项目、投资和活动的联邦部门及独立机构。表中的圆点则表示各机构目前计划通过特定于任务的行动对目标做出贡献。

表 2-2 《制定成功路线：美国的 STEM 教育战略》中美国的 STEM 教育目标

美国 STEM 教育目标：
· 为 STEM 素养奠定坚实的基础
· 提高 STEM 的多样性、公平性和包容性
· 为未来培养 STEM 人才

| 方式 | 目标 | 商务部 | 国防部 | 能源部 | 国土安全部 | 内政部 | 劳工部 | 国务院 | 交通部 | 教育部 | 环境保护署 | 卫生部 | 国家航天航空局 | 国家科学基金会 | 史密森尼学会 | 农业部 |
|---|---|---|---|---|---|---|---|---|---|---|---|---|---|---|---|---|
| 发展和丰富战略伙伴关系 | 培育团结社区的 STEM 生态系统 | • | • | • | | • | • | • | • | • | • | • | • | • | • | • |
| | 通过教育机构与雇主合作增加工作实践和培训 | • | • | • | • | • | • | | • | • | | | • | • | • | • |
| | 融合来自整个学习环境的成功实践 | • | • | • | • | | • | | • | • | | | | • | • | • |

| 方式 | 目标 | 商务部 | 国防部 | 能源部 | 国土安全部 | 内政部 | 劳工部 | 国务院 | 交通部 | 教育部 | 环境保护署 | 卫生部 | 国家航天航空局 | 国家科学基金会 | 史密森尼学会 | 农业部 |
|---|---|---|---|---|---|---|---|---|---|---|---|---|---|---|---|---|
| 通过学科融合吸引学生 | 推进创新创业与创业教育 | · | · | · |  |  |  | · |  | · |  |  |  |  |  |  |
| | 使数学成为磁铁 | · | · |  |  |  |  |  |  | · |  |  |  |  |  | · |
| | 鼓励跨学科学习 | · | · | · | · | · |  | · |  | · |  |  |  |  |  | · |
| 培养计算素养 | 培养数字素养和提升网络安全 | · | · |  | · |  |  | · |  | · |  |  | · |  |  | · |
| | 让计算思维深入全面教育中 | · | · |  | · |  |  | · |  |  |  |  |  |  |  | · |
| | 拓展数字教学平台 | · |  |  |  |  |  | · |  |  |  |  |  |  | · | · |

（资料来源：赵塞纳，黄宝珠，杜永军，等，2019.绘制成功之路：美国 STEM 教育战略（一）[J].世界教育信息，32（8）：7-13.）

除加大或确保 STEM 教育的项目和投资外，联邦政府各机构还积极推出本领域的 STEM 教育行动计划。例如，美国国防部于 2020 年 10 月出台了《国防部人工智能教育战略》（*DoD AI Education Strategy*），该战略简称《AI 教育战略》。如果说 STEM 教育是各国促进本国竞争力的重要依托，那么人工智能教育无疑是 STEM 教育领域中最为突出的部分。美国国防部出台《AI 教育战略》表明，作为 STEM 领域的重要内容，人工智能教育正在引领

STEM 教育向纵深发展。

纵观自 1986 年来美国 STEM 教育的发展历程，我们不难看到美国政府对于 STEM 教育的逐渐重视以及政策的持续支持。美国社会各界之于 STEM 教育的认知也在不断拓展和加深。在教育信息技术的加持下，美国 STEM 教育也在升级换代，进入全方位深入发展阶段。

## （二）欧洲——以英国、德国、芬兰为例

STEM 教育虽起源于美国，欧洲各国也认识到了 STEM 教育对于提高国家经济竞争力的重要作用，并开始关注本国的 STEM 教育。欧洲各国不断推行 STEM 教育理念，也采取一系列措施，展示 STEM 教育在欧洲的广阔前景，推动数字化转型在教育领域的充分实践。例如，欧盟委员会在 2009 年设立了科学观察站（Scientix Observatory），整合欧洲的科学和数学教育社群，定期检视 STEM 教育，出版观察报告，并且为各国提供 STEM 教育策略建议。英国在 2009 年出版了 STEM 教育报告（*Report of STEM Review*），全面检视英国 STEM 教育的状况，并且提出了新愿景和推进策略。

### 1. 英国 STEM 教育政策的发展历程

（1）政策发展趋势。

科学和数学教育一直处于世界领先水平的英国所实施的 STEM 教育最为值得关注。为鼓励下一代热衷并擅长科学、技术、工程及数学学科，英国政府已通过一系列政策支持学生学习 STEM 课程。同时，在人才培养方面也开展了一系列堪称创新性举措的 STEM 相关项目和活动。例如，2004 年颁布的《2004—2014 年科学与创新投入框架》[*Science & Innovation Investment Framework*（2004—2014）]提出要增加 A level 考试中物理、化学和数学的学生参与人数。英国高等教育部发布的《国家高等教育科学技术工程数学

计划》，强调提升学生在 STEM 方面的技能，为雇主提供能满足其需求的技能劳动力，以保持其在研究与发展方面成为世界的领导者。2005 年，英国高等教育资助委员会（the Higher Education Funding Council for England, HEFCE）将 STEM 学科认定为"具有战略价值的学科"，这极大地推进了 STEM 教育政策的出台，有利于引领中小学 STEM 教育的发展。

英国皇家学会在 2007 年首次发布了一系列报告，旨在监测和提升英国科学与数学教育的质量，其中包括《英国科学与数学教学人员现状报告》（*The UK's Science and Mathematics Teaching Workforce*）。在 2014 年，《科学与数学教育愿景》（*Vision for Science and Mathematics Education*）报告从科学课程、评估、责任和教师专业四个方面勾画了英国在 2014 年到 2030 年期间实现科学教育愿景目标的时间线。此外，英国商业、创新和技能部在 2012 年发布的《2010—2015 年国家政策：公众对科学和工程学的理解》报告中，也提到了鼓励学校中的科学教育，并资助支持学生学习 STEM 课程的项目和活动。

2016 年 3 月，教育部发布了《教育部 2015—2020 战略规划：世界级教育与关怀》（*DfE Strategy 2015—2020 World-class Education and Care*），旨在规划未来五年英国的教育发展战略。提出要确保为学生提供更多的扩展性的学习项目，推进 STEM 课程的开设率，增加 STEM 学习人数的比例，提升相关课程的质量；改革资格证书考试制度，以增加 STEM 资格证书内容的深度和严谨性。2017 年，英国商业、能源与产业战略部发布了《产业战略：建设适应未来的英国》（*Industrial Strategy:Building a Britain Fit for the Future*）白皮书。白皮书要求政府在数学、数字、技术教育领域追加 4.6 亿英镑投资，以解决科学、技术、工程和数学（STEM）领域人才短缺的问题，其中大部分投资将用于中小学的义务教育阶段，以实现政府有意扩大"有能力学习高等数学和其他 STEM 学科的学生群体"的目标；要求政府在未来五年内投资 8400 万英镑，用于改善计算机教学以及提高计算科学课程的学习率，尤其是女生的学习率；此外，政府还计划逐步改善对兼职学生的资助，从

2018 年起，第一学位和第二学位是 STEM 学科的毕业生均可获得生活费贷款支持。

针对人才培养，英国政府开展了多项与 STEM 相关的项目和活动，其中主要包括以下三个。

"Your Life"计划：这个为期三年的计划旨在帮助英国年轻人改变对数学和科学的看法，学习数学和科学知识，以在全球竞争激烈的环境中获得成功。

"STEMNET"组织：这个组织由英国商业、创新和技能部以及教育部提供基金支持，旨在提高年轻人对科学、技术、工程和数学的兴趣。STEMNET 提供资源帮助学生学习 STEM 课程，同时也为教师和学校提供支持。

"国家科学与工程竞赛"：这个竞赛面向全日制 11 岁至 18 岁的英国学生开放，旨在发现并奖励在 STEM 学科取得优异成绩的学生。此外，英国科学协会还将这项竞赛与"The Big Bang Fair"及"Young Engineers"活动相结合。其中，"The Big Bang Fair"是英国年轻人最大的 STEM 盛会，旨在向年轻人展示对 STEM 学科的兴趣和参与的重要性。

（2）STEM 教师队伍建设。

英国政府充分认识到 STEM 教师队伍建设的重要性，现已联合专业机构及学科协会等社会各界力量，从扩大 STEM 教师队伍规模、提高 STEM 教师质量和挽留 STEM 教师人才等途径来加强 STEM 教师队伍建设。

为了缓解 STEM 教师紧缺的现象，于 2014 年推出了"数学和物理教师供应项目"。该项目计划招募 2500 名新的数学与物理教师，并投资 6700 万英镑培训 17500 名数学与物理教师，用以提高学科教学质量。2016 年，英国政府正式实施了该项目，具体措施包括两项：一是带薪实习，推行新速成课程，吸引转岗从业者加入教学工作，包括开办新的兼职培训课程；二是奖金激励，为数学和物理专业的优秀毕业生提供 15000 英镑的奖励，这些毕业生在毕业后三年里留校任教。2017 年 12 月，英国教育部和国家教学与领导学院共同启动了教学与领导创新基金，该基金计划为期三年，专门为英格兰 STEM 教学资源薄弱地区的学校教师和领导提供高质量的专业发展支持，通过提供各种各样的专业发展课程，支持和提高现有教师的 STEM 学科知识、教学技能、教学信心、领导能力、管理具有挑战性的学生行为的能力等。

与此同时，英国教育部正式提高教师职业底薪，发放 STEM 教师职业补贴，逐步提高薪酬待遇。从 2020—2021 学年开始，STEM 教师在职业生涯的前四年还将额外获得 6000 英镑补贴，在薄弱学校工作的教师的这些额外补贴将增加到 9000 英镑。2018 年，英国已经开始实施数学教师分期补贴措施，新入职的数学学科教师不仅可以获得 26000 英镑的先期补贴，还能在培训期间获得 20000 英镑的免税补贴，第三和第五年还可以获得 5000 英镑的免税补贴，而在资源最薄弱的学校工作的教师可以获得 7500 英镑的免税补贴。

（3）缩小 STEM 教育性别差距。

英国教育部联合科研机构、学校和媒体等，发起了一系列旨在挑战性别刻板印象的措施，以推动以女性为主题的 STEM 项目的实施。这些措施包括"女生进入科学和技术领域"项目（Girls Into Science and Technology，GIST）、"妇女进入科学和工程领域"项目（Women in Science and Engineering，WISE）以及英国皇家工程院发起的伦敦工程项目（LEP）等。这些项目旨在与相关行业、组织和个人建立合作伙伴关系，改善科学、技术和工程领域的文化与性别多样性，鼓励更多年轻女性进入 STEM 领域。

### 2. 德国 STEM 教育政策的发展历程

作为欧洲的主要经济体，德国一直以稳定的工业和完备的职业教育体系著称。由于语言关系，德国版 STEM 通常被缩写为 MINT，分别是 Mathematik（数学）、Informatik（信息技术）、Naturwissenschaften（自然科学）和 Technik（技术），这与美国版 STEM 中的 Science（科学）、Technology（技术）、Engineering（工程）、Mathematics（数学）相对应。

然而，德国在 MINT 领域仍缺乏高质量人才，仅在 2012 年，工程师的缺口就高达 10 万。此外，在德国的政府报告中频频提及"需要用 MINT 教育弥补该缺口"。例如，德国联邦教育与研究部在其调查报告《MINT 展望——MINT 事业与推广指南》（*Perspektive MINT——Wegweiser für MINT-Förderung und Karrieren in Mathematik, Informatik, Naturwissenschaften und Technik*）中指出："某些行业、地区和职业的高级技工缺口已经很大，因此保证劳动力的数量和质量是联邦政府活动的重心。"

因此，德国在 2006 年和 2010 年发布的《德国高技术战略》（*The High-Tech Strategy for Germany*）中都指出要吸引更多年轻人学习 MINT 学科的课程，提升女性对科学技术的兴趣，增加科学领域女性的数量。2008 年德国的《德累斯顿决议》提出了国家教育未来发展的十大目标措施，其中第四条就是加强数学、信息技术、自然科学和技术等 STEM 相关专业的学习。同年的《德国素质计划》，旨在加强 MINT 学科教育，提升儿童和青少年对数学、信息技术、自然科学与技术等学科的兴趣，应对德国中长期高素质劳动力短缺的挑战。该计划激发了更多年轻人对 MINT 相关职业的兴趣，并针对不同年龄段的群体制定了行动计划，如增加中小学的 MINT 课程数量和邀请 MINT 领域的代表人物到中小学当导师。

2009 年，德国文教部长会议颁布了《关于加强数学-自然科学-技术教育的建议》，提出在幼儿早期启蒙和学前教育阶段就应当开展数学和科学素养的教育，为进入学校系统后的 STEM 专业知识学习奠定兴趣和认知基础。另外，德国文教部长会议先后颁布了四年级、九年级和十年级数学学科以及十年级生物、化学与物理学科等多个学科和年级教育标准。这些标准强调对于各学科核心领域和基本素养的准确把握，为 STEM 学科教学提出了更加明确和可比的质量目标。和英国政府一样，德国政府也鼓励学校、企业等各个相关利益群体参与到 STEM 教育的相关活动中。德国青少年科学竞赛活动每年都会举行，涵盖了数学、科学和技术各个领域，面向 10 岁以上各个年龄组的青少年，具有广泛的参与性。"MINT 友好学校"是德国设立的年度学校评选项目，该项目旨在通过评选活动和标杆学校的榜样效应，鼓励学校促进数学、信息技术、自然科学和技术专业的教育教学，培养学生对 STEM 领域知识和职业前景的兴趣。

### 3. 芬兰 STEM 教育政策的发展历程

21 世纪以来，芬兰教育一直是成功教育的代名词，在 PISA 测试中芬兰连续三次蝉联世界第一，如图 2-1 所示。2011 年，芬兰 STEM 领域的毕业生数量居于第一位。

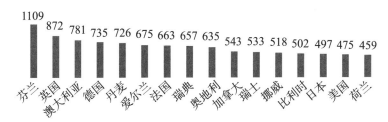

图 2-1　芬兰学生 2022 年 PISA 评估结果

（资料来源：Statistics Canada；OECD；The Conference Board of Canada）

芬兰学生在 PISA 中的数学和科学成绩都处于较高水平，尽管如此，STEM 教育对芬兰也是一种挑战。为了鼓励学生加强 STEM 学科的学习，保持和促进学生对这些学科的学习兴趣，尽早为他们提供系统化的支持和帮助，芬兰政府、大学与中小学、工商企业、社区、家庭等多方共同合作，积极推动 STEM 教育发展。其中，比较有代表性的合作项目是 LUMA，这也是芬兰开展 STEM 教育的最大平台。"LUMA"一词是"Luonnontietee"（芬兰语意为自然学科）和"Mathematics"（数学）的缩写，可将其理解为芬兰社会语境下的 STEM 教育。

1996—2002 年，芬兰教育部就组织和开展 LUMA 的数学和科学教育发展项目。首个 LUMA 中心于 2003 年在赫尔辛基大学成立。芬兰 LUMA 中心创设起了大学、学校、机构以及商业部门之间的协作网络，目标是支持儿童和青少年学好科学、技术、工程和数学（STEM）学科，并对 STEM 学科产生浓厚兴趣。LUMA 中心基于最新的科学知识，为儿童、青少年和教师提供多种多样的活动选择。例如，为青少年学生安排科学俱乐部、营地训练和相关课程。

LUMA 中心还为青少年安排免费俱乐部聚会，向学生介绍 STEM 的最新研究信息。几乎所有 LUMA 的服务和活动都是免费的，活动的设计和实施以激发并保持学生对科学的兴趣为出发点。在 LUMA 项目的成功活动中，知名度比较高的是国际性的"黄金时代青年营"（Milennium Youth Camp，MYC）。该活动定期组织世界不同国家 16—19 岁青少年学生参加营地教育活动，旨在通过营地活动增加青少年对 STEM 教育的兴趣，传播芬兰在该领域的专业知识和最新进展，同时让他们熟悉芬兰在该领域提供的学习和就业机会。芬兰 LUMA 中心还组织年度"科学教育国际论坛"（International Symposium on Science Education，ISSE），参加论坛的人员包括来自世界不同国家的 STEM 教育研究者、教师、师范生以及非教育领域的其他机构代表，通过国际论坛，参加论坛的人员之间可以建立联系、互相学习。

除了设置 LUMA 机构以外，芬兰对 STEM 教育课程开发也进行了规划和改进，采取了整体规划和局部支持相结合的方式来开发 STEM 教育的课程，切实推进了 STEM 教育的实施。在整体规划方面，芬兰 2016 年 8 月将 STEM 教育的相关理念加入开始正式实施的国家核心课程中。例如，倡导快乐学习并强调学生积极体验；通过切合生活实际来体现课程核心价值；通过开展主题教学，促进学科之间的交叉融合。在局部支持方面，赫尔辛基大学 LUMA 中心通过 Kumpula 科学园区、F2K 实验室、Gadolin 化学实验室三种途径为儿童、青年和教师提供了不同的科学课程，旨在支持儿童、青年和教师适应新的学习环境，并通过活泼的科学课程来发展儿童、青年以及教师对自然科学和数学的兴趣。学生和教师可以利用 Kumpula 科学园区的实验设施进行科学实验和相关活动，同时，Kumpula 科学园区也支持教师的在职培训。从 2011 年 3 月开始，赫尔辛基大学的 F2K 实验室对外开放，学生可以在 F2K 实验室里进行物理的相关研究和学习。Gadolin 化学实验室是以芬兰化学家 Johan Gadolin（1760—1852）命名的，其主要活动是基于芬兰国家核心课程支持不同层次的化学课程内容，发布最新化学学习和教学研究的信息，以此提高公众对化学的兴趣和认识。

教师在培养儿童和青少年 STEM 学习兴趣方面扮演着重要角色。因此，为了输送更多合格的 STEM 教育教师，并培养教师的反思学习、教育行动研究以及信息与通信技术的应用等专业素养，芬兰实行了以 LUMA 为中心的、各部门相互支持协调的教师专业发展计划。赫尔辛基大学实施了 ACTTEA（面向行动的教师知识，即 Act-Tea）项目、基于设计的研究（Design-Based Research，DBR）项目等，以增加教师和教育研究者之间的合作，并发展教师的反思学习能力，其中 DBR 项目将设计、开发、实施和评价学习活动作为一个整体，并强调设计过程的连续性、ICT（Information and Communications Technology，信息与通信技术）的应用以及理论向实践的过渡。奥卢大学（University of Oulu）通过开设 MOOC（Massive Open Online Courses，大型开放式网络课程）来帮助教师学习计算机编程。拉普兰大学（University of Lapland）提供了教师专业发展的相关项目，如计算机辅助学习（Computer-Assisted Learning，CAL）、开放和远程学习（Open and Distance Learning，ODL）等，促进信息技术在教学中的使用。如其中的计算机辅助学习项目，教师通过与计算机系统之间的互动来学习专业知识与技能。

通过梳理以英国、德国、芬兰为代表的欧洲国家的政策发展历程我们可以知道，欧洲国家非常重视在 STEM 教育方面的投资，以提高学生学习数理工程的兴趣。从 2016 年的 Scientix 报告中也可以看到，30 个参与调查的国家中，80% 的国家已经把 STEM 教育作为国家的优先领域，不仅对 STEM 教育持续地提供政策上以及资金上的支持，同时也致力提出改善 STEM 教育的新方案及措施。

## （三）亚洲——以中国、韩国、马来西亚为例

### 1. 中国 STEM 教育政策的发展历程

受到欧美国家的影响，亚洲国家也开始关注 STEM 教育。亚洲国家在传

统文化、教学理念等方面比较接近，因此亚洲其他国家开展的 STEM 教育对中国极具启发。相比发达国家，中国的 STEM 教育虽然起步较晚，但发展十分迅速，正在努力赶超国外水平。同时，中国正处于各个领域数字化转型高速发展的进程中，因此对于 STEM 教育和人才的培养也在不断创新。

2013 年，STEM 教育理念开始在中国兴起，少数校外教育机构开始探索中国 STEM 教育业务的应用模式。2012 年，北京寓乐世界教育科技有限公司、北京鲨鱼公园教育科技有限公司等专注 STEM 教育的企业先后成立，在借鉴发达国家成熟教学模式的基础上开发具有中国特色的 STEM 教育课程及教学工具。自 2015 年，教育部发布《关于"十三五"期间全面深入推进教育信息化工作的指导意见（征求意见稿）》，明确支持中国 STEM 教育行业的发展，标志着 STEM 教育开始进入国家层面的教育事业发展规划。2016 年教育部出台的《教育信息化"十三五"规划》中明确提出要探索 STEAM 教育、创客教育等新教育模式。

2017 年 1 月，我国教育部发布《义务教育小学科学课程标准》，倡导跨学科的 STEM 学习方式，将科学、技术、工程、数学有机融为一体，以项目学习、问题解决为导向，培养学生的创新能力。该标准的发布意味着中国教育部将校内 STEM 教育定义为综合实践活动课程，未来校园全面开展综合实践活动课程将是中国教育的重要发展趋势。2017 年 6 月，教育部直属的中国教育科学研究院成立 STEM 教育研究中心，通过整合院内外专家资源、聚焦热点问题和前沿问题开展深入研究，为我国 STEM 教育发展提供重要支撑。该中心成立后，对 STEM 领域进行广泛而深刻的研究，并在较短时间内发布了两项科研成果，即《中国 STEM 教育白皮书》与《STEM 教师能力等级标准》。同年 7 月，国务院发布《新一代人工智能发展规划》，正式宣布在中小学阶段设置人工智能相关课程，并且逐步推广编程教育。2018 年 5 月 15 日，"中国 STEM 教育 2029 行动计划"启动仪式在北京举行，目标是通过搭建 STEM 教育研究与实践的国家级平台，促进有志于 STEM 教育的各级各类学校投身 STEM 教育发展事业，提高我国 STEM 教育质量，为世界贡献 STEM 教育的中国方案。全国有 79 所学校成为"中国 STEM 教育 2029 行动计划"首批领航学校，228 所学校成为首批种子学校。全国集中开展 STEM 教育地区的各级政府大多数都给予学校、教师、学生一定的经济支持，用以保证 STEM 教育的顺利开展。2019 年 5 月，"内地—香港 STEM 教师研修中心"揭牌成立。该机构也被称为"粤港澳大湾区 STEM 教育发动机"，为 STEM 教师提供实景化培训、沉浸式学习，整合国内外研究力量、联合国际 STEM 教育机构，全力打造中国 STEM 教育研究智库。

由于 STEM 教育在中国迎来了快速发展，STEM 教育在实践中的影响迅速扩大，一些地区已将 STEM 教育列入地方教育重点工作。例如，2015 年《深圳市中小学科技创新教育三年行动计划（2015—2017 年）》要求"大力推进 STEM 课程，通过择优引进与自主开发相结合，探索形成适合深圳市学生需求和中小学衔接的 STEM 课程体系"；2016 年江苏省《关于开展科学、技术、工程、数学教育项目试点工作的通知》要求在全省开展试点学校申报和 STEM 教师培训工作，2017 年发布《江苏省 STEM 教育项目学校建设指导意见（试行）》。

经过近年的发展，我国在 STEM 教育政策方面推进的速度非常快，同时也受到了有利政策和大好发展形势的支持。

### 2. 韩国 STEM 教育政策的发展历程

韩国是亚洲另一个在 STEM 教育上进行大量投资的代表性国家。韩国也以美国、英国等 STEM 教育比较先进的国家作为学习的模范，发展本国的 STEM 教育。韩国学生的理科成绩全世界有目共睹，在国际数学与科学趋势研究中，韩国学生数学成绩自 1995 年起便稳居世界前三，科学位列前五，国际学生能力评估中学生理科成绩也遥遥领先。但是，有两个重要因素时时阻碍着韩国 STEM 教育的发展，一是学生对待理科的兴趣，二是各学科之间的严重割裂。2000 年前后的国际数学与科学趋势研究对韩国学生的学科自信水平进行调查后，发现了一项出人意料的数据：虽然韩国学生数学和科学成绩排在了世界前五位，但其学科自信程度仅位居第 27 位和第 43 位，喜爱程度也落到第 29 位和第 43 位。如何让孩子爱上数学和科学，成了韩国政府开始思考的一大教育问题。基于激发学生学习理科兴趣的动机，韩国政府 2009 年实施国家课程改革之际，终于将 STEM 纳入了改革范围，当时被称为"整合性科学"，并颁布了《搞活整合型人才教育（STEAM）方案》。整合性科学课程于 2011 年正式生效，提出以数学和科学为中心，结合工程技术的 STEAM 课程教育方案。

在整合性科学课程实施的第一年，整个韩国有 89% 的学校采用了该新课程。2011 年，韩国有 16 所 STEAM 示范学校，2012 年增加到 80 所。它重刷了韩国中小学生对科学学习的观念和态度，有数据显示，随着 STEM 的引入，以 PBL（项目式学习法）为主要教学方式的整合性科学课程有效激发了学生学习理科的积极态度。同时，韩国科学与创意发展基金会（Korea Foundation for the Advancement of Science and Creativity，KOFAC）作为负责 STEAM 教育的主要机构，从上至下地对韩国 STEAM 教育进行了革新，并提出了 STEAM 教育项目结果，如图 2-2 所示。

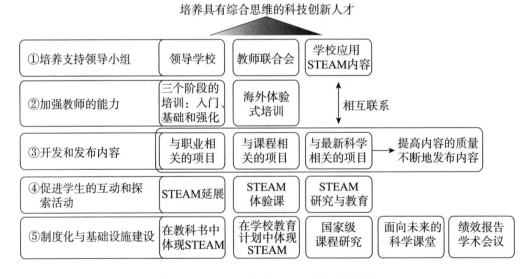

图 2-2　KOFAC 的 STEAM 教育项目结构

（资料来源：Korea Foundation for the Advancement of Science and Creativity，2016）

为了使学生持续保持对 STEAM 教育的热情，韩国实施了一系列政策。例如，KOFAC 主持策划的 STEAM Research and Education（R&E）和 STEAM Outreach 项目。大学、科研机构和公司等作为 STEAM Outreach 的支持机构，持续为全国范围的学生提供 STEAM 学习的资源和平台，极大地促进了韩国学生对 STEAM 的学习热情，对他们的职业选择起到了引导作用。同时，营地活动、培训机构等课外 STEM 教育近年来在韩国也日渐火爆，一方面借助营地活动加强与国际学生的交流，另一方面到韩国不同的 STEM 高中访问、学习编程、参观三星工厂与都罗展望台等，激发学生对 STEM 的好奇与体验的愿望。

### 3. 马来西亚 STEM 教育政策的发展历程

马来西亚政府把 STEM 教育作为推动马来西亚成为高收入国家的主要动力，让具有 STEM 技能的学生能够推动经济发展，进而促进国家未来的发展。为了加强 STEM 教育，在《马来西亚教育蓝图（2013—2025）》（*Malaysia Education Blueprint*（2013—2025））中明确提出"加强教师对 STEM 的教育意识，以及提高学生的学习兴趣"。在 2013 年的 PISA 测试中，马来西亚学生在 STEM 方面的表现不尽如人意，因此政府意识到要将 STEM 课程融入现有的相关课程中。2015 年的 PISA 测试显示，马来西亚学生在数学、科学和阅读方面的分数均有显著提升。这证明马来西亚教育部（Ministry of Education，MOE）的教育计划是有效的。在 2016 年，巴生共和华小引进 STEM 教育，成为雪州第一所开展 STEM 教学的学校，在政府推动和学校的全力配合下，马来西亚也开始推行 STEM 教育。2019 年底，教育部公布 2020 年中学标准课程（KSSM）高中阶段（中四和中五年级）的课程结构，其中包含 STEM 科目的设置和实施办法。这是马来西亚第一次引进 STEM 教育概念。

目前，马来西亚在 STEM 教育上属于起步阶段，面临的问题还很多。例如，对 STEM 教育缺乏系统性方案，基础教育与高等教育、职业教育之间的衔接有待增强；不同学龄段的 STEM 教育在具体操作上应有何侧重等问题。马来西亚需要立足国情与文化特征，推进 STEM 教育的实证和项目研究，积极开展 STEM 教育评估，开发 STEM 教学案例，培养更多 STEM 教师等，真正推动 STEM 教育的发展，从而培养更多 STEM 人才。

## （四）其他国家

除了以上国家，还有很多国家也在轰轰烈烈地开展本国的 STEM 教育。虽然各国开展程度不同，但是可以看到许多国家已经具有 STEM 强国的意识，并且在政策上进行扶持。

例如，澳大利亚政府对于 STEM 教育的重视程度不比美国、英国等逊色，其 STEM 教育可以用"全方位、全领域、全民性"来概括，主要体现在以下几方面。

（1）加强 STEM 教育政策顶层设计。

2001 年，澳大利亚教育部制定了一项为期五年的促进科学创新能力的计划，以提高澳大利亚人的能力。2004 年澳大利亚教育部推出"创新、科学、技术、数学教学推进计划"（Boosting Innovation, Science, Technology, Engineering and Mathematics Teaching, BISTEMT），其主要目标包括鼓励澳大利亚学校的创新意识，促进中小学科学、技术和数学的教学活动；发展世界水平的教学能力，提高学生科学、技术、数学学习的效果等。

2012 年，澳大利亚政府启动一项名为"守护澳大利亚的未来"（Securing Australia's Future, SAF）的项目，提供 1000 万澳元进行系列战略课题研究。2013 年 6 月，澳大利亚学术研究院委员会发布报告，指出了澳大利亚在 STEM 教育上面临的挑战，其中包括缺乏 STEM 专业的高素质教师；STEM 教育缺乏足够的资源投入，包括实验室、科技设备和教材等；学生在 STEM 学科上的学习兴趣和动力不足；缺乏与行业紧密联系的 STEM 课程和实践机会；学生和教师的 STEM 素质和技能需要进一步提升；STEM 教育的性别差异和地区差异仍然存在。

2015 年 12 月，澳大利亚政府发布《国家创新与科学议程》（National Innovation and Science Agenda，NISA），提出 24 项计划，其中之一便是"提高所有澳大利亚人的数字素养与 STEM 素养"。同时，澳大利亚联邦及各州和地区教育部长签署了《STEM 学校教育国家战略 2016—2026》，提出四个国家行动领域，包括教育领袖、教师和学生的能力提升；与 STEM 相关的学习机会和经验的提供；与 STEM 相关的学习材料和资源的开发；与 STEM 相关的社区参与和产业联系的推进。

（2）鼓励社会机构与组织共同参与。

澳大利亚的 STEM 教育推进不仅仅是教育部门的事情，其他社会机构与组织也积极参与其中。例如，《国家创新与科学议程》中的"提高所有澳大利亚人的数字素养与 STEM 素养"计划的部分项目就是由澳大利亚工业、创新和科学部来负责实施的，如"国家科学周""总理科学奖""创客项目"等。

（3）注重产学合作 STEM 教育模式。

鼓励企业参与 STEM 教育是澳大利亚 STEM 教育政策的重要举措。2015 年发布的《STEM 学校教育国家战略 2016—2026》明确提出 STEM 教育要加强与企业与产业的联系。该文件提出的国家层面的行动之一就是建立"STEM 伙伴论坛"。2017 年 5 月，澳大利亚政府委员会（COAG）教育分会正式成立该论坛。经过近一年的调查与研究，该论坛于 2018 年 4 月发布了《优化 STEM 产学合作伙伴关系：激励澳大利亚下一代》报告，提出了产学合作推进澳大利亚 STEM 教育的十条建议。

（4）加强 STEM 数据库与资源平台建设。

2016 年，由澳大利亚政府首席科学家办公室支持，澳大利亚工业集团编辑完成了《STEM 项目索引 2016》手册，介绍了覆盖澳大利亚全境的 250 余个 STEM 项目。另外，澳大利亚教育部与多方合作开发了 STEM 项目索引网站（STARportal）。该网站已经汇集了 518 个 STEM 项目活动，并对这些活动按学科领域、覆盖区域、类型、适用年龄等进行了分类，每一项活动的展示页包括活动基本介绍与费用问题。

除此之外，澳大利亚一些机构还建立了在线的 STEM 资源或在线项目，如阿德莱德大学创建了"数字技术慕课"（DTMOOC），免费提供给教师。澳大利亚科学院的"科学做中学"也是一个在线课程资源项目，免费提供给澳大利亚教师和 7—10 岁的学生。该在线课程包括课程单元、专业学习模块等。

（5）特别关注幼儿与女性 STEM 教育。

在幼儿 STEM 教育方面，澳大利亚政府于 2018 年 3 月正式启动"澳大利亚早期学习 STEM 项目"（ELSA）。这是一个基于游戏的 STEM 数字学习体验项目，主要通过移动应用程序来实施。另外，澳大利亚教育部还推出"幼儿 STEM 项目"，该项目的实施周期为 2016—2020 年，主要目标是为幼儿提供 STEM 学习的机会，包括通过向家长提供教育支持材料，以及为幼儿教育工作者提供面对面的专业发展机会，支持父母和早期教育工作者培养儿童的数学思维，以及为科学教育中的幼儿教育工作者提供经认可的专业发展机会。在女性 STEM 教育方面，2016 年澳大利亚政府启动了"女性 STEM 与创业项目"，支持促进女孩和妇女对 STEM 与创业的兴趣，发展她们的科学和企业知识与技能，建立她们的专业网络或其他符合计划目标的活动项目。

（6）注重 STEM 教育的国际交流与合作。

澳大利亚政府设立了专项经费支持学生参与境外的 STEM 教育活动与 STEM 国际竞赛。另外，澳大利亚教育部与东南亚国家合作建立了"澳大利亚—亚洲 STEM 教育者计划"，共同提高区域 STEM 教育水平等。

# 二、STEM 教育标准的发展历程

教育标准是对学生在完成特定教育阶段的学习时应达到的水平所做出的规范性要求，泛指有关教育事业或过程所应遵循或达到的基本要求，如教育质量标准、教师教育标准和课程标准等。本节内容将以课程标准为主，其他相关标准为辅，介绍北美洲、欧洲和亚洲主要国家的教育标准发展历程。

## （一）北美洲——以美国为例

### 1. 美国 K—12 阶段 STEM 教育的国家标准

课程标准是规定某一学科的课程性质、课程目标、内容目标、实施建议的教学指导性文件，包含了内容标准（划定学习领域）和表现标准（规定学生在某领域应达到的水平），反映了国家对学生学习结果的期望。在数字化转型的背景下，STEM 课程标准在与时俱进。

（1）STEM 课程之数学标准。

2010 年，美国州长协会（NGA）与各州的教育官员委员会（Council of Chief State School Officers，CCSSO）针对美国各州的教育状况发布了美国《州立共同核心数学课程标准》（*Common Core State Standards for Mathematics，CCSSM*），把 K—12 年级的数学学习分为两个阶段，即 K—8 和高中。这是美国历史上首部 K—12 数学国家课程标准。

CCSSM 中的数学能力包含准确推理的能力、战略性的能力、概念理解的能力（对数学概念的理解、操作、联系）、程序流畅的能力（执行程序的技巧，也就是执行程序时要灵活、准确、高效和适当）、生产能力（认为数学是理智的、有用的、有价值的，同时也要具备自信和勤奋）。

（2）STEM 课程之科学标准。

美国 STEM 课程中的科学标准指的是《国家科学教育标准》（*National Science Education Standards*，NSES），由美国科学院国家研究理事会（*National Research Council*，NRC）于 1996 年颁布。NSES 将科学教育的标准分为五类，分别是内容标准、所有教育工作者的教学标准、专业进修标准、大纲标准和系统标准。其中，内容标准中按照 K—4、5—8、9—12 这三个年级段来将学生需要学习的科学内容划分为八类，包括科学的统一概念和过程、作为探究过程之科学、物质科学、生命科学、地球与空间科学、科学与技术、从个人和社会视角所见的科学、科学的历史和本质。

美国于 2010 年初颁布了《新一代科学教育标准》（*Next Generation Science Standards*，NGSS），作为第二部科学课程标准，它强调科学素养更应重视学生对科学的反思和科学在社会中的应用。美国《新一代科学教育标准》把 K—12 年级划分为四个年级段，分别是幼儿园、小学（1—5 年级）、初中（6—8 年级）、高中（9—12 年级）。美国《新一代科学教育标准》认为科学核心概念应该是物质科学、生命科学、地球与空间科学、工程、技术和数学应用。同时，美国《新一代科学教育标准》从学科核心概念（disciplinary core ideas）、科学与工程实践（practices）、跨学科概念（crosscutting concepts）三个维度对各年级的科学教育进行了界定。其中，学科核心概念指教材中的各个知识点；科学与工程实践是关于如何将所学知识应用于现实生活、研究现象或解决问题；跨学科学习则是让学生体会学科之上的思维方式，如因果思维、结构性思维、系统化思维、数量化思维等。

为了将三个维度的内容有机地整合至每一条标准，美国《新一代科学教育标准》在所有标准之间设置了有意义的连接，也就是为使用者设计了一套由预期成果（performance expectation）、基础框（the foundation boxes）和联系框（the connection boxes）组成的标准实施的程序步骤。

从《国家科学教育标准》到《新一代科学教育标准》的演变表明了科学课程的发展趋势将是学科核心概念与科学研究内容或工程内容相结合，科学探究能力与工程实践能力并行，科学或工程作为 STEM 课程整合的核心。

（3）STEM 课程之技术标准。

2000 年，美国国际技术教育委员会（International Technology Education Association）及其下属的"面向全体美国人的技术项目"（Technology for All American Project，TfAAP）共同推出了技术学科的学科标准——《技术素养标准：技术学习之内容》（*Standards for Technological Literacy: Content for the Study of Technology*）。该标准将技术课程内容分为技术的性质、技术与社会、设计、技术世界的能力、设计的世界五大部分，并为之制定了 20 项具体标准以及分散在四个年级段（K—2、3—5、6—8、9—12）的基准主题，为技术教师的教学工作提供了指导。这 20 项标准具体如表 2-3 所示。

表 2-3　技术素养标准：技术学习之内容

| 技术的性质 | 1. 发展学生对技术的特征与范围的理解；<br>2. 发展学生对技术的核心概念的理解；<br>3. 发展学生对各种技术间的关系以及技术与其他学习领域的联系的理解； |
| --- | --- |
| 技术与社会 | 4. 发展学生关于技术对文化、社会、经济和政治的作用的理解；<br>5. 发展学生关于技术对环境的影响的理解；<br>6. 发展学生关于社会对技术的发展和使用过程所起作用的理解；<br>7. 发展学生关于技术对历史演变所起作用的理解； |
| 设计 | 8. 发展学生对技术属性的理解；<br>9. 发展学生对工程设计的理解；<br>10. 发展学生对研究与发展、革新与发明、解决问题中实验设计和实验过程的理解； |
| 技术世界的能力 | 11. 发展学生应用设计过程的能力；<br>12. 发展学生使用和维护技术产品及系统的能力；<br>13. 发展学生评价产品及系统的能力； |

| | |
|---|---|
| 设计的<br>世界 | 14. 发展学生关于选择和使用农业及相关的生物技术的理解；<br>15. 发展学生关于选择和使用能量与动力技术的理解；<br>16. 发展学生关于选择和使用信息与通信技术的理解；<br>17. 发展学生关于选择和使用交通运输技术的理解；<br>18. 发展学生关于选择和使用制造技术的理解；<br>19. 发展学生关于选择和使用建筑技术的理解；<br>20. 发展学生关于选择和使用医疗技术的理解。 |

（4）STEM 课程之工程标准。

2010 年，美国工程教育协会和国家科学基金会联合发布了报告《K—12 阶段工程教育标准》（*Standards for K—12 Engineering Education*）。该报告认为目前制定工程课程标准并非必要。原因有以下五个：①工程教育最近才出现在 K—12 学校，缺乏足够的人数和数据支持标准的制定；②工程学科与数学、科学和技术学科紧密相关，后者的内容标准都已将工程内容纳入其中；③全美缺乏对工程教育的评估，教师的教学动力不足；④当前对工程教育的了解不充分，不足以开发可信的课程标准；⑤现有的课程标准的效果尚未得到充分评估，专家对是否需要制定工程教育标准的意见还存在分歧。

虽然《K—12 阶段工程教育标准》否决了制定工程课程标准的必要性，但它依然为实施工程课程提供了一些建议。第一，专家学者要就工程的核心理念达成共识，为开发工程课程的教学材料提供指导方针，促进学习研究，确保工程课程的质量，保证各年级的工程内容能够相互衔接。第二，通过"注入"（infusion）和"映射"（mapping）的方式，在数学、科学和技术的课程标准中添加工程内容及标准要求，从而在 K—12 阶段普及工程内容。

### 2. 美国 K—12 阶段 STEM 课程的州立标准——以印第安纳州为例

（1）STEM 课程之数学标准。

2014 年 4 月，印第安纳州教育委员会（Indiana Department of Education，IDOE）在《州立共同核心数学课程标准》的基础上研发了本州的数学标准《印第安纳州数学学术标准》（*Indiana Academic Standards for Mathematics*），旨在确保印第安纳州的学生能够为未来的高等教育及中学后的就业做好准备。

（2）STEM课程之科学标准。

2016年4月，印第安纳州教育委员会在对《新一代科学教育标准》进行调整和补充的基础上研制了《印第安纳州学术标准修订与实施指南》（*Revision and Implementation Guidance for Indiana Academic Standards*），旨在培养本州范围内学生的科学素养，促使学生为不断变化的科学领域做好准备。

《印第安纳州学术标准修订与实施指南》提出了三条具体的标准内容。第一条是科学和工程过程标准（*Science and Engineering Process Standards*，*SEPS*），在所有年级发展科学思维，开展实验操作。第二条是科学、技术研究内容领域素养标准（*Standards for Literacy in Science and Technical Subjects*，*LST*），在6—12年级增加科学写作素养和科学阅读素养，以培养学生的科学读写能力。第三条是内容标准。K—8年级的内容标准关注五个领域：物质科学、地球科学、生命科学、工程、计算机科学。高中阶段的内容标准侧重三个主题：自然科学、地球和空间科学、生命科学。

（3）STEM课程之技术标准。

2014年印第安纳州教育委员会为STEM领域中的技术制定了一套标准，即《印第安纳州科学、技术课程学术标准》（*Indiana Academic Standards for Science / Technical Subjects*）。该标准主要包括以下五个领域的技术要求。

①创造性思维和问题解决能力：学生需要具备开放的思维，能够运用多种工具和技术，不断探索和创新，解决实际问题。

②数字工具的应用和使用：学生需要熟练使用计算机、软件和其他数字工具，并能够使用这些工具进行信息处理、生产和传递。

③技术系统和设计：学生需要理解和应用技术系统与设计的基本原理，能够对技术系统进行分析和评估，并能够提出改进和创新的建议。

④创新和创业：学生需要具备创新和创业的精神，能够将创新思想应用到实践中，并具备开展创业的能力和意识。

⑤社会和伦理问题：学生需要理解技术发展所带来的社会和伦理问题，包括隐私、安全、环境、健康等方面的问题，并能够对这些问题进行思考和讨论。

（4）STEM 课程之工程标准。

印第安纳州 STEM 课程之工程标准是指 *Indiana Academic Standards for Engineering*。这是一份由印第安纳州教育委员会于 2016 年制定的标准，该标准分为四个级别，从幼儿园到 12 年级，不同的年级段都有对应的课程目标和指导原则。具体来说，包括以下几方面内容。

①工程设计过程：学生将学习如何通过识别和解决问题来设计和改进产品、系统和流程。他们将了解如何应用基本的工程原理和概念来开发创新的解决方案，并学会使用计算机辅助设计工具进行设计。

②工程领域中的基本概念和原则：学生将了解各种工程领域中的基本概念和原则，如材料、力学、热力学和电学等方面的基础知识。他们还将了解工程伦理和专业实践的重要性，以及如何在设计和制造过程中考虑社会、环境和可持续性问题。

③工程技术应用：学生将学习如何应用工程技术和工具来解决实际问题。他们将了解如何使用计算机编程语言和控制技术来开发自动化系统，并学会使用模拟和测试技术来评估与改进产品性能。

④工程与社会：学生将了解工程如何影响社会和文化，以及如何解决与工程相关的社会问题。他们将研究各种工程领域的历史和现状，并学会考虑工程决策对社会和环境的影响。

### 3. 美国 K—12 阶段 STEM 课程标准的特点

（1）STEM 课程的国家课程标准具有指导性和开放性。

美国实行高度分权的教育体系，联邦教育部不具备监管约束的权力，教育行政的实权在各州。但作为教育政策的研究与咨询机构，联邦教育部负责制定教育政策、出台国家课程标准，为美国各州的教育改革与发展提供指导和建议。据此可知，美国 STEM 课程国家标准由美国联邦教育部协同其他教育管理部门和研发机构共同研发，具有明显的指导性与开放性，规定了 STEM 课程标准最本质的要求，也给予了各州适当调整的余地。从数学课程的国家标准来看，数学的课程理念是其最本质的内容。无论是国家数学课程标准还是州立的数学标准，都必须承认数学学习是一个持续的学习过程，数学标准需要关注学生的最近发展区与学段的衔接，教师需要注重培养学生的数学能力。关于年级分段和数学内容的设置则是各州能够灵活调整的部分。从科学课程的国家标准来看，最本质的内容有两部分：一是科学是基于探究的、具备实践经验的；二是科学课程必须体现课程融合的理念，将工程内容融入科学课程，将工程和科学作为 STEM 课程整合的核心。州能调整的部分为科学内容的难度、如何按照年龄段安排课程内容、科学课程的实施策略等。从技术课程的国家标准来看，最本质的内容为技术教育的目标、技术教育所体现的课程融合理念，可以调整的地方为技术课程的具体内容、实施策略等。从工程课程的国家标准来看，虽然国家层面的工程课程标准还未出台，但是《K—12 阶段工程教育标准》为各州提供了最关键的、最本质的建议，即州立的工程课程标准必须凸显课程融合理念。

综上所述，美国 STEM 课程的国家标准具有明显的指导性和开放性，强调了 STEM 课程融合理念的现实意义，为各州指明了 STEM 综合课程的发展趋势。

（2）STEM 课程的州立课程标准具有灵活性和创造性。

美国 STEM 课程的国家标准不具备强制性，各州拥有制定本州 STEM 课程标准的自主权。换句话说，STEM 课程的州立标准具有极大的灵活性和创造性。

STEM 课程州立标准的灵活性和创造性主要体现在州立 STEM 课程标准既采纳了国家 STEM 课程标准提供的最关键的建议，又在符合州级水平的前提下对国家课程标准进行了适当的调整与补充。从数学的州立课程标准来看，在继承国家课程标准数学理念的基础之上，州立课程标准明确提出了每部分课程内容希望达到的目标和效果。为了保证课程标准的可行性，州立课程标准中还添加了相关资源与相关指南，使得使用者能够清晰理解本州的数学标准与国家课程标准之间的相关性并及时获得指导。从科学的州立课程标准来看，州立课程标准同样继承了国家课程标准的科学概念、科学素养、课程融合理念，同时州立课程标准又进一步发展了国家课程标准，将计算机科学与实施计划加入课程标准的范畴。从技术的州立课程标准来看，州立课程标准的大部分内容与国家课程标准保持一致，只是在课程内容标准的划分上有所区别。国家课程标准在一定程度上存在重复的问题，所以州立技术课程标准将国家课程标准进行了整合和缩减。从工程的州立课程标准来看，虽然国家层面的工程课程标准未出台，但对于工程课程的国家层面的一些建议早已提出。州立课程标准吸取了其中的建议，研发了《工程和技术的学术标准》，将工程与技术进行整合，最终研发出工程与技术课程。

综上所述，印第安纳州的 STEM 课程标准既保留了国家 STEM 课程标准的优势，又结合本州的教育现状对其进行了进一步的发展，促进了印第安纳州的 STEM 课程的发展。

## （二）欧洲——以英国、德国、芬兰为例

### 1. 英国 K—12 阶段的 STEM 课程标准

为了提升 STEM 教育的质量，英国一直秉承创新教育的理念，非常注重国家课程改革，制定了详细的国家课程标准和明确的课程目标，在提升 STEM 相关课程的地位和质量、实施综合性 STEM 课程方面做出了不懈的努力。

（1）课程目标改革。

英国曾于 2014 年 12 月颁布《国家课程框架》（以下简称《框架》），对 STEM 教育的每个学科、每个学段的目标做出了明确的规定。其中，科学课程的目标要求加强科学与工程教育的融合，重视学生智能与技能的发展与应用，强调递进式发展学生的探究能力。《框架》详细规定了科学课程的整体目标和关键阶段目标，如表 2-4 所示。

表 2-4 《框架》的整体目标与关键阶段目标

| 整体目标 | ·通过物理、化学、生物发展学生对科学知识和概念的理解<br>·通过不同类型的科学知识发展学生对科学本质、过程和方法的理解，从而帮助学生解决周围世界的科学问题<br>·理解当今和未来的科学知识及影响 | |
|---|---|---|
| 关键阶段目标 | 学段 1 | ·通过亲身体验和观察现象，更密切地关注自然和周围世界的构造<br>·用简单的语言描述发现的问题，并交流自己的想法 |
| | 学段 2 | ·开拓学生对周围世界的科学视野<br>·通过探索、讨论、测试和开发来发展科学知识与技能，用简单的科学语言总结<br>·能够更深入地了解广泛的科学思想，意识到科学知识对现实世界的作用和影响<br>·选择合适的方法解决周围世界的科学问题，用科学知识和理解来解释发现<br>·能够运用数据、观察和证据来证明自己的观点 |
| | 学段 3 | ·发展学生在物理、化学和生物领域内关于科学思想的更深层次的理解<br>·鼓励学生用建模和抽象思想去开发、评估对周围世界科学现象的解释 |
| | 学段 4 | ·深化学生对物理、化学和生物领域内科学知识的理解<br>·为学生提供更多先进科学研究的平台<br>·为未来打好扎实的科学事业基础 |

数学是学习其他课程的关键，也需要通过其他的课程来发展学生的数学能力。《框架》明确规定了数学课程的三个目标，包括精通基础知识，发展学生

对概念的理解，培养准确、迅速地运用数学知识的能力；通过数学语言猜想、评估、概括和构建一个论点；运用数学解决一些常规与非常规问题。

英国比较重视工程与技术教育，《框架》开设了生动活泼的设计与技术课，旨在增加学生对工程技术过程的认识，强调培养学生的创造性和批判性思维。《框架》对工程与技术课程做出了调整，包括设计、制作、评价和技术知识四个主题，分以下三个阶段进行教学。

基础阶段（Key Stage 1）：适用于5岁至7岁的儿童，旨在通过玩耍和探索来鼓励兴趣和好奇心，让学生能够熟悉一些基本的工程和技术的概念与术语。

中间阶段（Key Stage 2）：适用于7岁至11岁的儿童，旨在让学生开始学习设计和制造，了解更复杂的工程和技术原理，并鼓励学生开发解决问题的能力。

高级阶段（Key Stage 3）：适用于11岁至14岁的儿童，旨在让学生深入学习设计和制造的原则，了解更广泛的材料和技术，并鼓励学生创新和独立思考。

改革后的中小学设计与技术课程的目标是鼓励学生发展自己的创造力和想象力，培养对设计和制造的热情和兴趣；理解和运用科学、技术、工程和数学的知识和原理，发展解决问题的能力和创新能力；学习设计和制造的过程，包括规划、研究、开发、制造、评估和改进，培养团队合作和沟通能力；掌握各种工具和技术，了解不同材料和技术的特性和用途；培养对制造、环境、社会和文化的理解和意识，鼓励学生在设计和制造过程中考虑可持续性和伦理问题。

总之，目标是通过实践、探索和创新，让学生了解和应用设计与技术的原理及方法，发展自己的技能和能力，为未来的职业和生活做好准备。

（2）课程内容设置改革。

英国STEM课程多采取分科教学，并逐渐加强科学、工程、技术与数学的融合，旨在让学生掌握更广泛和深入的知识与技能，并能够在实际情境中应用所学的知识与技能。为了实现这一目标，英国 STEM 项目课程和教育机构开发的 STEM 课程内容，通常为学生创设真实的情境，由学生自己定义工程问题，并通过一系列活动体验工程实践过程，以此发展学生理解科学概念、应用数学知识和连接各学科的能力。

此外，根据学生的学习进阶和学科特点，框架内容分成四个关键阶段，并说明了设计、制作、评价和技术知识的具体内容，如表 2-5 所示。通过 STEM 教育，英国希望能够培养出更多有创新精神、具备团队合作能力和解决问题能力的人才，以满足未来社会和经济的需求。

表 2-5　英国 STEM 课程内容示例

| 关键阶段分类 | 设计 | 制作 | 评价 | 技术知识 |
|---|---|---|---|---|
| 关键阶段 1 | ·基于目的和实用性，通过谈话、绘画、实用模型等方式与用户沟通<br>·适当使用计算机模拟 | ·根据特点选择材料、配件<br>·使用适合的工具和设备 | ·探索与评估现有产品<br>·设计想法与标准 | ·探索结构的稳定性 |
| 关键阶段 2 | ·基于研究和创新，开发适用于特定个人或团队的产品<br>·通过草图、剖面图、原型模式和计算机辅助设计等工具进行制作和测试，并进行评估和改进，以满足特定需求 | ·根据功能和审美，选择更广泛的材料和配件<br>·使用适合的工具和设备 | ·调查分析系列现有产品<br>·依据自我设计和标准来改善和创新 | ·探索结构的复杂性，理解系统中的机械应用 |
| 关键阶段 3 | ·基于文化背景，探究用户的需要，解决自己的设计问题，开发规范的报告向用户展示创新点和功能<br>·使用草图、规划表、3D 打印、数学建模和计算机辅助设计等 | ·根据属性选择更复杂的材料和配件<br>·使用专业工具和技术流程 | ·分析过去、现在的工作，拓展理解<br>·调查新兴技术，测试评估后创新，以满足用户的需要<br>·理解工程师的责任 | ·理解材料的特性和性能<br>·了解先进产品中的机械、电力和电子系统 |

## 2. 德国的 STEM 课程标准

MINT 教育是德语"数学、信息技术、自然科学、技术"的缩写。德国强大的经济实力依赖于 MINT 教育的发展，同时经济发展对 MINT 专业人才的需求又促进 MINT 教育的前进。德国推出的一系列政策、措施为 MINT 教育的顺利开展提供了保障，推动学校教育进行大胆创新。MINT 教育鼓励学生动手实践和创新，提高学生解决生活实际问题的能力。MINT 教育理念的综合性、实践性、创新性和实用性对培养学生的综合实践能力具有重要的意义。

为了更好地推进 MINT 教育在德国的发展，德国科学家们对 MINT 学科课程标准的制定进行了深入研究，尤其是对 MINT 领域能力模型进行了系统的描述，包括发展模型和经验模型，这两种模型都对能力的内部结构及其发展做出了某些假设。发展模型支持某种能力的内部结构，如物理能力是由学生在解决任务和问题中表现的经验数据得出的。对于教育标准的制定尤其重要的是考虑能力的发展性和预期结果，因为只有这样才能描述十年学校教育的预期效果。相反，经验模型则描述基于经验证据的结构或发展，有助于解释人们在测试中的表现，但并不一定基于有关其认知能力结构的理论。

基本上，能力模型可以有以下三种不同的目的。

（1）描述性目的：对某个领域或某个能力的内部结构和发展过程进行描述，以便更好地了解它们。

（2）评估目的：用于对人的某种能力进行评估，以便确定该个体的能力水平。

（3）指导性目的：用于指导教育和培训，以便帮助学习者更好地发展某种能力。

德国的 MINT 的课程标准基于能力模型，发展出以下特征。

（1）MINT 实践能力培养要体现跨学科综合培养。MINT 教育理念重视数学、信息技术、自然学科和技术多学科的整合，所以在制定课程标准时要体现学科综合性和交叉性的特点，要跨学科、跨学段地培养学生实践的能力。

（2）基于生活情境，重视发问和释疑能力的培养。培养学生的 MINT 能力时，应结合学生的生活实际，根据学生已有的知能结构、个性特点、能力倾向与学前准备等来设计教学过程和展开实践活动，让学生主动参与，进行知识的自主建构。

（3）基于前沿热点问题，重视生涯教育和学科教学的融合。热点问题既是热点，也是吸引大家眼球的关注点。教师要善于搜集、整理与 MINT 学科相关的热点，运用学科原理、分析方法和 MINT 思维解决热点问题，即考查学生的实践力。对热点问题进行筛选、加工、分析和解读，一方面，可以引导学生关注生活，运用学科原理或思维解决生活中的问题；另一方面，可以彰显MINT 学科的价值，对提升学生的学科核心素养有非常重要的作用。

### 3. 芬兰的 STEM 课程标准

自 20 世纪 80 年代开始，芬兰的基础教育课程改革始终坚持以学生为本，并取得了引人注目的成绩。2014 年 12 月，芬兰国家教育委员会（FNBE）颁布了针对 1—9 年级的《基础教育国家核心课程》（*National Core Curriculum for Basic Education*），经过两年的酝酿和准备后，于 2016 年 2 月正式实施该核心课程，由此拉开了芬兰新一轮基础教育课程改革的序幕。

在此，以 2014 年 1 月芬兰国家教育委员会通过的《普通高中预科教育国家核心课程》（*National Core Curriculum for Preparatory Education for General Upper Secondary Education*）为例，来阐述芬兰 STEM 课程标准的教育目标、教学方式、指导和支持以及评价等的主要特征。

（1）聚焦多元能力培养。

针对当前的需要和学生自我学习与终身学习能力的培养，芬兰普通高中预科教育的目标主要包括基础知识和基本技能的学习、交流能力和应用信息能力的培养、公民教育和自我学习目标的设立。在这些目标的基础上，芬兰普通高中还在课程中开设了母语与文学、数学与自然科学（STEM）、公民教育和文化知识、咨询指导以及个人选修课程。

在STEM课程设置与培养目标上，芬兰不仅要学生着眼于基础知识与基本技能的学习，而且要注重多方面能力的培养以及综合素质的提升，帮助学生适应当前时代的机遇与挑战，并最终塑造一个全新的自我。

（2）遵循学生认知规律。

芬兰普通高中STEM预科教育要求在教学中要考虑学生原有的学习经验，促进新旧知识之间的有意义联结，并提供多样的学习方法，以促进学生多方面能力的发展。教学要循序渐进，不陵节而施。认知学习理论强调教学要建立在学生原有认知经验的基础之上，在学习新的知识之前要回顾原有的知识与经验，以促进新旧知识的有意义联结；在教学中给学生提供的新知识要符合学生的年龄特征以及认知结构；教学的实施要依据学生的年龄特征和原有知识结构，并根据"最近发展区"在新知识的学习中给学生提供支架，以提高教学效率。

（3）贯穿指导于全过程。

芬兰普通高中STEM预科教育要求教育工作者在咨询指导中要帮助学生规划自己的学习并制订个人学习计划，给学生提供福利服务，为学生学习提供良好的学习环境；帮助学生熟练掌握STEM学科概念以及信息处理的方法，以适应当前的信息时代并激发学生在科技和思维方面的创新。

（4）采取多元评价方式。

芬兰普通高中预科教育要求在评价中倡导民主与平等，禁止歧视和不平等现象的发生；注重培养学生的自我评估技能；考虑在评估中存在的影响因素，并采用多种多样的评估方式，以确保每个学生都能得到公正的评价。

其中，STEM课程与教学中的评价不仅要着眼于不同的评价对象，还要使用不同的评价方法。在评价对象方面，国外学者认为施瓦布提出的四个课程要素，即教师、学习者、教材以及环境，可以作为课程与教学评价的对象。

在STEM课程与教学评价过程中，不仅要评价学生，还要评价其他的主体（比如校长和教师），以保证评价结果的客观公正；要根据不同的评价对象选择合适的评价方法，以获得全面准确的评价信息，并注意量化评价与质性评价的结合使用；教育评价不能只注重结果评价，还要注重过程评价，在保证学习质量的前提下促进学生全面发展；在课程与教学的评价中要注意两个转换，即终结性评价到表现性评价的转换和"过去取向的评价"到"未来取向的评价"的转换。

## （三）亚洲——以中国、韩国、马来西亚为例

尽管亚洲多个国家和地区都从政策层面积极推进 STEM 教育，但各个国家和地区 STEM 课程标准的建设进展参差不齐，很多国家和地区尚未开发出单独服务于整合的 STEM 教育的课程标准。不过，各个国家和地区早已拥有科学和数学等学科的课程标准，并且逐步在学科课程标准中渗透 STEM 的教育理念。除此之外，各个国家和地区也陆续推出了一些 STEM 教育标准、指导文件、白皮书、教师培训课程标准等。这些教育文件为各国 STEM 课程标准的开发起着奠基作用。

### 1. 中国的 STEM 教育标准

自 2017 年起，我国多个学科的课程标准中陆续以显性或隐性的形式体现了 STEM 教育综合、跨学科、重实践的理念。例如，《普通高中信息技术课程标准（2017 年版）》指出，要以 STEAM 理念为指导，为学生提供应用开源硬件进行项目式学习的机会，培养学生在信息技术学科的问题解决和创造力；《普通高中通用技术课程标准（2017 年版）》强调，要综合运用科学、技术、工程、艺术、数学、社会（简称 STEAMS）等学科的知识、方法和技能，以专题学习或项目式学习的方式进行问题解决与科技创新。

在一些学科课程标准中，STEM 的理念也得到了隐性的体现。一个显著的进步是在科学课程标准中。例如，在《义务教育科学课程标准（2022 年版）》中 STEM 教育的理念得到较明显的体现，它将"技术、工程与社会"以及"工程设计与物化"作为重要的知识领域主题。STEM 教育的核心理念之一是在

教学中注重四个学科间的渗透和融合。从这个视角来说，在我国国家课程标准层面，STEM 教育的理念已逐步渗透，尤其是在理科的国家课程标准中，如我国的生物学课程标准一直注重技术和数学的应用。特别是在《普通高中生物学课程标准（2017 年版）》中第一次提出了学生应该参与到与生物学有关的工程学活动中。

我国香港特别行政区教育局（以下简称香港教育局）在 2015 年颁布的《推动 STEM 教育——发挥创意潜能》文件中明确了推行 STEM 教育的目标，对当地推行 STEM 课程提出了指导建议和可行策略。该文件可以视为推行 STEM 课程的指导文件，为课程的设计提供了宏观的教育目标。其总体的教育目的是强化科学、科技及数学教育，以培育相关范畴的多元人才。具体而言，通过以下措施来培养多元化人才：在知识维度上，建立稳固的知识基础，强化综合和应用知识与技能的能力；在技能维度上，培养创造力、协作和解决问题的能力并推动创新；在态度维度上，发展正面的价值观和积极的态度。

从实施的角度，该文件提出了两种建议的模式。一是在某一个学科中加入其他 STEM 学科的元素，这种模式对学校的课时安排压力较小。例如，在科学教育中加入与科技教育和数学教育相关的内容。另一种实施 STEM 课程的模式名为专题研习，类似于 STEM 项目式学习。专题研习不依附于某一个学科，而是脱离于学科之外，聚焦某一专题，充分整合与专题相关的科学、科技和数学领域的学习元素。这种课程模式整合的程度通常较高，对教师的跨学科知识与技能的应用能力和教学法知识的要求更高。

《推动 STEM 教育——发挥创意潜能》中提出的推行 STEM 教育的第一项策略是要对科学和数学的课程标准进行更新，加入 STEM 的教育理念，使学生在学科学习中参与到综合性的、跨学科的知识和技能的应用中。除了在科学等学科课程中更新与时俱进的知识内容之外，报告还提出了未来各学科课程标准更新的具体要求，内容包括（不局限于）：

（1）要在初中科学课程标准中加强有关科学过程技能的培训（如科学探

究中的数学运算）；

（2）在小学常识课程中增加学习内容与日常生活的联系（包括如何运用科技解决生活中的问题），并加强对探究中科学过程技能的学习，以增强与初中课程的衔接；

（3）要在数学的学科课程标准中加强与其他学科的横向联系；

（4）要在初中的科技课程中加入编程的概念和方法。

此外，在以上所述学科中都建议在教学中增添手脑并用的问题解决或设计、制作发明的活动，或加入主题式的综合设计与制作的实践类学习。

《推动 STEM 教育——发挥创意潜能》中提出的推行 STEM 教育的第二项策略是筹备 STEM 博览会、赛事等课外学习活动，鼓励学生参与国内外的比赛、申请就读 STEM 专业的奖学金等。其他几项策略包括“提供教与学资源”，建议学校提供充足的软硬件资源（包括物资、设备器材、教室等）、教学资源（包括教学案例、专题案例、比赛资料等）、与课程相关的电子和网络资源，并指出香港教育局应加强不同团体，如科学园和科学馆的合作，以整合更多 STEM 教育资源。此外，还有“加强学校与教师的专业发展”“加强与社区伙伴的协作”“进行检视及分享良好案例”三项重点策略。

2017 年，中国教育科学研究院及其下属的 STEM 教育研究中心经过缜密的筹备，发布了对我国 STEM 教育具有纲领性意义的文件——《中国 STEM 教育白皮书》（简称《白皮书》）。在《白皮书》中，对中国 STEM 教育背景、中国 STEM 教育现状、部分国家 STEM 教育发展情况做了梳理，并且还提出了中国 STEM 教育 2029 行动计划。

中国 STEM 教育 2029 行动计划（后简称行动计划）将 STEM 视为跨学科、跨学段的连贯课程群，认为中国需要建设有顶层设计、学段衔接的课程体系，才能保证知识体系和系统性的思维培养，最终培养学生的创造性问题解决能力。此外，由于在我国国家课程中技术和工程类相对科学与数学而言较为薄弱，建议我国的 STEM 课程实践要突出技术和工程，并打通高中到大学的课程体系。

行动计划中还特别指出要建设我国的 STEM 课程标准和培训体系。该课程体系应注重学生的兴趣、才能的个性化发展，在学科整合上注重知识与技能的深度和广度，在评价中体现多样化、个性化，注重过程性评价和多元主体（例如学生自评、同学互评、教师评价等）的评价方式（中国教育科学研究院，2017）。

中国教育科学研究院于 2018 年发布了如图 2-3 所示的《STEM 教师能力等级标准（试行）》（后简称《标准》）。在该标准中，将教师能力分为五个维度，分别是STEM教育价值理解、STEM学科基础、STEM跨学科理解与实践、STEM 课程开发与整合以及 STEM 教学实施与评价。在这五个维度下设置了完整的教师能力指标体系和内容标准，对 STEM 教师所需的知识、技能、能力、态度进行了阐述。除此之外，《标准》还对 STEM 教育的实施提出了建议。为了方便将《标准》应用于后续的 STEM 教师培训和评价，《标准》中还通过德尔菲法，邀请建构标准的课题组成员、相关专家和一线教师参与了教师能力指标在评价过程中的权重制定。该标准的颁布标志着我国 STEM 教育相关的标准尤其是教师教育方面的标准已经走在尊重教育科学的实证证据的发展道路上。

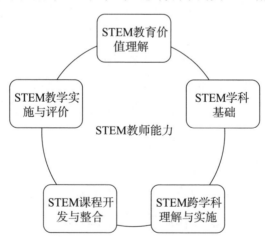

图 2-3　2019 年中国《STEM 教师能力等级标准（试行）》的五个维度

### 2. 韩国的 STEM 教育标准

韩国政府 2011 年通过颁布的《第二个推动和支持科学技术人力资源基

本计划（2011—2015）》，开始明确指出要推行 STEAM 教育（Korean Ministry of Education, Science and Technology, 2011）。虽然韩国学生在国际测试中整体表现出较高的数学和科学学业水平，但同时韩国学生对 STEM 相关学科表现出了较低兴趣（Korea Institute of Curriculum and Evaluation, 2014）。这一现象引起了韩国教育界的担忧，希望通过一些措施能够重新激发学生对科学、科技、数学和工程领域的兴趣与学习动机，并且培养学生对科学的理解和问题解决的能力（Kim et al., 2013）。

在 2011 年，韩国教育科学和技术部（Korean Ministry of Education, Science and Technology, MEST）对未来的 STEAM 相关学科课程更新提出了新的发展方向（如表 2-6 所示）。从改革方向中可以看出韩国对于 STEAM 学科课程的期望，希望通过改革能够避免传统学科授课的一些弊端(如死记硬背、脱离实际情境等)，转向培养学生的综合素质，鼓励学生主动探索，在团队合作中积极进行问题解决。

表 2-6　STEAM 学科课程改革的方向

| 维度 | 课程改革方向 |
|---|---|
| 数学和科学 | ·减少死记硬背的学习方式<br>·数学以运算速度为导向→以问题解决、创造力培养为导向<br>·科学以理论为导向→将以探究为中心的实验作为导向 |
| 技术和家庭经济 | ·重新架构高新技术和实际生活部分的内容，例如智能手机、卫星、摩天大楼等 |
| 与艺术的联系 | ·使用一些艺术学科的教学技巧来进行学科整合，例如在化学与艺术结合、物理与音乐结合的教学内容上发展团队合作的教学模式 |

韩国教育科学和技术部及韩国科学与创意发展基金会共同推出了 STEM 框架，指出 STEAM 课堂需要满足以下三个条件：

（1）必须包含科学或数学的内容或者必须关注科学和数学，从而促进和培养学生对科技的理解及兴趣；

（2）必须包含两个或多个 S、T、E、A 或 M 中的元素以解决真实生活中的问题；

（3）必须符合《STEAM 课堂的学习标准框架》的指引。

《STEAM 课堂的学习标准框架》是由 KOFAC 提出的一个指导框架，旨在帮助教师更清晰有效地达到 STEAM 教育的目的。该框架分为三个步骤，分别是展现情境、创意设计和情感触发（Korea Foundation for the Advancement of Science and Creativity，2016）。在展现情境阶段给出的情境通常是贯穿整个 STEAM 课堂的，这样可让学生理解到某个问题或困难是与自身相关的，从而激发学生解决它的动机。在创意设计阶段，鼓励教师指导学生发展多样化的解决方案，而不是统一的标准化方案，并且建议不要过多地偏离学生的能力水平和学科范畴。情感触发是该框架中比较有特色的一环，尽管把它放在第三个步骤，但其实它贯穿整个 STEAM 课堂。在情感触发阶段，建议教师让学生对所进行的 STEAM 实践与积极的情绪体验联系起来，从而创造更好的学习经历，鼓励学生在完成挑战之后主动了解相关的内容。

### 3. 马来西亚的 STEM 教育标准

早在 20 世纪 70 年代，马来西亚就意识到 STEM 学科教育的重要性，致力于解决 STEM 教育工作者面临的问题，如本土 STEM 教育资源的缺乏、在中学和大学阶段选择 STEM 学科的学生人数降低、在 PISA 与 TIMSS 等大型国际测试中学生表现不尽如人意等（Osman，2014）。2013 年 STEM 一词第一次出现在了《马来西亚教育蓝图（2013—2025）》中（Bahrum 等，2017）。

2016 年，马来西亚课程部（Bahagian Pembangunan Kurikulum Malaysia，通常简称 BPK）颁布了《科学、技术、工程和数学（STEM）在教学中的实施指南》。在该指南中对不同年级阶段的 STEM 教育形式、学生学习重点和教师的教学要点进行了梳理，提出了进阶式的要求，以求达到从幼儿园到高等教育乃至职场生涯的贯通式培养体系。在这个培养体系框架中，学生的STEM 能力将由早期的自主探究发展而来，逐步与学校学习中的知识相联系；在发展 STEM 领域的知识技能的基础上，了解 STEM 与社会的紧密联系，发展自身的 21 世纪技能，并为未来的职业生涯做准备。

在马来西亚 2017 年中学课程标准的改革中，STEM 教育的理念正式进入小学一年级和高中一年级的课程标准中，成为课程标准制定和实施的重要元素（Bahrum 等，2017；Chong，2019）。在这一课程标准中，STEM 理念中的探究式学习、问题解决、项目式学习、基于情境的学习、合作学习等理念都成了重点；在教学法上强调高阶思维的培养（Bahrum 等，2017）。

通过研究分析中国、韩国、马来西亚颁布的各类教育文件，发现各国都致力于制定更加明确的 STEM 课程标准或教育文件，并且各国都注重培养 STEM 教师，着力开展 STEM 教师的职前职后教育，但各国的推行过程各有特色。

总体而言，我国的 STEM 教育标准呈现出 STEM 教育理念渗透于多个学科的国家课程标准中的特点，在 STEM 教育标准、STEM 教师教育标准的颁布等方面稳步推行，且教育研究机构在 STEM 教育相关标准的制定中扮演着重要角色。韩国的 STEM 教育文件对 STEAM 的重视使其有别于其他国家。韩国对学生的兴趣、动机非常关注，大力推行 STEAM 教育，即通过整合人文艺术领域，使 STEM 的学习经历更趣味化。而马来西亚与 STEM 教育相关的文件体现出了对 STEM 学习兴趣的高度重视，以促进其国家的工业化建设（陈强 等，2017）。

# 三、STEM 教育实践的发展历程

教育实践泛指人类有意识地培养人的活动。由于 STEM 教育的目的和形式繁复多样，STEM 教育实践的形式在全球各国呈现出多种样态。本节在介绍北美洲、欧洲和亚洲主要国家的 STEM 教育实践发展历程时，将不仅涵盖狭义的 STEM 课程实践，还包括 STEM 教育项目、STEM 活动（如竞赛、讲座）等多种实践形式。

### （一）北美洲——以美国为例

STEM 教育的思想起源于美国，作为 STEM 教育的先驱，美国在 STEM 教育的课程及其他实践方面有许多独到和值得学习与研究的方面。

美国学校的 STEM 教育实践相对比较全面和完善，其措施包括建立以 STEM 为核心的学校、在学校中推行 STEM 课程、依托学校建立 STEM 教育中心等（杨亚平，2015）。在学校课程中，美国《新一代科学教育标准》课程重点强调了科学和工程学实践，因此，可以说美国国家层面的科学课程标准与 STEM 教育的重视实践、重视工程设计的理念有许多共通之处。然而，二者的重点还是有些许不同，美国《新一代科学教育标准》国家课程更加重视学生科学素养的培养，其教学的重点在科学学科，主要围绕着非人为干预下的自然现象及规律的探索和应用而展开；STEM 教学中通常围绕着人为控制的体系，如某种设备的制造，解决某个与社会相关的实际问题等（Robeck，2014）。尽管二者各有侧重，许多在美国《新一代科学教育标准》框架指导下开发的科学课程，也属于 STEM 课程。

除了多个学科的课程中融入了 STEM 教育的理念，美国的社会力量也致力于 STEM 课程的研发和推广，从而使 STEM 课程通过外包的模式走进中小学课堂，让学校用更低的费用得到更专业的 STEM 课程服务。其中有两个 STEM 教育实践项目，对美国的 STEM 教育发展起到了重要的推动作用，这两个项目就是著名的"项目引路"和"变革方程"项目。

### 1."项目引路"项目

校外项目中比较知名的STEM课程提供方是项目引路(Project Lead the Way,PLTW)。项目引路是一个致力于为初、高中学生提供STEM课程的非营利性组织。该组织创建于1986年,通过提供严谨、完整的STEM课程资源,逐步成为美国STEM课程的重要提供者。"项目引路"课程的发展历程如图2-4所示。1997年PLTW推出了高中阶段的工程课程"工程之路",2000年又推出了初中阶段的技术与工程课程"技术之门",2008年PLTW开发了高中阶段的"生物医学科学"课程,2014年推出了幼儿园至5年级PLTW行动。后续又构建了新的课程,并逐渐形成了一套课程体系(或称为路径)和课程实践模式。

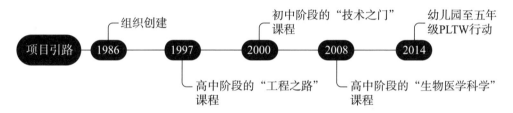

图2-4 "项目引路"课程发展历程

"项目引路"基于长期的实践经验提出了一种名为"活动—项目—问题式学习"(Activity,Project,Problem-Based Learning)的课程设计模式和实践模式(PLTW,2021)。这种结构化的课程模式能有效地将STEM学科知识的学习、项目式学习和问题式学习的优势结合在一起,通过强调真实情境下的实践,让学生能够综合运用所学到的STEM知识和技能。

"活动—项目—问题式学习"模式的详情如下。首先,在多个活动中,学生能够在多样化的情境下学习到与主题相关的STEM知识和技能;然后,学生参与到一个项目当中,在达成项目目标的过程中加深对所学知识的理解和对技能的运用,参与到与主题相关的探索中;最后,学生会面临一个问题或难题,需要综合运用所学的知识和技能,并且在不同情境下对知识和技能进行迁移转化,方能解答该问题或解决该难题。在整个过程中,学生的学习方式由被指导、被引导逐步变为自主的学习、探索、实践；学习的内容也逐渐从结构化的过渡到非结构化的、开放式的内容。

"项目引路"已经开发出了一套较为完整的 STEM 课程体系，如表 2-7 所示。这套课程体系不仅强调了 STEM 学科的整合，还突出了学科的系统性特征。在不同年龄段的课程中构建了不同的模块，分别隶属于"幼儿园—12 年级计算机科学路径""幼儿园—12 年级工程学路径""幼儿园—12 年级生物医学科学路径"，这样不同学科的进阶发展就更为明确。

表 2-7 "项目引路"幼儿园—12 年级课程体系（PLTW，2021）

| 课程类别 | 初级课程（幼儿园—5年级） | 初中课程（6—8年级） | 高中课程（9—12年级） |
| --- | --- | --- | --- |
| 总体特征和案例 | 利用学生探索的天性，鼓励学生在游戏般的学习中不断发现新知。 | 激发探索乐趣，并向学生明确高中及之后的学业和职业生涯可能的方向。 | PLTW 计算机科学：让学生参与到真实情境下的活动中，如开发解决问题的 App 或创建在线艺术平台。<br>PLTW 工程学：沉浸式的学习、例如设计和搭建电子设备。<br>PLTW 生物医学科学：学生可扮演医学工程师、外科医生和医学调查员的角色。 |
| 幼儿园—12 年级计算机科学路径 | 通过让学生参与一系列相互关联的活动、项目和问题解决，培养学生的能力和自主性。 | | |
| | 活动案例：制作数字动画 | 活动案例：设计手机等移动端的 App | 活动案例：使用自动化工具分析处理 DNA 序列的数据 |
| 幼儿园—12 年级工程学路径 | 在脚手架的帮助下让学生参与活动、项目和问题解决，让学生成为自信、独立的学习者。 | | |
| | 活动案例：为受困的动物实施营救计划 | 活动案例：设计房屋，设计集装箱 | 活动案例：探索藻类作为一种生物燃料来源的可行性 |

| 课程类别 | 初级课程（幼儿园—5年级） | 初中课程（6—8年级） | 高中课程（9—12年级） |
|---|---|---|---|
| 幼儿园—12年级生物医学科学路径 | 通过让学生参与一系列挑战，引导学生进行自主学习，培养现今世界所需的、可迁移的技能。 | | |
| | 活动案例：提出防止疾病传播的方案 | 活动案例：测量和解读生命体征 | 活动案例：调查虚构人物的死亡原因 |

此外，"项目引路"的课程特别重视与美国的国家课程标准、州立课程标准等指导性文件中学习目标的联系。例如，"幼儿园—12年级计算机科学路径"与计算机科学教师学会标准（Computer Science Teachers Association Standards）相联系，"幼儿园—12年级工程学路径"与国际技术和工程教育者学会技术与工程素养标准（International Technology and Engineering Educators Association Standards for Technological and Engineering Literacy）相联系，"幼儿园—12年级生物医学科学路径"与国家健康标准（National Health Standards）相联系（PLTW，2021）。由于各地也有不同的地方标准，"项目引路"鼓励教育者在实施课程的过程中依据当地的课程标准调整和改造其提供的课程。

### 2."变革方程"项目

美国在开展和推行STEM教育的过程中，采取了发动多种社会力量联动的策略（宋怡 等，2017）。这样，在美国社会中逐渐形成了包括学校、家长、社区、公益组织、企业等共同作用的STEM学习生态系统。其中，成立于2010年的"变革方程"是提供STEM课程学习资源的一个代表性组织。"变革方程"是由美国一百多家公司的CEO联合发起的一个非营利性机构，致力于服务美国学生，帮助他们为未来加入STEM行业进行更充分的准备（Sabochik，2010）。

自 2012 年开始，"变革方程"着手开发一项名为 STEMworks 的 STEM 课程资源库。其中有普适的、面向全体学生的课程，还有特别针对女性或特定群体的课程，如少数族裔、英语学习者等；开发的 STEM 教育资源的类型包括课程/教学材料、教师发展/培训等；学生学习项目包含动手的/项目式学习、非正式/校外学习等，覆盖了从学前到 12 年级的多样化的 STEM 学习项目。

"变革方程"中收录的课程和项目会经过一个名为 WestEd 的第三方独立机构的审核和评估（Change the Equation/STEM works，2021）。WestEd 会依据一套开发的量规来筛选经过验证且适合推广的 STEM 教育项目。其中，有效的 STEM 公益设计原则如表 2-8 所示，STEM 实践的量规如表 2-9 所示。2020 年 STEMworks 还收录了一些线上 STEM 课程，来满足近年来学生日渐增长的线上学习需求（STEMworks - WestEd，2021a）。

表 2-8　有效的 STEM 公益设计原则（STEMworks-West Ed，2021b）

| 总体原则 | STEM 原则 |
|---|---|
| 需求：确定并瞄准一个迫切且定义明确的需求。 | 具有挑战性的重要内容：为目标受众提供具有挑战性和重要意义的 STEM 内容。 |
| 评估：使用严格的评估，以持续测量和将进程导向该迫切需求。 | STEM 实践：包含并鼓励 STEM 实践。 |
| 可持续性：确保工作是可持续的。 | 激发：激发对 STEM 的兴趣和参与度。 |
| 可复制性和可推广性：展示可复制性和可推广性。 | 代表性不足的群体：确定并解决代表性不足的群体的需求。 |
| 伙伴关系：创建高影响力的伙伴关系。 | — |
| 潜能：确保组织能力以实现目标。 | — |

表 2-9　"设计原则"量规之 STEM 实践（STEMworks-West Ed，2021c）

| 出色的 | 发展中的 | 有待发展的 |
|---|---|---|
| 项目创造了一个让员工／志愿者能将学生培养成学习的主动参与者的环境。 | 项目有时候能够让参与者和员工／志愿者共同参与主动学习，但常规而言，由教师驱动学习进程。 | 工作人员或志愿者引领的教学过程中提供了很少让参与者主动学习的机会。 |
| 项目通过鼓励参与者进行以下活动推动了 STEM 实践：提出问题或提出待解决的困难；设计和使用模型；使用数学或运算思维；构建解释和／或设计解决方案；获取、评估和交流信息；保证精度。 | 活动是动手的但是并未持续地鼓励 STEM 实践。有些动手的活动是常规的，并且焦点放在了获得"正确"的答案上。 | 项目在促进 STEM 实践方面只做了很少的工作或没有涉及 STEM 实践。 |
| 项目明确地展现了如何培养学生的技能，如批判性思维、问题解决、创造力、团队合作能力。 | 项目明确地指向了培养技能，如批判性思维、问题解决、创造力、团队合作能力，但尚未明确如何培养。 | 项目在培养学生的技能，如批判性思维、问题解决、创造力、团队合作能力方面没有清晰的尝试。 |
| 项目促使参与者通过提出新观点或使用无预设的形式进行创新。 | 项目探讨了创新，但并未被用到创造新观点或产品上。 | 项目并没有涉及创新；（项目）不要求参与者创造新的观点或使用无预设的形式进行创新。 |

另外，美国还有一些教育的相关组织也在进行 STEM 课程的实践，并且在其中融入了其组织的特色。例如，826 全美（826 National）是一个帮助 6—18 岁的儿童和青少年更好地学习说明文和创意写作的非营利性组织。（826 全美，2018）在 2019 年到 2020 年间，该组织已经服务了 178 个在校项目和超过八万名学生（826 National，2021）。826 全美开发了在 STEM 教学中嵌入不同类型写作实践的一系列活动。

在 STEM 的学习中，通常会涉及技术方面的写作，包括实验报告、项目报告、产品使用说明、展示和交流所需的其他文本（如海报、PowerPoint 文档等）。826 全美的项目不仅能将 STEM 学习与技术写作融合，还能将 STEM 学习与创意写作自然衔接。创意写作是一种适用于多种体裁的写作手法，其特点是富有诗意、想象力和情感。例如，在一项关于水的 3 课时的探究活动中，学生不仅参与探索污染物、酸碱性、水样测试、水的净化等 STEM 活动，还会参与创意写作的过程，写作任务包括以下几项（826 全美，2018）：

（1）在学习了污染物和水样测试之后，学生就缺水情形下饮用了污染水源的一个人，构思撰写《世界上最渴的人》的悲惨结局（涉及和水相关的一系列生理和生物学问题）；

（2）在学习了水质净化后，学生为《世界上最渴的人》撰写一个更好的结局；

（3）编制饮用不洁水源后果的公益广告。

当前，美国的 STEM 教育已经突破了学校的界限，逐步形成了学校内课程与校外学生家庭、社区、多种机构、场所（非正式环境下的）的 STEM 课程和活动相互补充，以及系统化学科学习与整合的项目式、问题式学习等互为支持的态势（陈舒 等，2017）。换言之，美国在其较长的 STEM 教育实践历程的打磨下已经逐步形成了较完整的 STEM 教育生态系统。在这个生态系统中，学生既可以参加系统化的 STEM 学科学习，也可以参与非结构化、自由度较高的 STEM 课程、项目和活动。

有学者总结了美国的课程的共同特征，包括注重跨学科整合、重点关注对学生的 STEM 方面的兴趣培养、注重明确课程目标、注重学段衔接、吸纳广泛的社会力量支持、教师作为引导者（仍然需要继续提升教师水平）、具有多样化的课程评价方法（鲁双，2019）。这一系列特征都非常有利于保证STEM 课程实施的有效性。例如，明确的课程目标的制定，或甚至把 STEM 的课程目标与已有的地方或国家课程标准相连接，能够有效地协助教师开展适合学生年龄和发展阶段的教学，也能够避免 STEM 课程或者教学落入空泛或形式化，避免与国家或地方课程的知识、技能学习脱节。

美国STEM课程实践的特点主要有以下几个：

（1）突破学校界限，逐步形成学校、家长、社区、公益组织、企业等共同作用的STEM学习生态系统；

（2）学习的方式为自主的学习、探索、实践，学习的内容为非结构化的、开放式的内容；

（3）注重与国家课程标准、州立课程标准等指导性文件的联系以及学段之间的相互衔接；

（4）开发形式和种类多样化的STEM学习项目来满足不同学生的需求。

## （二）欧洲国家的STEM课程和实践

欧洲国家也意识到了STEM领域人才的数量下降以及学生对STEM学科兴趣降低是亟待系统解决的教育问题（Communication等，2008）。包括英国、德国、芬兰在内的欧洲国家已经积累了一系列推行STEM教育的实践经验。本节主要介绍英国、德国和芬兰的STEM课程和实践。

### 1. 英国的STEM课程和实践

在英国的国家课程中，有"设计与技术"（Design and Technology）这种从小学延续到初中的课程，该课程的理念与STEM教育的理念非常契合，如强调与现实生活紧密相连、强调动手实践和技术实践等特征（魏方卉 等，2014）。从某种意义上说英国有着符合广义STEM定义的国家课程。除此之外，英国的中小学也设置了多种校本STEM课程和实践。例如，塞特尔小学（Settle Primary School）作为在推行STEM教育方面有突出成就的学校，通过开展以烹饪、财务、急救等生活技能为主题的STEM课程来培养学生的适应能力、创造力和积极的思维（谭高贵，2020）。

随着STEM教育的逐步发展，目前英国有一系列机构和组织为学校提供

STEM 教育的支持，其中部分机构或组织的名称和工作内容如表 2-10 所示（Royal Academy of Engineering，2021a）。

表 2-10 英国提供 STEM 教育资源或服务的部分机构

| 机构 / 组织名称 | 在 STEM 教育领域的主要工作 |
|---|---|
| STEM Learning | STEM Learning 是英国最大型的 STEM 教育和生涯支持组织，为 STEM 学科教师提供持续的专业发展机会，并且是 STEM 大使计划的组织者之一。 |
| STEM 网络（Science，Technology，Engineering and Mathematics Network，STEMNET） | 通过 STEM 大使项目，给予学生与 STEM 领域工作的专业人员接触的机会；为学校建立和组织 STEM 俱乐部活动提供支持；为希望进行校企合作开发 STEM 课程的学校提供咨询服务。 |
| 皇家学院（Royal Institute） | 以科普为主；聘请兼职的工程师和学生开发 STEM 课程并提供 STEM 教学。 |
| 英国皇家工程学会（Royal Academy of Engineering） | 指导多种 STEM 项目的实施，主要针对工程教育。 |
| 工程发展信托（Engineering Development Trust） | 为 11—21 岁的学生提供一系列与工业界相联系的 STEM 学习机会。 |
| 威尔士工程教育计划（Engineering Education Scheme Wales） | 服务于威尔士 12—19 岁的青少年，激励他们选择 STEM 职业，提供 STEM 实践经验和与工程师合作的机会。 |
| 新手工程师（Primary Engineer） | 提供小学教师的培训，协助小学教师开展设计和技术课程（国家课程）的活动，让学生在活动中利用数学和科学；提供中学教师的培训。 |
| Smallpeice 信托（Smallpeice Trust） | 为 6—12 年级的学生提供 STEM 活动（包括 STEM 活动日、STEM 俱乐部和大学里的住宿式科学和工程课程），并提供教师培训。 |
| 未来工程师（Tomorrow's Engineers） | 为 9—16 岁的青少年、家长和教师提供各种类型的工程类职业的信息，包括其职业要求、内容和进入途径。 |
| 年轻工程师（Young Engineers） | 通过连接学校、俱乐部和个人组建一个全国性的网络，为学生（主要是 7—19 岁的学生）提供支持、指导、活动、挑战和赛事，鼓励学生学习 STEM 学科并从事 STEM 职业。 |

在推行STEM教育的进程中，这些组织与机构之间也有深入和广泛的合作。例如，英国皇家工程学会就各种类型的教育项目与其他机构合作。此处将着重介绍英国皇家工程学会、STEM网络和STEM Learning的Your Life项目。

英国皇家工程学会开发和共享了一系列用于充实、丰富STEM课程和课堂教学活动的资源。这些资源包括学生在监护人指导下在家中参与或学生独自在家中参与的STEM学习活动，如在家中进行和堆肥相关的探究，并学习如何制作一个垂直花圃（Royal Academy of Engineering，2021b）。英国皇家工程学会还开发了一些服务于各地学校的STEM俱乐部的STEM课程资源，让学生有机会学习一些新奇有趣的STEM话题（STEM Learning，2022a）。例如，在"电影中的工程学"课程中，学生探究电影拍摄中的视差是怎样创造出来的、如何通过静态图的旋转营造出动态图的错觉、搭建一个使用手机的投影仪等。

STEM网络（STEMNET）成立于1996年，是致力于鼓励学生参与到STEM学科的学习和职业的公益机构。STEM网络的工作主要包括组织STEM大使计划（STEM Ambassador Programme），通过STEM俱乐部网络给STEM俱乐部提供支持，管理课后科学和工程俱乐部及STEM咨询网络。

具体而言，STEM大使计划鼓励和组织STEM专业人才、企业和公司雇员及其他人士参与到STEM教育的志愿服务事业中。截至2020年，英国已有约三万名STEM大使，他们每年进行超过六万小时的志愿服务（STEM Learning，2021；Straw等，2015）。STEM大使可能参与到STEM的课堂教学、STEM俱乐部活动、STEM生涯讲座、参观和组织实习、大型的科学节和赛事等服务中。（STEM Learning，2021）STEM大使的重要职责之一是协助搭建公司、雇主和年轻人之间的桥梁，有利于公司和企业实现其社会责任，同时扩大其影响力及在招聘时的吸引力。

在对STEM网络的成效的评估研究中证实，在2014—2015年间，STEM网络协助了英国约75%的中学成立STEM俱乐部（Straw等，2015），且表明STEM网络的三个项目能够增加学生对STEM专业的职业的意识和兴趣、了解科学在正式世界中的作用、有助于他们形成更积极的科学态度。该评估研究的报告最后指出，STEM 网络的成功与以下几个特点密不可分：与学校建立了紧密、延续的合作伙伴关系；更着重关注存在困境或者缺乏 STEM 教育实施经验的学校、给予满足学校特定需求的支持（包括多种渠道的交流、经验分享等）；在招募、培训和支持 STEM 大使的工作中充分考虑将大使的技能和特长与学校的需求相匹配。

英国 STEM Learning 是一个受到英国商业、能源和产业策略部、英国教育部、盖茨比慈善基金和惠康信托共同资助的组织，并且它还有许多企业界的合作伙伴。STEM Learning 推广了许多有特色的 STEM 教育项目。例如，2010 年开始推出的 Your Life 项目，其主要目的是激励青少年学习物理和数学，并为他们未来进入 STEM 领域工作做准备；同时也为雇主提供招聘 STEM 领域人才的机会。例如，Your Life 会设计一些小型项目，形式包括中小学学生参与课外科学兴趣小组、到访大学的研学旅行等（STEM learning，2022b），以此提升学生（尤其是女生）对 STEM 学科和专业的兴趣。

除了 STEM Learning 等组织提供的 STEM 课程以外，英国的科技类公司也会提供一些 STEM 课程。例如，劳斯莱斯作为一家依赖 STEM 领域专业人才的英国公司，通过开展与组织 STEM 竞赛和外展学习活动，积极参与到 STEM 教育的公益服务中。劳斯莱斯公司还积极与其他机构合作组织 STEM 项目。例如，劳斯莱斯与 Electroflight（电飞公司）共同研发了"创新精灵"（spirit of innovation）这一 STEM 课程资源包，提供了包括教学设计等的资源，供家长、教师、学生、STEM 教育大使使用（Rolls-Royce，2020）。该课程的设计与英国的国家课程标准相联系，面向 3—11 岁的儿童，围绕与个人生活和工业发展密切相关的主题设计活动，包括飞行、电力、可循环和持续的能源等。

总的来说，英国的 STEM 教育实践有三条主要路径：一是以皇家工程学会等为代表的政府机构，进行 STEM 课程开发和教学方面的工作；二是以 STEM Learning 为代表的机构，为 STEM 教师开发培训课程，并且自主研发

STEM 课程，在这两类 STEM 教育实践的路径中，机构通常会与其他组织或企业合作；三是教育公司，如 Twig、Cubetto 等，也开发了一系列 STEM 课程产品，本节不再详述。

英国的 STEM 教育实践的一大特点是有着庞大的 STEM 大使（志愿者）网络，能够充分发挥来自企业界、科技界和其他领域的志愿者的中介作用，让学生了解到科技界丰富、及时更新的信息，并且可能会在学生心目中树立起榜样作用。英国 STEM 教育实践的另一个特点是有许多关注工程教育的组织和机构，如新手工程师、英国皇家工程学会等，但也有英国学者指出，这些组织需要加大与科学、科技和数学相关的机构的联动（Moote 等，2020）。

英国的 STEM 教育实践中非常重视鼓励女性参与到 STEM 领域中，希望更多女生对 STEM 学科和职业产生兴趣。英国教育部和学校、媒体、研究机构合作推动了一系列关注女生参与 STEM 学习的项目。早在 20 世纪 80 年代，英国即着手推行"女生进入科学和技术领域"项目 （Kelley，1984）和"妇女进入科学和工程领域"项目（谭高贵，2020）。"女生进入科学和技术领域"项目通过开发关注女性的课程等方法，组织学生与科技领域的女性交流、制作女性对科学贡献的海报和工作表等措施，旨在打破学生心目中对 STEM 领域从业人员的性别刻板印象。

## 2. 德国的 STEM 课程和实践

德国除了在学校正规课程的学科标准制定上强调整体性的课程目标、知识应用、跨学科实践能力，在校内外课程教学中也开展了一系列本土的 STEM 教育实践。德国的特色 STEM 教育实践包括"校园实验室"、和企业相关的 STEM 教育活动、"小小研究者之家"等。德国的一些学校以"校园实验室"的形式开展 STEM 教育，通过整合学校的课程和教学软硬件资源以及校外的其他社会力量，"校园实验室"能够更好地向学生展示 STEM 相关专业的现状和发展前景（袁磊 等，2020）。例如，自 2000 年起德国航空航天中心（DLR）与学校合作开设了 DLR 校园实验室。DLR 校园实验室主要开展实验类的STEM项目，学习形式以导师（可能为大学生）指导下的小组学习（约4—5人）为主；通常项目活动时间为一天，学生在一天内可以参加两种实验活动；自2003年至2012年，已有近两万名学生在DLR校园实验室参与了此类常规项目（陈强 等，2017）。

德国的企业界也积极参与STEM教育。德国著名的化工企业巴斯夫公司主导组织了一系列免费的STEM教育项目，包括面向青少年和儿童的"巴斯夫儿童和青少年实验室"（BASF Kids' and Teen's Labs），以及面向儿童的"巴斯夫幼儿教育"（BASF Early Childhood Education）。自2005年开始，巴斯夫公司推出了包括动手的工作坊、参观农场、工厂等工作场所的STEM项目，旨在通过丰富多样的STEM活动提升学生对STEM学科，尤其是对化学相关领域的兴趣和参与度，让学生意识到化学与生活的联系。在巴斯夫公司的STEM项目中，不同年龄段的学生参与到不同类型的活动中。例如，小学一到四年级的学生可以通过仪器和设备进行探究活动，探索和化学有关的现象；小学五、六年级的学生可以动手实践进行设计和制作；更高年级的学生则能够通过结合生物和化学的课堂知识，参与到解决现实世界中如营养、塑料、化妆品领域的真实问题中（杨亚平，2015）。

早在2006年，德国联邦教育科研部联合一系列企业和社会机构（如亥姆赫兹国家研究中心联合会、西门子基金会、沃尔斯堡汽车城等）共同成立了"小小研究者之家"基金会（李学书 等，2020）。"小小研究者之家"为德国小学和幼儿园开展数学—科学—技术教育提供相应的软硬件支持、专家指导、教师的培训和资格认证工作（中国教育科学研究院，2017）。有学者总结了"小小研究者之家"的优势和成功之处，包括搭建本地网络、充分整合多方资源；教学资源经专家审核、教学实践有质量检测；教师培训中让教师先亲自体验主动的、发现式学习；支持学生在家庭、社区和活动外继续探究（许丹莹 等，2021）。

德国STEM教育的发展体现出工业界和企业界对教育的反哺，以及设立第三方机构推动STEM教育的特征（杨亚平，2015）。

### 3. 芬兰的 STEM 课程和实践

芬兰课程中的综合性、跨学科综合实践特征一直以来都受到世界各国的教育者和教育研究者的关注。此外，由于芬兰有严格的教师入学与培养机制，其 STEM 教育师资的素质方面有较高保障。一项基于大型国际测试 PISA 的数据分析表明，芬兰学生能够很好地将所学的科学学科内容以整合的方式表现出来（Geller 等，2014）。芬兰自 1866 年至今一直开设手工课程，在课程的发展过程中，不断融入科学探究、技术整合等元素，让男生女生都参与到设计和制作活动中（Su 等，2017）。

芬兰的学校设施建设通常会设置多种多样能够进行开放性探究的学习环境，非常适合 STEM 课程的开展。笔者曾参观过芬兰的一所小学，在这所小学里设置了带有小植物园的科学实验室、配备安全设施的金工和木工等车间及烹饪教室等丰富多样的综合实践场所。有研究者分析了芬兰 Yli-Ii 学校的 STEAM 教学案例，在该教学案例中，教师们用开放的心态互相合作进行跨学科课程教学，并且欢迎学校的其他学生加入课堂，通过让学生设计自己的发展目标，激发学生的学习动机、主导和责任感，让学生像科学家或数学家一样思考（Tulivuori，2021）。

芬兰 STEM 教育的特色之一是形成了名为 LUMA 的系统，以赫尔辛基大学 LUMA 中心统一协调，各区域和各类型的 LUMA 中心都参与到和各高校、研究机构的协同合作中，进行中小学课程研发和实施、课外 STEM 活动、STEM 教研等项目（赵佩 等，2020）。其中，部分 LUMA 中心还开展 STEM 学科教师培养。为了更深入地了解芬兰的 LUMA 系统在非正式 STEM 教育中的实践经验，笔者也曾到 LUMA 系统中的赫尔辛基科学中心参观。该中心名为"Heureka"，源自阿基米德在做出科学发现后的感叹，是希腊语中"我发现了！"的含义。该中心的场馆包括展览馆、天文馆、科学剧院、实验室、工作坊、操场（建有户外 STEM 学习设施）等。

笔者从非正式 STEM 教育的视角出发，通过观察场馆的设计、布置、组织等方面的情况，参观了赫尔辛基科学中心，以下是参观笔记。

## STEM 旅行笔记——赫尔辛基科学中心

芬兰赫尔辛基科学中心的组织设计理念是"玩是研究的最高形式"，强调兴趣的激发作用大于 STEM 知识的传授作用。该中心有实验室、教室、工作室和户外操场，学生在这里以不同的方式学习 STEM 领域的内容。赫尔辛基科学中心的各个部分都是互动和用户友好的（特别是对幼儿和青少年而言）。与"纯科学"相关的主题相比，中心中与人类和社会相关的主题更多。在这里，我们可以看到心理学被视为 STEM 的一个分支，在场馆中得到展示；中心非常融洽地融入了科幻小说等人文元素。此外，人们在中心参观的过程中，可以通过与展馆设备的互动参与社会科学有关议题的推理和探讨。

另一个独特之处在于中心尝试着用讲故事的方式进行 STEM 科普。中心的一个区域讲述"七个兄弟姐妹"的故事，通过七个传奇的角色将 STEM 知识／经验串联起来。通过这种方式，参观经历将会更有意义、更难忘，因为知识可以在脑海中系统地组织起来，而不是片段化的、零碎化的经验。

笔者观察到在中心的木工、机械"车间"里，孩子们自己或和朋友们一起积极地享受设计与制作，通常不需要大人的指导，看起来也并不担心任何可能的失败，似乎只是在享受过程中的乐趣。在这种情形下，STEM 学习在没有既定目标的情况下进行。学习目标和结构的不确定是非正式 STEM 学习的特点和优势，因为孩子的主动性被激发，兴趣因而被保持得很好。

芬兰的 STEM 教育实践遵循两个原则：一是消除 STEM 教育中的不公平现象，如性别和种族的不平等；二是在 STEM 活动中寓教于乐，重点关注学生的参与、意向、创意和团结（杨盼 等，2019）。在这些原则的指导下，芬兰的 STEM 教育整体呈现出注重机会公平性、学生自主性、学习趣味性的特征。

英国的 STEM 课程实践的特点主要有三个：（1）有很多关注工程教育的组织和机构为学校提供 STEM 教育的支持；（2）STEM 教育实践通过

STEM 大使（志愿者）网络，让学生了解到科技界丰富、及时更新的信息；（3）重视鼓励女性参与到 STEM 领域中，并产生对 STEM 学科和职业的兴趣。

德国的 STEM 课程实践的主要特点是，通过整合学校课程和教学软硬件资源以及校外其他社会力量开展本土的 STEM 教育实践。

芬兰的 STEM 课程实践的特点主要有四个：（1）有严格的教师入学培养机制；（2）学校设施建设具有开放性探究的学习环境，适于 STEM 课程的开展；（3）形成 LUMA 系统并和各高校、研究机构协作，开发中小学课程研发和实施、课外 STEM 活动、STEM 教研、STEM 学科教师培养等项目；（4）教育实践具有机会公平性、学生自主性、学习趣味性的特征。


## （三）亚洲国家的 STEM 课程和实践

STEM 课程和教育实践中比较有代表性的亚洲国家包括新加坡、中国、韩国等。本节将着重介绍中国、韩国和马来西亚的 STEM 课程及教育实践。

### 1. 中国的 STEM 课程和实践

近年来，我国教育界做了很多 STEM 教育实践的工作，包括官方的权威机构（如中国教育科学研究院）大力推行 STEM 课程和教师培训，此外一些新兴机构和组织（如上海 STEM 云中心等）也提供与 STEM 教育相关的资源。我国的地方课程和校本课程是实践 STEM 教育的良好土壤，早在 2011 年，有学者就指出我国应该在地方课程和校本课程中努力推广、践行 STEM 课程，尤其是 STEM 的项目式学习课程（刘恩山，2011）。中国的 STEM 教育的发展更类似于自下而上的范式（Li 等，2020a），即学校和机构层面推进 STEM 教育成为发展的主力。近几年 STEM 教育在中国内地的发展呈现加速态势。

当前我国 STEM 教育的课程形式主要包括三种，即整合入现有的学校课程、校本课程和校外课程（中国教育科学研究院，2017）。例如，南京外国语学校将 STEM 理念融入学校现有的课程，结合 STEM 理念创建学校特色；北京八一学校经过多年的积累，已经形成了 STEM 学科课程群，包括机器人、创意设计、汽车模型及维修与驾驶等八大课程（范佳午 等，2018）。

2019 年对于中国现有的 STEM 教育实践的调查显示，总体而言，中国的 STEM 教育实践呈现积极发展态势，且具有以下特征：STEM 的课程以项目式学习形式为主，但是大部分 STEM 课程的命名中并未涉及 STEM；STEM 的学习以活动形式为主，其中初中阶段学生参与 STEM 课外竞赛活动的次数最多；在学习的评价方面，针对 21 世纪技能的评价最多；我国东部地区整体对 STEM 教育支持率较高（中国教育科学研究院，2017）。

在学校课程中，我国很多学校已经形成了成熟的 STEM 课程开发和实践团队，或将 STEM 课程打造成了学校特色。中国教育科学研究院引领创办了"中国 STEM 教育 2029 行动计划"项目，2018 年有 79 所学校成为 "中国 STEM 教育 2029 行动计划"的领航学校，228 所学校入选种子学校（范佳午 等，2018）。有研究者将这些领航学校的 STEM 课程分为六个类型：专设 STEM 课程、开放实验室空间主导课程、主攻科技竞赛课程、多元综合性课程、项目式课程和社团形式主导课程（方浩颖 等，2019）。其中，开放实验室空间主导课程的典型代表有深圳市盐田高级中学的 STEM 课程，学校将其创客教育空间按照功能划分为机器人、无人机、创意程序设计和动漫设计等功能区，各功能区设置对应的项目课程（方浩颖 等，2019）。

一些学校通过与大学教育研究者合作开展 STEM 教研课题，并进行课程开发，通过与大学及科研机构的研究者合作，集合社会各界 STEM 资源，协同多方共同设计 STEM 课程，使课程情境和内容更符合真实的探究和工程设计问题，并与 STEM 专家的工作内容相联系，培养学生的 STEM 职业兴趣（So 等，2021）。有些学校还与公司合作，共同开发 STEM 课程。例如，浙江省嘉兴市实验小学与乐高公司合作，进行 STEM 课程开发、评价开发和教师培训等工作（方浩颖 等，2019）。

除了开发优质的本土 STEM 课程之外，一些学校和机构也引进国外的优质 STEM 课程和教学资源。例如，浙江省和上海市有 10 所学校于 2015 年加入了中德"环境教育"项目，引入德国贝克大学开发的一套和环境相关的 STEM 课程"蜜蜂园"（陈丽，2018）。有研究者指出，引进国外的教育资源在短期内有助于学校 STEM 教育的开展，但是因地制宜、自主开发更有利于 STEM 教育在当地的落地生根（刘玲 等，2017），且有利于建设有创造力的 STEM 课程设计与实施的教师团队和课程基地。

除了学校课程之外，我国也有很多非正式环境下的 STEM 课程、活动或赛事，特别是近几年 STEM 教育在校外蓬勃发展。以上海 STEM 云中心、柴火空间、鲨鱼公园等为代表的机构提供了很多非正式环境下的 STEM 学习活动资源。中国科协青少年中心也为青少年组织了许多 STEM 活动。例如，全国青少年科技创新大赛、"明天小小科学家"、中国青少年机器人竞赛、英才计划等活动。

课外 STEM 活动在我国也得到了蓬勃的发展。调查显示，在 2015—2016 年间香港举办了上千项校外 STEM 活动项目，提供 STEM 教育的各类组织已有 144 个（Croucher Foundation，2017）。例如，香港教育城和香港教育大学等联合举办的小学 STEM 探究活动"常识百搭"，已举办了超过 20 届，每年有约 1000 名粤港澳大湾区的小学生参与。在 STEM 教育思潮的推动下，"常识百搭"活动的名称已由最初的"科学专题探究"改为"STEM 探究活动"，从活动内容主题到评审过程更加鼓励丰富多样的项目形式，并鼓励更多工程设计类学生作品参与活动。该活动的发展历程展现了 STEM 教育理念在非正式教育领域的逐步渗透和成功推广。

在"常识百搭"活动中，学生通常 4—6 人组成一个小组，在校内教师的指导下进行自主选题，通过项目式学习的形式进行长达数月的探究，开展设计制作或问题解决活动。而后，学生提交项目报告（可包含视频介绍）以及在会场上进行实物和展板的讲解展览，来自教育界、科技界的专家就学生的表现进行评分。例如，第二十五届"常识百搭"小学 STEM 探究的主题名为"饮水思源"（常识百搭，2021），学生可以关注可持续生活用水、水与环境卫生、水下生物等主题，涉及生物学、食品科学、环境学等学科及其与工程技术的交叉领域。

相比于美国已经形成系统性的 STEM 教育生态系统，我国在 STEM 教育实践方面还缺乏系统的规划、管理和评估机制；也缺乏像美国校外教育联盟（Afterschool Alliance）这样的机构和组织来进行规划、管理和评估 STEM 教育实践（陈舒 等，2017）。研究还发现从小学到中学，我国学生对 STEM 相关学科的兴趣呈现下降趋势，且存在性别差异，因此教育者可以有针对性地开展未来的 STEM 课程设计和实施，培养高年级段学生的 STEM 学科兴趣，鼓励女生参与 STEM 活动。

### 2. 韩国的 STEM 课程和实践

KOFAC 牵头实施了一系列系统性的 STEM 教育推广工作，包括韩国教育部和 KOFAC 合作推行了四种教育项目（Hong，2017）：强调整合的某个特定 STEM 学科的项目（如生物科技）；使用较新的科技产品的项目；在 STEM 整合中加入了人文艺术的项目（如制造业中的创新艺术）；与未来的职业相联系的基于设计的项目（如机器人工程师、信息系统专家等）。

KOFAC 总结了一个有助于教师检查自己的 STEAM 课堂的质量的核查表，如表 2-11 所示。教师通过回答核查表中的细则问题来对自己的 STEAM（或 STEM）课程或教学设计进行检查和重新审视。或许由于 STEAM 课堂中创意和 Art（人文艺术）的成分较多，该核查表中强调了"情境展现"和"情感触动"的环节。

表 2-11　STEAM 课堂核查表（翻译自 KOFAC，2016）

| 类别 | 元素 | 细则 |
|---|---|---|
| STEAM 教育的目的 | 培养整合型人才 | 这堂课是否适宜培养整合型人才？ |
| STEAM 教育的理念 | 培养学生兴趣 | 这堂课的设计是否能够提升学生对科学技术的兴趣？ |
| | 与真实世界的联系 | 课堂主题是否与真实世界中的科学技术相联系？ |
| | 对整合型思维的培养 | 课程是否能够培养学生的整合型思维？ |

| 类别 | | 元素 | 细则 |
|---|---|---|---|
| STEAM 课堂学习标准框架 | 情境展现 | 与真实世界的联系 | 这堂课是否展现了真实世界中的问题解决情境？ |
| | | 兴趣和投入 | 这个情境是否适合用于激发该年龄段的学生的兴趣？ |
| | 创意设计 | 创意 | 是否清楚地展现了学生解决问题过程中的创意设计流程？ |
| | | 关注学生 | 课堂是否由为了游戏和经历而设计的活动组成？是否有机会让学生亲自参与到设计和思考问题的过程中？ |
| | | 结果（想法） | 课堂有机会让单个学生（或小组）展现创意设计的各种结果（或想法）吗？ |
| | | 使用工具 | 课堂设计中让学生使用真实生活中的设备了吗？ |
| | 情感触动 | 问题解决 | 在情境创设中展示的内容是否有助于让学生感受到解决问题的喜悦？ |
| | | 合作中学习 | 课堂设计中是否让学生通过合作来解决问题？ |
| | | 挑战的精神 | 课堂中是否鼓励学生通过问题解决去迎接新的任务挑战？ |
| STEAM 课堂评价 | | 不同视角 | 评价是否关注学生在问题解决中的成功经历？ |
| | | | 是否在评价中分析了学生的不同结果（或观点）？ |
| | | | 评价的重点是否是关注过程而非结果导向的？ |

韩国的许多 STEM 课程都彰显了与人文艺术融合的特色。例如，基于韩国的传统文化和"车轮"模型开发的关于韩国古代堡垒建筑的课程，除了 STEM 学科外，该课程还涉及历史、地理和文献学等学科的内容（Kim，2016）。该课程经过在两所中学开展了两年，获得了学术界的认可，并受到电视台的报道。

针对韩国 STEM 教育开展的现状，有研究者总结了对其未来发展的几条建议：（1）需要系统性的 STEM 教师教育，使教师能够更好地将学校科学和世界相联系；（2）教育系统需要提供更多让学生通过 STEM 学习解决和社会相关的问题的机会；（3）STEM 的整合程度需要更深，尤其是注重科技和工程的成分，这样才能促使学生在自然联结各个学科的过程中发挥创造力；（4）STEM 教育的推行需要从学生、教师和学习内容上共同推动变革。

### 3. 马来西亚的 STEM 课程和实践

在马来西亚高中生需要进行文理科的分流，理科已经从"科学路径"更名为"科学和技术路径（Science & Technology Stream）"，选择该路径的学生会学习物理、化学、生物、数学和数学拓展的课程（Shahali 等，2017）。中学阶段学生可选修的 STEM 相关课程包括技术图形通信、可持续发展基础、发明、运动科学、居家科学、工程绘图、机械工程、农业科学和信息与通信技术。

在校外的 STEM 教育实践中，马来西亚教育部已经着手建设一个名为"STEM 在线挑战"的 STEM 学习在线平台（STEM Online Challenge，2021）。该平台已经在 2020 年进入试点阶段。在该平台上，学生通过参与一些在线任务及挑战来培养思维和能力，并且会获得一项 STEM 指数（一种衡量学生 STEM 文化程度的指标），该指数会帮助教育系统对 12 岁、15 岁和 17 岁学生的 STEM 教育效果进行评估和监督（STEM Online Challenge，2021）。

马来西亚的一些官方机构协同合作组织了一项名为"所有人的STEM"（STEM For All）的STEM教育嘉年华类型的大型活动。活动的举办方包括教育部下属的国家STEM中心和马来西亚科学、技术和创新部下属的国家天文馆，活动包括了讲座、展览、竞赛等形式，欢迎学生、学生家长、社区和教师共同参与。比较特别的是，这项活动主要在马来西亚的农村地区举办（Malik，2021），体现了对教育公平的关注。

除了官方机构，马来西亚的国有企业也积极参与到推动STEM教育的行动中。科技场馆国家石油公司科学探索中心（Petrosains Science Discovery Centre）也为学生提供了丰富多彩的STEM学习机会。在该中心开设的工作坊中，例如创客工坊、玩乐实验室等，学生可以着手自行设计飞行器、组建风力涡轮机，或是编写代码，控制外星探测器等（BISSC国际科普纵览，2020）。该中心还搭建了科学戏剧大赛（Petrosains Science Drama Competition）平台，旨在通过参与戏剧激发和促进学生对STEM的兴趣，将STEM的内容与人文艺术结合，实践STEAM的教育理念，鼓励学生在戏剧中进行有关STEM内容的创新和创作（Petrosains，2021a）。

另外，该中心还设置了国油RBTX（Petrosains RBTX）挑战赛。国油RBTX挑战赛的内容包括机械相扑、机械猎手等，希望学生通过使用开源软件和机器人进行设计制作，提高其对机器人、物联网、量子计算等方面的数字素养（Petrosains，2021b）。该挑战赛在2021年推出了虚拟挑战的方式，这样参赛选手可以不受地点限制，更自由地通过实时虚拟视频进行交流和参赛。值得一提的是，该挑战赛还包括了开放度非常高的"创新挑战"项目。在该项目中，6—12岁和13—17岁的两组学生参与到微处理器（微控制器）控制下的编程活动，通过开发产品和原型，应对真实世界中的问题；在13—17岁组别的比赛中，还需要应用物联网（IoT）技术（即利用无线通信进行设备记录和物物互联）（Petrosains，2021b）。赛事的评定采用了公开的量规（如表2-12所示），这也为学生STEM学习成果的评估提供了参考价值。

表 2-12  RBTX 创新挑战视频评分量规（Petrosains，2021c）

| 标准 | 细则 | 项目 | 分数 |
|---|---|---|---|
| 问题陈述 | 问题陈述非常清楚；准确符合主题和类别 | | 30 |
| 解决方案 | 提出的问题的解决方案高度可行，解决方案中符合规定地应用了大量科技 | 原创性（10%）<br>实用性（30%）<br>科技（20%） | 60 |
| 商业价值 | 原型／创意有着非常强的应用、发展，受到国油或其他有关组织的资助的潜能，即使在大面积推广后，解决方案相比于其他方案收益支出比良好 | 成本效能（10%）<br>成本优化（10%） | 20 |
| 视频质量 | 音频视频清晰、有创意的讲述、清晰的文字和图片表达 | | 10 |

近年来，马来西亚在校内外 STEM 教育方面有着非常显著的发展和亮眼的初步成就，但是当前选读 STEM 学科的学生比例仍然较低（Malik，2021）。研究者指出，与其他推行 STEM 教育的国家和地区一样，马来西亚的 STEM 教师需要更多跨学科教学的培养和培训（Bahrum 等，2017）。未来，更多的 STEM 教师职前培养和培训配合多样化的校外 STEM 实践机会，将会帮助马来西亚培养更多愿意攻读 STEM 学科的青年人才。

结合中国、韩国和马来西亚的 STEM 课程及教育实践来看，亚洲各国 STEM 教育都处于蓬勃发展的阶段，都在大力推行 STEM 课程，对 STEM 的学习也都以活动为主要形式，旨在解决真实的问题，且 STEM 课程类型也多种多样。此外，各国对 STEM 课程的实施也有其不同的特点。在课程资源方面，我国主要包括 STEM 课程开发和引进国外 STEM 课程两种来源。从课程开发形式来看，我国主要是以学校为主体，与大学、科研机构以及公司等合作开发；韩国是由 KOFAC 牵头，教育部合作推行，体现了自上而下的特征；马来西亚则是通过教育部、官方机构、国有企业开发，在 STEM 教育比赛上具有特色。在课程评价方面，韩国有较权威的检验标准，我国和马来西亚则缺乏相应的评估机制。在课程内容方面，我国的 STEM 教学既注重不同学科的整合，也重视工程思维、运算思维、创新思维、批判性思维的整合与培养。总体上看，韩国 STEAM 教育除了整合人文艺术相关内容，重视综合运用的能力外，还强调学生发现实际问题的能力（梁芳美等，2019）。在 STEM 教育实践的相关研究上，马来西亚的研究者也屡有创新，在国际期刊上发表了可视化教学的 V-Stops 和网络探索（WebQuest）等新技术应用于 STEM 教育实践的研究成果（Osman 等，2014）。

# 本章回顾与反思

## 本章小结

本章关注的焦点是什么是 STEM 教育。以此为起点，我们的"足迹"踏上了北美洲、亚洲、欧洲及其他一些国家和地区的 STEM 之旅。在这趟旅程中，我们从了解 STEM 的教育政策出发，探究了不同国家和地区 STEM 的课程标准、特点及其改革的依据，最后我们落脚到 STEM 的课程实践中。

通过本章的介绍，可以对 STEM 教育在全球开展的现状有新的认识和了解。STEM 教育在美洲、欧洲和亚洲等区域有其开展的脉络特征，反映了各国和各地区在自己的国情基础上对推行 STEM 教育有着不同的动机，因而有着不同的侧重点和特色。

## 要点梳理

1. STEM 教育的顺利推广往往得益于国家、地区从政策层面予以指导和支持。

2. STEM 教育在多个国家都体现出了联动和协同的特征，社会各个机构（如大学等研究机构、科研机构、科技文化场馆、企业、中小学等）常常合力推行 STEM 教育资源的开发、教师培训等，这也是 STEM 教育综合性、整合性的外在体现。

3. 专业的、高素质的 STEM 教师是各国 STEM 教育发展的关键问题和核心环节之一。

## 本章思考问题

阅读完各国的 STEM 教育政策、课程标准发展历程和实践现状后，你对 STEM 教育有哪些新的理解？

# 第三章　教育数字化转型与STEM教育

教育数字化转型的时代背景

教育数字化转型的内涵与发展

教育数字化转型与 STEM 教育的关系

在第四次工业革命与 Web 3.0背景下，数字经济成为世界各国未来经济发展的重要议题，驱动了整个社会体系的数字化转型。教育作为社会体系的重要组成部分，肩负为数字经济培养所需数字人才的使命，其数字化转型成为世界范围内未来教育发展的重要提议。本章将详细介绍教育数字化转型的背景、内涵及发展阶段与策略，并从人才培养目标和教与学方式的变革两方面厘清教育数字化转型与STEM教育的关系。

本章学习目标：

1. 了解教育数字化转型的时代背景。

2. 了解教育数字化转型的内涵及发展阶段与策略。

3. 厘清教育数字化转型与STEM教育的关系。

# 一、教育数字化转型的时代背景

人工智能等新一代信息技术将给社会经济带来革命性影响，这是世界范围的预判和共识。随着社会经济的数字化转型被世界各国列入国家战略，教育作为社会经济发展的基础和重要组成部分，肩负着培养数字人才的重要使命，其数字化转型受到了世界各国的重视。2020 年 9 月，联合国教科文组织、国际电信联盟和联合国儿童基金会联合发布《教育数字化转型：学校联通 学生赋能》，全球教育数字化转型势在必行。我国也提出了"十四五"期间教育数字化转型战略行动，旨在充分把握技术革命对社会形态的重塑，对教育模式、育人方式和教学方法进行重构。教育数字化转型主要包含教育和技术两大背景因素，本节将分别从教育变革和技术赋能层面对教育数字化转型的时代背景进行阐述。

## （一）教育变革下的教育数字化转型

随着新一代技术的迅猛发展，人们的生产生活方式将因数字化、网络化、智能化的影响而产生颠覆性的改变，社会对人才的需求也发生了巨大变化，以培养满足社会需求人才作为根本目标的教育也需要随之发生深刻的变革。但当前教育发展的滞后使得教育系统越来越与全球经济和社会发展脱节，教育变革势在必行。2020 年，世界经济论坛发布的《未来学校：为第四次工业革命定义新的教育模式》报告（以下简称《未来学校》）提出了"教育 4.0 全球框架"，教育变革的全新时代即教育 4.0 已然到来，并逐步成为学界的共识。

### 1. 教育 4.0 从何而来

目前学界普遍认为教育 4.0 的教育变革对应着工业 4.0 对人才需求的革命性变化。工业 4.0 则是德国对 2030 年未来社会特征的预测，此概念的一个核心内涵即为"数字化智能"，强调数字化、网络化、智能化对未来相关产业的影响，并通过数字化转型建立产业优势。此概念得到了其他主要工业国家的认可，各国基于本国国情均提出了类似的概念，如美国的"关联企业"、英国的"第四次工业革命"（Morrar 等，2017），同时各国相继推出相关的国家战略和计划，通过技术进步和产业调整获得工业制造的优势（安宇宏，2016）。工业 4.0 对人才需求产生革命性变化的直观表现是劳动者将从事新的工作类型，并进入全新的工作模式（Klaus，2016）。据《2020 年就业前景报告》（*Future of Jobs Survey* 2020）数据预测，仅到 2025 年，人类和机器之间劳动分工的转变可能会导致 8500 万个工作岗位被取代，从事新兴职业的人数占比量将从 7.8% 上升到 13.5%（World Economic Forum，2018）。反观当前大部分的学校教育模式，其理念仍停留在与工业时代和自动化信息时代相适切的阶段（World Economic Forum，2020），即仍处在从教育 2.0 向教育 3.0 过渡的阶段，无法适应数字经济发展的要求。

随着数字化、智能化发展的不断深入，智能工厂和智能生产不断出现，智能产品和智能服务大量产生，创新型、技能型、复合型人才的需求量不断增大，传统教育理念和人才培养方式面临巨大挑战。以大数据、云计算、物联网、人工智能等为代表的个性化、智能化生产方式必将对教育模式产生全要素的革命性变革，以培养创新型和技能型人才为目标的教育 4.0 时代方兴未艾（陈潭 等，2016）。

### 2. 教育 4.0 如何演进

大部分学者将教育 1.0 到教育 4.0 的阶段划分与社会发展阶段相对应，其原因在于不同的社会发展阶段对"人才"有着不同的需求，故而以"育人为本"为原则的教育在差异化的需求下产生了教育 1.0 到教育 4.0 的演进。但不同学者对社会发展阶段的定义不同，导致了对教育 1.0 到教育 4.0 阶段的概念界定和划分存在着不同的观点。

国际上，Arthur M. Harkins 早在 2008 年就对教育 1.0 到教育 4.0 进行了梳理，分别对应农业社会时代、工业社会时代、全球化时代和创新社会时代（Harkins，2008）。Arthur M. Harkins 从技术手段、师生关系、教学场景、家长态度、教师角色、教学设施、雇主需求等对教育 1.0 到教育 4.0 进行了深入梳理，最终为每一个教育阶段提炼了一个核心词作为其核心特征。

教育 1.0 到教育 4.0 的核心特征分别对应简单获取（Download）、开放获取（Open Access）、知识生产（Knowledge Producing）、创新生产（Innovation Producing）。具体而言，教育 1.0 以传统课堂形式进行知识的口述，学生从教师处简单获取有限的知识；教育 2.0 通过社会构建并运用一定的信息技术实现更开放的教育环境，帮助学生实现更开放的知识获取；教育 3.0 通过社会构建和情景再造知识，培养学生的知识生产能力；教育 4.0 以经过科学筛选、设计和组织的典型实践案例（基于真实情境的项目化学习）为载体，通过个人创新和团队协作的方式，建构学生的知识创新素养。

在我国，有学者以决定教育特质的三大核心要素——教育目标、教学方式和组织形式为框架，描述社会不同发展阶段的教育变革，并划分出教育 1.0 至教育 4.0 时代，结果如图 3-1 所示（刘濯源，2015）。

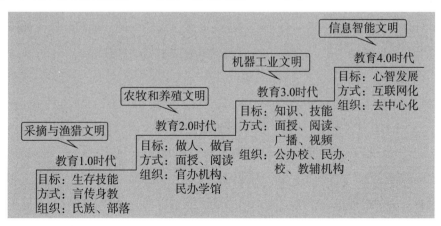

图 3-1　教育时代（发展阶段）示意图

教育 1.0 时代，人类文明处于"采摘与渔猎文明"时代。教育以发展学习者的生存技能（狩猎、采集、捕鱼、缝制衣服、战斗）为主要目标，教学方式主要是言传身教，教学的组织形式以群体活动为主。

教育 2.0 时代，人类已经进入"农牧和养殖文明"时代。教育的主要目标是教人"如何做人"和"如何做官"。知识的主要载体与传播工具是书籍。在这个时代造纸术与印刷术的发展对知识的传播起到巨大推动作用，同时也推动了教育事业的大发展。教学方式主要是面授和自主阅读活动，其组织形式主要是官办机构（如太学等）和民办学馆（私塾）。

教育 3.0 时代，人类进入"机器工业文明"时代。社会化大工业生产需要大批量的专业技术人才，因此教育的主要目标不再是培养"好人"和"好官"，而是要教授现代科学知识及发展专业技能。知识的载体仍然以书籍为主，但是也出现了以广播和电视等为载体的传播渠道。教学方式除面授和阅读活动外，还有收听广播、观看视频等多种方式。其组织形式以国家设立的现代学校为主体，以民办学校及教育辅导机构作为补充。

教育 4.0 时代，人类跨入"信息智能文明"时代。由于知识与技术的更新速度不断加快，"智本"将代替"知本"，"学力"将重于"学历"，教育目标正从"传递知识"走向"发展心智"。信息的主要载体及传播工具由书籍让渡给互联网及智能终端或移动智能终端。教学方式正从"纯线下"转向"纯线上"或"线上与线下相结合"，其组织形式也从单一的"他组织"（如传统学校）向"他组织"与"自组织"（如学习社群）相结合转变。

### 3. 教育 4.0 有何不同

（1）从单纯的"技能习得"转向"立德树人"。

2015 年，联合国教科文组织发布了《反思教育：向"全球共同核心利益"的理念转变》（以下简称《反思报告》）。《反思报告》回归人文主义和教育本质，重新审视当今世界三大突出矛盾，即不可持续的生态环境、社会不平等加剧、社会包容性较低，提出教育在矛盾充斥、机遇涌现的 4.0 时代，特别需要人文主义教育观引领教育突破经济发展中实用主义的藩篱。教育不应囿于单纯的技能习得，应该在多元文化共存共荣的和平世界里为"人"的生命、权利、尊严获得应有的尊重和认同，使人与人、人与自然的和谐得以可持续的发展。（UNESCO，2015）《反思报告》为新教育价值进行定位，突破知识的"工具理性"和"价值理性"的二元分割，将知识认定为终极价值之一，并鼓励人们采取对话的方式来进行学习，摒弃异化个人和将人作为商品的学习体系，弃绝分裂民众和使之丧失人性的社会做法，只有用这些价值观和原则来教育学生才能实现可持续性发展与和平（Roberts，2000）。

（2）从"单维教育"转向"多维教育"。

随着社会的数字化、网络化、智能化发展，创新型、复合型和技能型人才的培养要求被提出，传统的单维教育将转向多维教育，并最终由育人目标的转变逐步落实到教育场景、教学方式和教学主体等要素的变革。

教育教学的场景将不再局限于学校教室，互联网及智能终端技术将突破教育的"时空藩篱"，使学习随时随地发生，甚至实现按需择取。正规教育与非正规教育的界限变得模糊，学校与社区会有更紧密的结合。一方面，学校将吸纳社会资源帮助学生进行学习；另一方面，学校的一些资源将会向社区开放，成为社区公共服务的一部分（王素 等，2016）。

教学方式将从口述型教育转变为体验式、设计式和项目式教育，动态化教育将替代静态化教育，学习从单纯的脑力劳动变为脑力、体力相结合的模式，"工厂化"教学将变为个性化教学。传统的班级授课制的教学组织形式和以讲授为主的教学方式难以照顾学生的个别差异，无法满足新的人才培养目标的要求。基于大数据的学习分析技术将帮助教师开展个性化知识诊断，实时掌握学生的学习境况，找到他们学习的薄弱环节，制定有效的教学策略，进而提升教学的科学性（Lindsey 等，2014）。

教学主体的范围将得到极大的延展，教师的范畴被无限放大，从事教育行业的非正式教师群体也成为重要的知识供给源，多维的知识供给主体将提升学生摄取知识的频度、深度和广度，有利于建构起学生的多元化的知识供给体系。

随着"互联网＋教育"的兴起，学生获取知识的途径不断拓展，知识传递呈现出开放性和共享性的特点，泛在学习和泛在教育成为汲取知识的重要方式，学校将不再是唯一的承担教育责任的主体，学校教师不再是知识的唯一来源。此外，接受教育的主体也将不限于在校学生。对于已步入工作岗位的成人来说，现有成人教育通常是小众的、不系统的教育，在未来，成人教育将向系统化、大众化、终身化的方向发展，以确保他们能在知识和技术快速更迭的信息时代更好地应对复杂多样的变化。

（3）从"单学科教育"转向"跨学科教育"。

随着新技术的不断应用，非线性、非常规、系统性、整体性的复杂问题将成倍增多，时代对所需人才定义从机械工业时代的标准化"操作员"转向数字时代的个性化"创新者"。分科教学倾向以知识为中心来设计课程，注重基础知识和基本技能的学习，主张以知识传递为目的组织教学，具有系统性、逻辑性、独立性与简约性等特点（李泽林，2005）。分科教学有助于快速培养标准化的操作人员，但过分强调知识的细分，忽视了人的个性培养和身心全面发展，培养出来的学生知识结构相对单一，学科知识碎片化、孤岛化、僵硬化，缺乏广阔的知识视野，难以灵活自由迁移运用所学知识，难以适应社会问题复杂化、知识应用综合化等新情况。但工业 4.0 和 Web 3.0 强调去中心化，鼓励人才进行个性化创新，并通过技术对个性化创新的成果、权益和衍生价值提供保护，传统的分科教学将难以适应相关创新人才培养的需求。跨学科教育打破了传统分科课程的学科界线，改进了分科课程较为强调学科知识本位的不足，更加强调培养学生解决问题的综合能力（刘忠强 等，2018）。跨学科教育为培养知识、技能之上的素养提供了载体和路径，只有打破学科壁垒，提升学生跨学科、跨领域和跨专业的创新能力，才能培养出满足数字时代人才需求，具备应对复杂问题能力的复合型和全能型人才。

（4）从"制度化教育"转向"终身化教育"。

传统生产方式、商业模式、生活方式正在被更大范围地整合和解构，新技术、新知识和新问题大量涌现，知识迭代周期的缩短和知识的广度与深度的不断增加给传统教育造成了现实性冲击。早在 1972 年，联合国教科文组织出版的《学会生存：教育世界的今天和明天》（又称《富尔报告》）就提出了学习型社会和终身教育的概念。《富尔报告》指出，随着技术进步和社会变革的加速，没有人能够依靠学校里的启蒙教育过完一生。学校依然是传播系统性知识的基本途径，但将有社会机构、工作环境、休闲、媒体等社会生活的其他方面补充进来。《富尔报告》肯定终身教育，并将其视为发展中国家和发达国家教育政策的基石（Medel 等，2001）。

## （二）技术赋能下的教育数字化转型

技术赋能下的教育形态先后经历了远程教育、互联网＋教育、智慧教育等发展阶段，经过教育信息化 1.0 和 2.0 的建设，我国数字技术赋能教育的发展经历了起步、应用、融合、创新四个阶段，目前正处于融合与创新并存的时期，随着数字化技术的不断发展与进步，技术赋能下的教育数字化转型将进入深水区，依靠传统环境、技术和模式难以实现的基于数据的表现性评价、大规模因材施教、自适应学习等教育变革或将在教育数字化转型的过程中逐步实现。

科技部 2019 年发布的《智能教育创新应用发展报告》中提出，随着人工智能技术的进步和在教育场景中的拓展，可将智能教育的发展分为三个阶段，分别是以基础数据收集与呈现点状式、零散的教学辅助类应用为代表的教学辅助阶段；实现系统化、智能化教学评价与分析，从而推动提升学生学业表现与教师核心能力价值的价值创造阶段；基于具备认知与强交互能力，以自适应学习为代表的因材施教阶段，其主要特征与代表应用如图 3-2 所示。

|  | 阶段一（当前）<br>教学辅助 | 阶段二<br>价值创造 | 阶段三<br>因材施教 |
|---|---|---|---|
|  主要特征 | > 大规模教育领域基础应用的单点数据收集<br>> 在零散的单一应用场景找到切入点<br>> 多为教学辅助类应用，不涉及教学核心流程<br>> 旨在提升效率、优化体验，实现针对特定流程的减负增效 | > 全域数据的收集与分析，实现系统化的教学评价与分析<br>> 开始参与承担教学流程中的核心环节<br>> 覆盖场景广泛、系统化<br>> 通过帮助提升学生学业表现及教师能力价值等方式实现价值创造 | > 自适应因材施教<br>> 人工智能技术步入认知层面，实现人性化交互与自主行为开展<br>> 实现高效、个性化、人性化的交互教学 |
|  代表应用 | > 智能测评<br>> 智能批改<br>> 拍照搜题 | > 学习过程评价<br>> 全流程学情分析与管理 | > 自适应学习<br>> 自适应互动课 |

图 3-2　智能教育的三个发展阶段

国际上，美国学校网络联合会（Consortium for School Network，CoSN）自 2019 年起开展研究并发布基础教育创新驱动力系列报告，延续地平线报告相关工作基础，总结推动基础教育创新发展的重要挑战、趋势和技术工具（如表 3-1 所示），并描述挑战的可克服性、趋势的强度和技术工具的及时性。报告提出，2022 年基础教育系统最重要的三大技术驱动因素分别是数字协作环境、不受限制的宽带和网络连接、分析和自适应技术。美国学校网络联合会基础教育创新驱动力项目咨询委员会按照时效性，即全球学校大规模采用该技术的时间周期排序，从将于短时间内被大规模实现到需要较长时间才能被大规模实现排序为数字协作环境、分析和自适应技术、不受限制的宽带和网络连接。

数字协作环境近三年连续成为基础教育系统的技术驱动项目。数字协作环境主要由同步和异步通信工具构成，可实现高水平的协作并支持在线和面授学习。报告认为当下的数字协作环境看似为教育量身定制，但通常是为更广泛的用途而设计（如视频工具）。不受限制的宽带和网络连接近两年来备受报告关注，其核心在于为教育者和学习者提供无处不在的宽带互联网和底层技术，让随时随地的学习成为可能。分析和自适应技术在除 2021 年外的报告中均榜上有名，主要由开放数字技术、分析技术和自适应技术组成，分别指收集和使用与教学及学习相关的数据技术、分析学生学习数据和利用数据为教学决策提供信息的技术、根据学生与技术的交互而适应学习的工具或技术，这些技术互相之间存在一定递进关系。

表 3-1　2019 年以来基础教育创新驱动力系列报告提出的创建
系统化的教育数字生态系统的挑战、趋势和技术驱动因素

| 年份 | 挑战 | 趋势 | 技术驱动 |
|---|---|---|---|
| 2019 | • 兼具规模和持续的创新<br>• 数字权益<br>• 技术与教学的差距<br>• 不间断的专业发展<br>• 技术与未来的工作 | • 学习者即创造者<br>• 数据驱动实践创新<br>• 个性化学习<br>• 设计思维<br>• 培养管理者的领导力 | • 移动设备<br>• 混合式学习工具<br>• 云基础设施<br>• 扩展现实（XR）<br>• 分析和自适应技术 |
| 2020 | • 兼具规模和持续的创新<br>• 数据隐私<br>• 教与学的变革<br>• 技术与教学的差距<br>• 数字权益 | • 学习者即创造者<br>• 数据驱动实践创新<br>• 个性化学习<br>• 社会情感学习<br>• 培养管理者的领导力 | • 数字协作环境<br>• 保护隐私和安全的在线工具<br>• 分析和自适应技术<br>• 云基础设施<br>• 移动设备 |
| 2021 | • 数字权益<br>• 兼具规模和持续的创新<br>• 教与学的变革 | • 个性化学习<br>• 社会情感学习<br>• 自主学习 | • 数字协作环境<br>• 不受限制的宽带与连接<br>• 混合式学习工具 |
| 2022 | • 规模创新和教育系统的保守<br>• 吸引和留住教育工作者和信息技术专业人士<br>• 数字权益 | • 个性化学习<br>• 培养管理者的领导力<br>• 社会情感学习 | • 数字协作环境<br>• 不受限制的宽带与连接<br>• 分析和自适应技术 |

注：系列报告的中文版在部分词语的翻译方面随着社会与技术背景的演变和相关概念内涵的不断明确与扩展而逐渐调整完善，此处以 2022 版中文版报告的翻译为准。

近年来，元宇宙概念逐渐兴起，其中虚拟仿真技术通过计算机图形学和视觉技术，将虚拟的信息应用到真实世界，使得真实的环境和虚拟的物体实时地叠加到同一个画面或空间，目前已经在基础教育的学科教学和职业教育的教育实训领域进行了初步探索。元宇宙概念中的虚拟空间技术受限于成本等因素，目前仅局限于典礼、会议类聚集功能，尚未与教育场景融合。未来，随着元宇宙概念相关技术的不断发展，穿戴设备实现普及化与低价化，场景体验感或将大幅提升，甚至达到无限逼近真实物理世界的程度，元宇宙校园或将成为现实，并将成为学校重要的数字资源，在未来服务学生的学习和校园生活。

# 二、教育数字化转型的内涵与发展

## （一）何为教育数字化转型

要阐述教育数字化转型的内涵，需要首先厘清何为数字化转型及其产生的背景。首先，数字化转型产生于数字经济发展背景下（戚聿东 等，2020）。"数字经济"这一概念最早出现在新经济学家唐·泰普斯科特（Don Tapscott）1996 年出版的《数字经济：网络智能时代的前景和风险》一书中（王春英 等，2021），该书详细论述了互联网对社会经济的影响，紧接着尼古拉斯·尼葛洛庞帝（Nicholas Negroponte）在《数字化生存》中向人们讲解了信息技术的未来发展趋势、应用及其巨大价值，自此"数字经济"受到世界各国的广泛关注，近年来发展数字经济成为各个国家促进经济发展的重要战略。1997 年，日本通产省开始使用"数字经济"一词。从 1998 年起，美国商务部以"数字经济"为主题发布了多项年度研究成果。当下，"数字经济"不仅局限于研究层面，其飞速发展已成为世界各国经济复苏和发展的重要驱动力（王玉柱，2018）。2016 年，美国、日本、英国的数字经济增速分别达到 6.8%、5.5%、5.4%，远高于其同期 GDP 增速（张焱，2017）。中国信息通信研究院发布的《中国数字经济发展和就业白皮书（2018 年）》显示，2005—2017 年，我国数字经济融合部分的总体规模从 1.29 万亿元增长至 21 万亿元，数字经济融合部分占 GDP 的比重也从 7% 增长至 25.4%。

虽然世界各国都关注甚至直接使用"数字经济"这一概念，但对"数字经济"的定义都有各自的理解。澳大利亚政府认为数字经济是通过互联网、移动电话等数字技术实现经济社会的全球网络化；欧洲议会将数字经济描述为通过无数个且不断增长的节点连接起来的多层级或层次的复杂结构；我国在 2016 年《G20 数字经济发展与合作倡议》中指出"数字经济是以使用数字化的知识和信息作为关键生产要素、以现代信息网络作为重要载体、以信息与通信技术的有效使用作为效率提升和经济结构优化的重要推动力的一系列经济活动"。2017 年，中国信息通信研究院进一步将数字经济分为数字经济基础部分（包括电子信息制造业、信息通信业以及软件服务业等）和数字经济融合部分（将数字技术应用到制造业、服务业等传统行业所增加的产出），即数字产业化和产业数字化。

数字经济催生的数字化转型被越来越频繁地提及，但目前尚未达成统一的概念共识（Morakanyane 等，2017），主流观点认为数字化转型是一种策略方法或一种过程模式。有学者认为数字化转型不仅包括产业数字化，也包括数字产业化（王春英 等，2021），但本章描述的数字化转型更倾向于聚焦产业数字化，即传统企业与现代网络技术进行的数字化融合，其目的是利用数字技术破解企业、产业发展中的难题，重新定义、设计产品和服务，实现业务的转型、创新和增长。从实践来看，强化价值创造、数据集成以及平台赋能成为传统产业数字化转型过程中的重要趋势（吕铁，2019）。数字化转型是一个比较长期的变迁，随着数字技术的发展，其和业务不断融合，这种融合是从无到有，从低到高，从被动融合到主动驱动递进发展的（祝智庭 等，2022a）。

目前学界对数字化转型的特征阶段仍未达成一致，但大体上可划分为三个转型阶段，即数据化转换（digitization）、数字化升级（digitalization）、数字化转型（digital transformation）。由于同一行业不同业务场景的数字化水平差异，在同一行业的不同业务场景下的三个转型阶段可以交叉或并行发展。

数据化转换阶段主要关注培养数字化意识、实现数据采集和基本使用，以数字技术赋能工具、设备、人，以具体应用场景或功能的小切口，通过数据辅助决策，小规模、低风险、高效率实现对传统业务的减负增效。传统产业数字化转型中提及的数字化意识，不仅仅包括数字素养，更重要的是建立对产业数字化"从生产驱动到消费者为中心的价值创造"的认知。以数字政府发展为例，其初期聚焦于政府信息化，信息技术只是被视作改进政府内部组织效率的工具，政府服务改进的动力来自职能和业务驱动。

数字化升级阶段主要关注数据标准、数据打通、数据分析、数据应用及数据安全伦理，通过数据的规范化、联通化、公式化、指标化，通过数据分析指导决策，实现对业务流程的优化，甚至达到相当程度的自动化。以企业数字化为例，实现平台化应用需要对企业的商业模式、工作流程有相当的了解，达到可以用公式来表述的程度；其次，需要有自动化程度很高的数据采集工具体系来支撑；再次，需要有高明的数据库架构，可以快速、准确地分类汇总和查询调用数据；最后，需要定制性地研发指标体系和算法，这需要对多元变量的综合计算、深入分析和多角度测试。互联网企业所建设的"数据中台"即为该阶段的典型标志。

数字化转型阶段关注业务流程再造，通过对数据的深度挖掘和价值化，实现保留产业业务本质的数字化生产力和生产关系匹配再造或打破产业传统边界的创新跨界再造。以汽车产业为例，产业数字化过程将包括数字化管理运营（ERP）、智能制造以及产品本身的数字化（智能网联汽车）；数字产业化过程将包括目前丰田、大众等公司在探索的充分发挥智能网联汽车所产生的数据价值，从汽车制造商向出行服务商的转型。

教育数字化转型可归类于产业数字化，是指在数字技术赋能下，教育的全要素、系统性变革过程，通过将数字技术整合到教育领域的各个层面，推动教育组织转变教学方式、组织架构、教学过程、评价方式等全方位的创新与变革，从供给驱动变为需求驱动，实现教育优质公平与支持终身学习，从而形成具有开放性、适应性、柔韧性、永续性的良好教育生态（祝智庭 等，2022a）。若将教育数字化转型放在我国教育信息化整体发展历程中看，有学者认为教育数字化转型是教育信息化的特殊阶段，具体而言要实现从起步、应用和融合数字技术，到树立数字化意识和思维、培养数字化能力和方法、构建智慧教育发展生态、形成数字治理体系和机制（黄荣怀 等，2022）。

## （二）教育数字化转型的国际经验

布局科技创新与数字经济发展是世界各主要国家宏观发展战略的突出特征。为支撑科技创新和数字化转型，世界各国均从国家战略层面对教育数字化转型进行整体规划与布置，如德国基于《德国数字化战略 2025》发布的《数字化知识社会的教育战略》、俄罗斯基于《关于 2030 年前俄罗斯联邦国家发展目标的法令》发布的《俄罗斯教育领域数字化转型战略方向》等。结合世界各国发布的教育数字化政策文件和采取的教育改革举措可以发现，当前国际教育数字化转型主要关注"基础设施建设""数字教育资源""教育教学创新""数字素养提升""标准规范研制""数字伦理安全"六个方面（吴砥 等，2022）。

在基础设施建设方面，各国主要关注引入 5G、人工智能等技术对物理空间和网络空间进行数字化、智能化升级。美国、俄罗斯等国优先关注不受限制的宽带和连接以及数字协作环境建设，分别通过高速网络联通学校、"数字化教育环境"项目开展全国范围的网络基础设施建设。近年来，美国、英国、日本等主要发达国家已经从数字校园建设转向智慧校园建设，优化数字资源和网络平台建设。例如，德国政府在《学校数字协定》中强调学校信息化平台建设；

日本、新加坡等国发布政策，从国家层面推动学生智慧终端配备。

在数字教育资源方面，开放资源（open resources）连续多年入选地平线报告，数字教育资源建设备受国际组织和世界各国的关注。联合国教科文组织早在 2012 年便与英联邦学习共同体联合组建开放教育资源大学，促进不同地区间的教育资源开放交流。法国、澳大利亚等国在国家层面设立数字学习资源中心等机构，在全国范围内共享免费数字教育资源。除设置专门机构，欧盟《数字教育行动计划（2021—2027）》提出建设欧盟中小学统一的线上教学平台。

在教育教学创新方面，世界各国与国际组织主要关注数字技术对教学方式、评价方式和自适应学习等方面创新的支撑作用。混合式学习、翻转课堂等结合数字技术的新型学习方式备受各国际组织的关注。同时，受疫情影响，各国纷纷加速探索线上教学和混合式学习的实践。数字技术赋能教育评价变革主要聚焦于基于教育大数据的科学评价，以及在技术支撑下常态化、过程性评价的实现，最终指向大规模个性化学习，如可汗学院的学习仪表盘能够将海量的学习行为数据转变为有价值的行为信息，并基于高效的数据分析帮助学生开展个性化学习。在自适应学习方面，AltSchool 等创新型学校以及 Knewton 等自适应学习平台的探索也是基于学生学习大数据分析和挖掘，为达成高质量学习提供决策支持，使实现大规模的学生自定义学习成为可能。

在数字素养提升方面，各国提出要优先关注教师专业发展，如欧盟发布了欧洲教育者数字能力框架；芬兰面向所有学校遴选和培训"数字化教学培训师"；英国教育部与特许教育学院合作，推出针对教育领导者及教师的免费在线培训课程；法国通过中小学教师继续教育的培训系统开展教育数字化继续教育培训。同时，多国通过将数字素养纳入核心素养，优化改革信息与通信技术课程，强化对学生数字素养的培养。

在标准规范研制方面，各主要国家均在尝试通过建立相关标准，从硬件和软件等不同角度解决信息孤岛问题。日本文部科学省和总务省联合推出学生终端标准型号和校园网络标准规格配置案例，供各地学校参照配备，采取标准规格统一采购信息化软硬件设施，实现教育装备标准化。欧盟在《数字教育行动计划（2021—2027）》中提出将开发"欧洲数字教育内容框架"，为教育部门建设标准的数字资源提供指导原则。

在数字伦理安全方面，各国纷纷在教育数字化重要文件中强调数字科技道德与伦理的重要性，并制定相关准则开展数字科技伦理教育。如欧盟2019年发布《可信赖人工智能伦理指南》，在《数字教育行动计划（2021—2027）》中也强调要制定针对教育工作者的人工智能道德准则；韩国在2015年修订的中小学课程标准总体目标中强调要培养中小学生的信息伦理意识、信息保护能力；《德国学生数字素养框架》中单列第四章强调"安全与保护"。

## （三）教育数字化转型的发展阶段

教育数字化转型是教育信息化的特殊阶段，该阶段要实现教育信息化从起步、应用和融合数字技术，到树立数字化意识和思维、培养数字化能力和方法、构建智慧教育发展生态、形成数字治理体系和机制的发展目标转换。参考传统产业数字化实践中强化价值创造、数据集成以及平台赋能的数字化转型趋势（吕铁，2019），结合教育信息化探索的历史经验，可大致将教育数字化转型划分为数码化、数字化、数字化转型三个阶段。

教育数字化转型的数码化阶段主要关注将教学、评价和管理中的纸质文件进行数据化，并在教学、评价和管理流程中开始使用数字资源、系统和平台。主要表征为在技术理性下，教育教学、评价和管理过程的数据化和技术的散点式应用，能够在一定程度上提升教学、评价和管理的效率。

教育数字化转型的数字化阶段关注基于流程数据的描述性和诊断性分析，并将流程数据用于教学应用、师生评价和管理决策。主要表征为在应用驱动下，教育教学、评价和管理过程在数据要素的支撑下实现技术在全业务流程下的线性应用，能够在一定程度上优化教学、评价和管理的模式。

教育数字化转型的数字化转型阶段关注教育教学、评价和管理跨流程的实时数据打通与交叉分析，并通过对数据的预测性和规范性分析来提高教学、评价和管理的科学性、精准性、有效性，最终实现教育的全要素变革。

## （四）教育数字化转型的发展策略

### 1. 教育数字化转型应以教育全流程、全要素创新为最终指向

教育数字化转型是将数字技术整合到教育领域的各个层面，推动教育组织转变教学方式、组织架构、教学过程、评价方式等全方位的创新与变革，通过充分利用数字技术的优势促进教育系统的结构、功能、文化发生创变，使其具有更强的运行活力与更高的服务价值（祝智庭 等，2022b）。2019 年美国学校网络联合会首次发布的《基础教育创新驱动力报告》（挑战篇）的引言中明确提出"技术在基础教育的创新中往往是一种代名词，如果没有对教育创新的深入理解，就很难创造出有意义的教学和学习体验"。在政府层面上，美国、欧盟等主要经济体发布的相关文件和报告中对教育数字化转型的维度划分略有差异，但都基于教育要素创新而非技术理性驱动进行转型规划。各国均从自身出发对教育创新要素做出了界定，如美国 2017 年更新的《美国国家教育技术计划》围绕技术赋能教育创新，从学习、教学、领导力、评价和基础设施五个维度设置了教育数字化转型的国家愿景和计划（U.S. Department of Education，2017）；欧盟于 2015 年和 2017 年先后发布《欧盟教育组织数字素养框架》（Kampylis 等，2022）和《欧盟教育者数字素养框架》（Redecker，2022），分别从教育机构、教育者和学习者的视角设置了教育数字化转型愿景；芬兰近年发布的《芬兰国家教育信息化规划》从"教师、学生、设施、资源、学校管理、校企合作"等要素出发，提出了八大战略目标与行动任务。同时，美国等国家在梳理教育数字化要素时，以专门的机构开展的教育理论研究作为基础，建立相应的指标框架与实施路径。

## 2. 教育数字化转型应建立合理的阶段性目标

合理的阶段性目标主要体现在社会环境对教育数字化转型的影响和循序渐进地开展教育数字化转型两方面。

在社会环境对教育数字化转型影响方面，疫情"黑天鹅"期间国际上教育数字化关注重点的变化最为直观。2020年，美国学校网络联合会发布的《基础教育创新驱动力报告》的关键词为数据，数据隐私、数据驱动实践创新在报告的挑战与趋势部分排名靠前、备受关注，技术驱动方面更是关注从数据采集（移动设备）、基础设施（云基础设施）、应用技术（分析和自适应技术）到数据安全（保护隐私和安全的在线工具）的整个数据技术链条。随着疫情的爆发，2021和2022年的报告中将疫情设置为报告的社会背景，在全球大规模的在线教育实践影响下，教育者更加关注教育的公平性、可及性、纯线上教育对传统教与学方式带来的冲击以及后疫情时代教育系统的保守性，技术驱动方面也相应地更加关注网络连接、混合式学习工具等支持大规模在线教育的技术。

在循序渐进地开展教育数字化转型方面，世界各国基于本国实际情况采用了不同的渐进逻辑。2019年英国教育部发布了《实现技术在教育中的潜力》政策文件，提出了英国教育数字化转型从建立转型愿景、构建实施策略到实现迭代创新的三步走战略。第一阶段从管理、评价、教学实践、持续的教师专业发展四个方面建立使用教育科技的愿景；第二阶段从基础设施、技能、安全、采购四个方面构建实施策略并消除障碍；第三阶段实现教育数字化的实施、融合、迭代和创新。日本于2022年发布的《在教育中使用数据的线路图》，基于本国教育数字化工作基础，以数据使用为主线，将教育数字化转型划分为数码化、数字化和数字化转型三个阶段（Ministry of Education，2022）。数码化阶段的主要任务是实现学生人手一台计算机，提升校园数字环境；数字化阶段开展以学生为中心的教育，并创设教师可以完全使用信息技术开展教学的数字化环境，并实现任何人可以在任何时间、任何地点和任何其他人一起以自己的方式进行学习的阶段任务目标；数字化转型阶段的总体目标是探索数字社会下的教育全要素变革，未规划具体任务。

### 3. 教育数字化转型应有明确的转型框架

教育数字化转型是技术赋能下教育的系统性变革，是一个持续演进的过程，具有很强的复杂性和动态性，建立教育数字化转型框架或成熟度模型是开展教育数字化转型的重要基础工作，将为教育数字化转型提供清晰的策略与路径，并促进实践的可持续性（祝智庭 等，2022c）。美国学校网络联合会近年连续发布《数字化飞跃路线》（Consortium for School Network，2022a）、《定义数字权益》（Consortium for School Network，2022b）等报告，对"培养管理者的领导力"和"数字权益"进行定义和框架性描述，为解决挑战和满足趋势要求提供了清晰路径。其中，《数字化飞跃路线》从领导力与愿景、教育环境、技术与业务管理三个维度，对学校信息主管教育数字化转型必备的10项基础技能进行评估；《定义数字权益》报告按美国《2021年数字权益法案》界定了数字权益与数字包容的内涵，并从网络连接、硬件设备、教与学、数字公民和技术支持五个方面提出评估学校的数字权益达成情况。

除了教育数字化转型框架，教育数字化成熟度近年来也受到各国政府和研究组织的广泛关注。美国学校网络联合会于2021年发布《协同工作成熟度模型》，从教与学／教务管理效率、领导力与愿景、信息技术管理、数据管理、信息与系统结合和基础设施六个维度，分初始、结合、融合、优化和转型五个等级对教育数字化成熟度进行描述。英国教育部2022年发布《教育技术：探索学校数字化成熟度》的研究报告，从技术、能力、战略三个方面对学校数字化成熟度进行评估。与《基础教育创新驱动力报告》一样，该研究报告也将疫情界定为社会状态而排除在教育数字化转型成熟度指标之外。研究结果显示，英国中小学多数处于教育数字化成熟发展早期阶段，在战略方面较为薄弱，学校离充分利用现有技术还有一段距离（Cooper Gibson Research，2022）。

#### 4. 教育数字化转型应充分考虑技术的发展性与适切性

从技术的角度来看，教育数字化转型过程可以简单描述为随着技术应用不断加深而导致教育大数据价值不断提升的过程，这一过程中应充分考虑技术的发展性与适切性，而非由技术理性主导。例如，人工智能技术的发展使得口语和写作的机器测评成为现实，其中文字、语音数据的采集、分析与应用，实现教育数据功能从留存记录向辅助评价的转变，其间教育数据的价值有了明显提升。若排除疫情等社会影响因素，2020 年的《基础教育创新驱动力报告》将数据作为关键词，在技术驱动方面关注基于数据的技术链条证明了教育数字化转型中数据价值在不断提升，并特别关注高价值下教育数据的隐私与保护。英国教育部发布的《教育技术：探索学校数字化成熟度》报告中，在技术的发展性方面尤其关注教育辅助技术、学习者分析、人工智能、虚拟现实、增强现实在中小学中的使用比例，并对教育技术的适用性设置了针对性问题，围绕相应技术是否满足学校需求的角度设置问题，检验教育数字化转型过程中技术的适切性。

# 三、教育数字化转型与 STEM 教育的关系

## （一）人才培养目标契合

### 1. 教育数字化转型过程中的人才培养目标

教育作为社会系统的重要组成部分，承担了为经济社会提供人才保障的重要使命。教育数字化转型受数字经济发展的驱动，通过技术赋能实现教育的全

要素、系统性变革，为未来数字社会培养人才也是其重要使命。在当下的时间点，教育 4.0 时代与教育数字化转型在时间线上高度重合，所对应的社会人才需求高度一致，因此教育数字化转型中的人才培养目标与教育 4.0 时代的人才培养目标高度重合。

经济合作与发展组织（OECD）于 2018 年发布了《OECD 学习框架 2030》，以下简称《框架》。《框架》通过回答以下两个问题，阐述了以 2030 年为界的教育 4.0 人才培养目标。第一个问题是：今天的学生需要什么知识、技能、态度和价值观，才能在 2030 年茁壮成长，塑造自己的世界？第二个问题是：教学系统如何能有效地发展这些知识、技能、态度和价值观？（OECD，2018）。为回答这两个问题，OECD "未来教育和技能项目" 开发了如图 3-3 所示的 "OECD 2030 学习罗盘"（OECD Learning Compass 2030），将未来个人和社会的福祉（well-being）置于学生发展的核心位置。

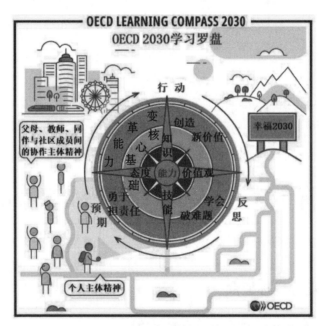

图 3-3　OECD2030 学习罗盘

过去的教育话语大多都围绕着 "知识经济" 展开，即专注于培养学生具备能够促进经济增长、提高生产率和效率的知识与技能（舒越 等，2019）。以经济增长为主要目标的教育在获得高生产力和生产效率的同时也带来了社会不公平、社会分裂和资源枯竭等问题。可见，以经济增长为目的的教育已经远远无法跟上社会发展的步伐，亟须我们扩大视角，不仅关注个人收入水平，也着眼于教育、健康、工作和生活的平衡等方面；不只关注国家或地区的 GDP，也关注社会和谐、就业机会均等、生态的可持续性等方面。因此，发展个人和社会的幸福生活是当前教育的第一要义。

《框架》以学习框架的形式，从知识、技能、态度与价值观三方面描述未来人才培养目标（如图 3-4 所示），并支撑培养包括调动知识、技能、态度与价值观来应对复杂问题的基本能力。在知识方面，对于学生应掌握的知识，基础的学科知识作为产生新知识的基础仍然扮演着十分重要的角色，但还需具备跨学科思维和"连接"能力。对于认识的知识（epistemic knowledge），或者说对学科本身的知识，能让学生加深对学科的理解，从而扩展他们的学科知识。程序性知识的获得基于学生对事物完成过程的理解，并在实际的问题解决过程中发展。在技能方面，主要指要将习得的知识应用于未知的环境中的技能，包括认知和元认知技能（如批判性思维、创造性思维、学会学习和自我调节）、社会和情感技能（如同理心、自我效能感和协作能力）、实用技能（如使用新的通信与信息技术设备）。在态度与价值观方面，动机、信任、对多样性和美德的尊重等态度与价值观不仅反映在个人层面上，更应在地方、社会和全球层面上得到体现。虽然在全球视域下，不同国家或地区的文化存在差异，因而价值观和态度呈现出多样性，但人类共通的基本价值观，如尊重生命和人的尊严、爱护环境等，则必须坚持。

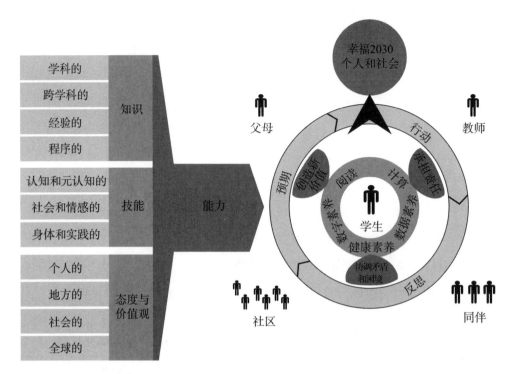

图 3-4　OECD 学习框架 2030

　　除上述基本能力之外，基于"关键能力项目"（the DeSeCo Project：Definition and Selection of Competencies），在《框架》中还确定了三种更深层次的能力类别，分别为创造新价值、协调矛盾和困境、承担责任，统称为变革能力（Transformative Competence）。

　　《框架》中还提到了学生发挥主体精神和变革能力的核心基础——认知基础、健康基础、社会和情感基础。认知基础包括阅读和计算素养以及建立在这两者基础上的数字素养和数据素养；健康基础则包括身心健康和幸福；社会和情感基础包括道德和伦理。此外，针对上述能力和素养如何培养的问题，"OECD 2030 学习罗盘"设计出了"预期—行动—反思"循环圈（Anticipation-Action-Reflection Cycle），这是一个反复的学习过程，学生通过不断改进他们的思维，并有意和负责任地采取行动，朝着有助于幸福生活的未来人才培养最终目标前进。

## 2. STEM 教育人才培养目标

STEM 教育旨在提升学生的 STEM 素养。分学科看，STEM 素养由科学、技术、工程和数学素养组成。OECD 和美国国家研究委员会将科学素养定义为：科学素养是指个人决策、参与公民和文化事务以及经济生产力所需的科学概念与过程的知识和理解（National Research Council，1996；OECD，2003）；国际教育技术协会（International Society for Technology in Education）提出，技术素养不仅包括使用、理解和评估技术的能力以及理解目标实现和问题解决所需的技术原理与策略，还包括展示创造力和创新、沟通和协作、开展研究和使用信息、批判性思考、解决问题、做出决策以及高效地使用技术的能力（International Society for Technology in Education，2000）；OECD 将工程素养描述为在工程设计过程中对技术开发的理解，包括系统性和创造性地将科学和数学原理应用于实际的能力（OECD，2003）；在国际学生评估项目（PISA）中，数学素养被定义为识别、理解和参与数学的能力（OECD，2006）。然而，STEM 素养并非科学、技术、工程和数学素养的简单叠加或累积，而是在四种素养交叉融合的过程中实现整体大于部分之和的结果。

若将 STEM 视为一个融合学科，OECD 将 STEM 素养定义为：STEM 素养包括个人处理与 STEM 相关的个人、社会和全球问题的概念性理解和程序性技能及能力。STEM 素养涉及 STEM 学科的整合，以及四个相互关联和互补的组成部分，具体可划分为四方面：（1）获取和使用科学、技术、工程和数学知识以发现问题、获取新知识并解决 STEM 相关问题的能力；（2）理解 STEM 学科本身包括探索、设计和分析等过程的特点；（3）认识到 STEM 学科如何塑造了我们的物质、智力和文化生活；（4）作为社会公民，用科学、技术、工程和数学的思想参与 STEM 相关问题的解决。（OECD，2006）

从以上对 STEM 教育的目标梳理可发现，STEM 教育的培养目标相较于传统教学的目标有以下几方面的转变：更关注学生跨学科整合能力和问题解决能力的培养，指向创新型人才的培养，为未来社会储备科技人才；而教育数字化转型后学生的能力要求中所包含的跨学科知识、认知和元认知技能、创造新价值、协调矛盾和困境等方面都与 STEM 教育的培养目标相符。在教育数字化转型过程中，STEM 教育与教育数字化转型有着共同的价值追求，STEM 教育将成为支撑教育数字化转型人才培养的重要方式之一。

## （二）教与学方式契合

### 1. 教育数字化转型过程中的教与学方式变革

教育数字化转型与教育 4.0 不仅在人才培养目标上高度重合，教与学方式也高度一致。《框架》提出了教育 4.0 时代的教与学方式变革有四种典型趋势：个性化和自定进度的学习（Personalized and Self-paced Learning）、开放性和包容性学习（Accessible and Inclusive Learning）、基于问题和协作的学习（Problem-based and Collaborative Learning）、终身学习和学生自驱动学习（Lifelong and Student-driven Learning）。在教育数字化转型过程中已经明确验证了数字技术可以有效支撑并实现相关教与学方式的变革。

在个性化和自定进度的学习方面，网络和信息技术应用下的个性化教育将会弥补传统大规模"批量生产"教学模式下忽视学生个性发展的缺点。个性化和自定进度的学习的实现途径包括缩小班级规模、小组学习、可供学生选择的项目式学习、利用数字课件（如可汗学院）等方式。具体案例如下。

---

**案例：美国萨米特公立学校（Summit Public School）**

萨米特公立学校在扎克伯格的支持下开发了 Personalized Learning Platform（个性化学习平台），强调"以学生为中心"、探索式的学习模式。平台采用项目化学习的方式，学生以自己的节奏通过学习资源清单开展项目化学习，并根据需求进行评估，与教师合作制定短期和长期目标，并将目标与日常学习关联。在个性化学习时间里，学生处于开放的学习环境，完全可以打破班级与年级的限制，进行小组或团队学习。

---

在开放性和包容学习方面，疫情期间的大规模在线教育实践已经证明了教育数字化转型对保障教育开放性与教育公平的作用，世界各国也都在积极探索建立数字教育资源平台。在包容性学习层面，在教育数字化转型过程中数字技术将有效拓展学习方式（视觉、听觉、触觉）的类型，以帮助残疾儿童或资源有限的儿童学习；发挥信息技术的作用，利用数字课件远程学习可以帮助偏远地区的孩子克服空间上的障碍，而文本转语音技术可以帮助视觉受损的儿童获取学习内容；虚拟实验室能为缺少实验设备的学校的学生提供参与科学实验的机会。

在基于问题和协作的学习方面，教育数字化转型的重要内涵之一是培养学生的创新能力与解决问题的能力。基于问题的学习体验能让学生从一味的模仿和记忆中释放出来，并在具身参与的过程中获得问题解决能力、创造力和发散性思维。在教育数字化转型过程中，人工智能、大数据已经被证明可以在科学评价方面有效赋能基于问题和协作的学习。未来，随着虚拟现实技术及元宇宙概念的逐渐成熟，或将对此种学习方式所对应的场景产生极大的冲击，并推动其革命性的变化。

---

**案例：美国塔拉哈西社区学院（TCC）**

塔拉哈西社区学院主要为佛罗里达州低收入地区的学校的中小学生提供大学课程，给予他们职业和技术教育的指导及职业规划建议，旨在引导学生尽早地进入 STEM 职业通道（STEM Pipeline）。此机构开发了一个数字铁路项目，主要在一个 8 米长的拖车上提供移动技术的实验室里开展，它还配备虚拟现实、增强现实、机器人、3D 打印等最新技术设备。在参与项目的过程中，学生主要研究如何将现有技术应用到现实世界中，如如何用机器人来解决社区的交通问题。

---

在终身学习和学生自驱动学习方面，终身学习和自驱动学习可以让学生在走出校园、离开教师的指导后也能主动、有效地获取新知识、掌握新技能。在数字化转型过程中，慕课（MOOC）已经被证明是数字技术赋能下的一种有效实践模式。同时，随着区块链技术的不断成熟，微证书（Micro-credential）概念近年

来也备受关注，并被认为是教育改革尤其是终身教育发展的催化剂。UNESCO于 2021 年 9 月发布专题研究报告《讨论的开端：形成微证书的通用定义》，对微证书定义的提出和修正过程、争议部分及参考资料做出了详细介绍，尤其讨论了教育数字化转型背景下的微证书数字可供性（Digital Affordances）。

### 2. STEM 教育的教与学方式

STEM 教育强调在真实情境中进行跨学科知识整合，培养学生解决真实问题的能力。基于此，STEM 教育的教与学方式主要有以下三个特征：（1）整合学科知识，实现跨学科式教育；（2）基于真实问题情境，重视学习过程；（3）以学生为中心，促进学生个性发展。

在 STEM 教育中，开展基于问题的学习或基于项目的学习是实现跨学科式教育的主要方式。同时，STEM 教育强调立足于生活，教师应从学生适应社会的角度选择典型项目进行结构化设计，让学生在体验和完成项目的过程中获得参与感，同时能习得蕴含于项目之中的多学科知识与技能（余胜泉 等，2015）。这与教育数字化转型过程中所倡导的"基于问题和协作的学习"、让学生成为知识建构者和问题解决者、培养学生创造性解决问题的能力等高度契合。

STEM 教育还强调激发学生的好奇心与探索欲，让学生体验到创造、分享和合作的愉快。学生应以个人或小组为单位作为项目的主导者，在自己感兴趣的任务或项目中发挥各自的优势，从而实现个性化的发展，这与教育数字化转型过程中的"个性化和自定进度的学习""学生自驱动学习"高度契合。

## 本章回顾与反思

### 本章小结

本章从教育变革和技术赋能两个方面介绍了教育数字化转型的时代背景，

对教育数字化转型开展国际比较。通过对教育数字化转型的内涵、发展阶段和发展策略的介绍，总结教育数字化转型的特征与路径。从数字化转型过程中人才培养目标和教与学方式的发展趋势阐述及案例介绍出发，说明 STEM 教育理念和实践与教育数字化转型目标高度契合。

## 要点梳理

1. 数字时代，教育 4.0 引起的教育变革驱动了教育的要素创新与系统性变革，人工智能等新技术赋能并支撑了教育数字化转型，各国在规划教育数字化转型的实践中也都是基于教育要素创新而非技术理性驱动。

2. 国际教育数字化转型主要关注基础设施建设、数字教育资源、教育教学创新、数字素养提升、标准规范研制和数字伦理安全六个方面，并按转型程度与重点分为数码化、数字化和数字化转型三个阶段。

3. 数字化转型背景下，人才培养目标将回归人本主义，关注育人与素养，教与学方式上也将变得更加开放、灵活、多元，这些都与 STEM 教育理念与实践高度契合。

## 本章思考问题

结合教育数字化转型的六大内容和各阶段特征，STEM 教育在教育数字化转型各阶段中的探索重点及可能的变化会有哪些？在此过程中，STEM 教育的育人功能和教与学方式变革如何体现？

# 第四章　STEM教育的作用

宏观层面：STEM教育在国家战略中的作用

中观层面：STEM教育在教育改革中的作用

微观层面：STEM教育在人才培养中的作用

工业4.0和Web3.0驱动了全球的数字化经济转型，也引发了教育的数字化转型。自1986年被提出后，STEM教育经历了三十余年的发展，在全球数字化转型背景下愈加焕发生机，并成为全球范围内科技教育改革的新浪潮。那么，STEM教育将引领教育走向何方呢？STEM教育对人类社会有哪些影响呢？本章将从宏观、中观和微观三个层面，分析数字化转型背景下STEM教育在国家战略、教育变革和人才培养中的作用，明确STEM教育的战略意义和教育价值。

---

本章学习目标：

1. 了解STEM教育在国家战略中的重要作用，能够维护国家安全和促进经济发展。

2. 理解STEM教育在教育变革中的重要作用，STEM教育是培养学生核心素养的重要载体，是教学方式变革的突破口。

3. 理解STEM教育在人才培养中的作用，包括培养创新人才、培养未来劳动力、提升核心素养和激发学习兴趣。

# 一、宏观层面：STEM 教育在国家战略中的作用

工业 4.0 利用一系列新技术打破了物理世界、数字世界和生物世界的界限，推动了人类社会各个领域的数字化转型，进而推动了经济和工业的变革，也对国家关系和国际安全的性质产生了深远影响。STEM 教育则对于促进经济发展和维护国家安全具有重要作用，在国家战略层面具有不可忽视的影响力。

## （一）国家安全

工业 4.0 的到来改变了国家安全威胁的性质，影响了权力的转移，引发了全球安全形势的变化（Schwab，2016）。当今时代，不但诸如恐怖主义、非法移民、地区武装冲突、邻国军事化等外部威胁依然存在，还出现了网络攻击和非常规战争模式等新威胁，各国都对巩固自身安全感到担忧（Novikovas 等，2017）。国家安全不但包括军事安全，而且包括环境、能源、经济等非军事安全要素（Romm，1993），因此国家安全与国家综合实力息息相关。目前，学界通常采用 GDP（国内生产总值）或 CINC（Composite Index of National Capability，国家实力综合指数）来测量国家实力。

改革开放后，经过三十余年的发展，我国的 GDP 在 2010 年超过日本，

首次成为仅次于美国的世界第二大经济体。这是我国国家实力增长的重要里程碑，世界开始视中国为一个超级经济大国。改革开放以来，我国的经济发展创造了人类经济史上的奇迹，GDP 平均每年增长 9.2%。（海外网，2021）近几年我国经济继续保持飞速发展，并在 2020 年实现历史性突破，GDP 总量首次突破百万亿，达到了美国的 70%。甚至在新冠疫情影响下，我国依然成为全球唯一实现经济正增长的主要经济体，并且消除了绝对贫困，实现了我国几千年来追求的目标。

CINC 由 J. 大卫辛格在 1963 年提出，通过综合分析国家的总人口、城市人口、钢铁生产、能源消耗、军事人员和军事支出的年度值，来衡量国家实力。（Singer 等，1982）我国的 CINC 已经连续多年超越美国，该数据也成为西方世界炒作"中国威胁论"而惯用的依据，是西方国家遏制中国发展的政治手段，更成为其投入巨额年费发展本国军事力量的借口，而这将给我国的国家安全带来危机与挑战。

虽然中国的经济增长和国家实力显示出了"弯道超车"的潜能，但是还需清醒地意识到我国面临的问题与挑战。例如，近年来我国的 GDP 增长放缓，这意味着人均收入增长面临下行压力，从而面临着被困于"中等收入陷阱"的挑战。另外，与国家安全相关的、GDP 没有反映出来的一些重要因素，与发达国家存在差距，比如我国的人均 GDP、居民收入水平、地区经济差异等。此外，虽然我国的 CINC 已多年保持全球第一，但 CINC 忽略了国家的成本和效率问题，如果用总指标减去国家需要付出的成本，中国的经济和军事实力仍有发展的空间。（Beckley，2018）

工业 4.0 时代，随着科技创新的步伐加快，国家安全越来越依赖于持续的科技创新能力。STEM 是培养科技创新人才的重要途径，被认为是关乎国家综合国力、科技创新力和全球竞争力的重要因素（张又予 等，2019）。世界上主要发达国家都将 STEM 教育作为保持国家竞争力的重要策略，大力培养STEM 人才。

## （二）经济发展

从第一次工业革命开始，经济的革新速度在不断加快。前三次工业革命都是对生产方法和相关能源进行改变，是对工业生产价值创造中最重要的生产环节进行革新，而有互联网加持的工业4.0则对生产方式进行了根本转变。（森德勒，2018）工业4.0正在以意想不到的方式改变经济和社会，并将重塑全球经济结构和竞争格局。

工业4.0为中国的工业发展提供了"弯道超车"的历史机遇。西方发达国家的现代化发展，按照工业化、城镇化、农业现代化和信息化的顺序发展，即经历了工业1.0、工业2.0、工业3.0和工业4.0的"串联式"发展。我国的工业起步晚，并且发展不均衡。虽然在机器人科技和高速列车的建造等方面已经达到国际领先水平，但是我国很多工业领域仍处于工业3.0水平、工业2.0水平，甚至是工业化前的生产水平。（森德勒，2018）我国要想在第四次工业革命中后来居上，必然需要经历"并联式"发展过程，抓住历史机遇，发挥后发优势，同时完成工业2.0、工业3.0和工业4.0。（杜壮，2014）

科技在工业4.0发展中起着重要的支撑和引领作用。STEM教育能够培养出满足科技创新需求的工人，能够提升人力资本，进而对国家的宏观经济增长起到促进作用。从微观角度看，STEM教育能够提高STEM职业人士的经济收入。例如，美国商务部（U.S. Department of Commerce）通过统计分析发现，不论受教育程度如何，从事STEM职业的人比非STEM职业的人拥有更高的收入和更低的失业率，STEM工人是维持经济持续稳定增长的重要因素。（Langdon等，2011）从宏观角度看，STEM教育则为技术驱动型经济提供了必需的"燃料"。例如，美国商务部发现，自第二次世界大战以来技术创新对美国经济增长的贡献率高达75%。（Atkinson等，2010）2018年Croak收集了2010年到2018年全球87个国家，以及2000年到2010年间15个国家的数据，将STEM教育程度作为人力资本的强化形式（enhanced form of human capital）与 GDP 等要素之间的关系进行了研究，结果表明 STEM 教育对生产力具有显著且积极的影响。（Croak，2018）

因此，为了能在第四次工业革命中保持领先地位，实现经济转型升级和持续增长，中国需要加大 STEM 教育的发展，并急需大量创新型人才的涌现。

# 二、中观层面：STEM 教育在教育改革中的作用

工业革命是科学革命和技术革命的延续与拓展，并与经济变革和社会变革耦合在一起，协同推进人类社会的发展。教育的重要功能是促进社会生产，巩固经济基础，因此随着工业革命带来的社会经济变革，教育也会做出相应的调整，从而帮助人类更好地适应不断变化的社会。

第四次工业革命中人工智能、机器人、数据分析、云计算等技术快速发展，必然会引发新一轮的经济结构变革。每一次工业革命的来临都会产生大量新的工作岗位，同时也会使很多行业和岗位开始消亡或萎缩。2017 年领英公司发布的研究报告《未来的数字劳动力》（*Digital Workforce of the Future*）指出，由人工智能引发的人才变革已经开始发酵，65% 的现有岗位在 00 后入职时将不复存在，包括对非高科技行业的改变。（Linkedin Talent Solutions，2017）也有专家预测，未来数字化发展过程中，有 700 万工作岗位会消失，但是只有 200 万新的工作岗位诞生。（森德勒，2018）在我国，快递行业是工业革命进程中工作岗位快速更迭的典型缩影。近几年，随着互联网销售的发展，我国快递行业从业人员快速增长。《2019 年全国快递从业人员职业调查》

显示，从 2016 年至 2018 年，我国快递员数量增长了 50%，总数量已经突破 300 万。但随着"无人"物流技术的飞速发展，快递员的岗位正在被机器人取代。在智慧物流中心，形态各异的机器人成为无人仓的主角，从商品入库、存储到拣货、包装、分拣、装车的环节都无须人力参与。而在送货配送中，无人机和无人车也在发挥日益重要的作用。

在产业技术升级换代中，工作岗位的更迭会引发对劳动力的能力和技能需求的转变。麦肯锡公司（Mckinsey & Company）经过调查，预测在 2030 年全球有多达 750 万人需要更换工作或学习新的技能（Manyika 等，2017），未来社会对技术、社交情感以及更高的认知技能的需求将增长（Bughin 等，2018）。因此，当今教育需要做出变革，培养能够满足未来发展需求的科技人才和劳动力，让学生能够更好地适应和融入未来的智慧社会。

教育 4.0 是服务于工业 4.0 时代的教育方式，而目前全球的教育模式还大多停留在教育 3.0，迫切需要向教育 4.0 转变。STEM 教育是当前世界各国推动教育系统变革的战略选择和重要抓手（杨彦军 等，2021），是教育 4.0 时代的最佳教育方式之一。经过三十多年的发展，STEM 教育对培养未来人才的优越性已经在全球多个国家得到探索和验证。STEM 教育对教育目标、教学方式、学习内容、学习场景和教育公平等方面的教育变革都有深刻的影响，为我国教育改革提供了符合信息时代特征的新视角和新路径。

## （一）教育目标变革

教育目标的变革体现了社会发展对人才规格要求的变化。在工业 4.0 之前的时代，教育目标普遍指向知识和技能的习得，其中典型的代表就是西方的"3R"（reading，writing and arithmetic，读、写、算）与我国的"双基"（基础知识与基本技能）教育目标（刘新阳，2017）。20 世纪末，信息技术的快速发展对劳动力的知识和技能提出了新的需求，教育目标不断增加新的内容。例如，欧盟在原有教育目标中加入了以"新基本能力"（new basic skills）为代表的高阶综合能力（刘新阳，2017），我国的"三维目标"在"双基"的基础上又增加了"过程与方法"和"情感态度与价值观"两个要素（张杨，2018）。但是随着科技的飞速发展和社会生活的深刻变革，教育目标无法通过做加法的方式来增加内容，因此催生了核心素养的研究和推广。2006年，欧盟颁布了核心素养框架，并对核心素养进行了定义，即"核心素养代表了一系列知识、技能和态度的集合，它们是可迁移的、多功能的，这些素养是每个人发展自我、融入社会及胜任工作所必需的；在完成义务教育时这些素养应得以具备，并为终身学习奠定基础"。

我国在改革开放后，基础教育目标也经历了从"双基"到"三维目标"再到"核心素养"三个阶段。STEM教育是培养学生核心素养的重要立足点，符合教育发展，能够促进教育目标向素养进行转型与变革。

### 1. 我国教育目标走向"核心素养"

如上所述，我国自改革开放以来，基础教育目标经历了从"双基"到"三维目标"再到"核心素养"的演变，每种教育目标都具备特有的时代烙印，在特定的历史时代发挥了积极且重要的作用，同时也会随着科技和工业的进步、经济和社会的发展以及教育理念的革新而不断演变，以适应新时代人才培养的需求。

根据国内多位学者的研究（余文森，2019；郑昀 等，2017；钟柏昌 等，2018），从知识观、课程观、教学观等方面对三种教育目标进行了比较和总结，结果如表4-1所示。

表 4-1　我国改革开放后教育目标的演变和比较

| 教育目标 | 双基 | 三维目标 | 核心素养 |
|---|---|---|---|
| 提出时间 | 1978 年[①] | 2001 年 | 2014 年 |
| 主要内容 | 基础知识、基本技能。 | 知识与技能、过程与方法、情感态度与价值观。 | 人文底蕴、科学精神、学会学习、健康生活、责任担当、实践创新。 |
| 知识观 | 客观主义的知识观，强调知识本身的客观性、普遍性和确定性，强调知识学习过程的接受性。 | 建构主义的知识观，强调知识的主观性、情境性和相对性。 | 意义的知识观，强调知识的生成性、体验性、文化性，以及知识的意义（功能）。 |
| 课程观 | 学科本位的课程观，学科知识是课程的核心，学生自身特点、社会需要必须服从学科知识的价值性和权威性。 | 经验主义的课程观，强调经验和儿童活动在课程中的地位和作用。 | 关注和强调育人价值。关注学科知识体系和知识点，深入学科内核，挖掘学科的育人价值。 |
| 教学观 | 特殊认识论，强调教学的传承性和接受性，学习方式以理解、记忆、训练为主。 | 建构主义教学观，注重自主学习、合作学习、探究学习。 | 基于知识的教学，知识是教学的工具和资源，知识和知识教学服务于人的素养的形成和发展。 |
| 作用 | 形成尊重知识的风气，学校教育从"以政治为中心"和"以劳动为中心"转向"学科中心"和学习中心。 | 体现了对学生能力培养、态度养成和人格发展的关注与要求。体现了学科的完整性和本质性。 | 进一步凸显和强调学科的本质及育人价值。 |

---

① "双基"思想的产生早于 1978 年，表格中体现的是改革开放以来"双基"提出的时间。早在 1952 年，我国教育部颁发的《中学暂行规程（草案）》就提出了使学生"得到现代科学的基础知识和技能"，体现了"双基"思想。20 世纪 60 年代中期，"双基"因"文化大革命"而被否定，直到"文化大革命"结束后，基础知识教学和基本技能训练才重新得到重视。1978 年教育部颁布《全日制中学暂行工作条例（试行草案）》《全日制小学暂行工作条例（试行草案）》，教学大纲中的教学内容开始围绕各学科的"双基"进行组织。

| 不足 | 不利于学生全面发展，不能体现学科的完整性和本质性。 | 目标虚化，现实中没有真正落实先进的教育理念。缺乏对教育内在性、人本性、整体性和终极性的关注。 | 将课程目标统整到新高度，但如何在教学实践中落地仍待探索。 |
|---|---|---|---|

从表中的内容可以看出，我国改革开放后教育目标实现了从知识本位向以人为本的变迁。"双基"引领的教育注重效率导向，教学方式多采用讲授法，通过标准化的流程和精准的教学控制，来实现知识和技能的高效传授，塑造了非常稳定和强调秩序的课堂规则；"三维目标"引领的教育注重效能导向，教学方式采用小组合作和探究学习等创新方式，以学生为中心，重视学生潜能的挖掘，虽然有所创新，但仍未突破对效率和标准的崇尚；"核心素养"引领的教育是全人导向的，教学方式更加灵活，如做中学、玩中学、跨学科学习等，尝试打破传统秩序和局限，还原教育的真实性和完整性。（曹培杰，2017）

教育目标应该反映每个人都是作为一个完整的人进行学习的事实。我国改革开放以来，教学目标从"双基"到"三维目标"再到"核心素养"的转变和革新，恰恰反映了对完整的人的培养。"核心素养"强调为学生的未来发展奠基，兼具学科思想、方法论和世界观，是人之为人的重要品质，也是一个人持续发展的重要基础。（钟柏昌 等，2018）它弥补了"双基"和"三维目标"的局限性，其概念已在国内外蔚然成风，是当今教育改革的重要着力点。但是如何在教育实践中落地生根，仍然是有待探索的命题。

## 2. STEM 教育是培养核心素养的重要立足点

（1）STEM 素养是核心素养的重要组成部分。

培养学生核心素养的方法之一，是对核心素养进行分析和拆解，以此来找到多种落实核心素养的途径。许多国家和国际组织对核心素养的框架进行了研究，对核心素养包含的内容进行了分类。2016 年，世界教育创新峰会（World Innovation Summit for Education，WISE）联合北京师范大学共同发布了《面向未来的教育：培养 21 世纪核心素养的全球经验》研究报告，分析了全球 5 个国际组织和 24 个经济体提出的核心素养框架，在此基础上将核心素养分成了领域素养和通用素养两大类。领域素养包括语言素养、数学素养、科技素养、人文与社会素养、艺术素养、运动与健康素养、信息素养、环境素养、财商素养。通用素养包括高阶认知（批判性思维、创造性与问题解决、学会学习与终身学习）、个人成长（自我认识与自我调控、人生规划与幸福生活）和社会性发展（沟通与合作、领导力、跨文化与国际理解、公民责任与社会参与）。（世界教育创新峰会，2016）

作为 STEM 教育目标的 STEM 素养则是核心素养的重要组成部分，不仅包括领域素养，还包括通用素养。STEM 素养是指个体在 STEM 相关领域综合运用数学、科学、技术、工程和计算机等 STEM 学科相关知识、技能、方法、情感、态度和价值观以及创造性地解决复杂问题的综合能力。（杨彦军 等，2021）STEM 素养包括了与领域素养相关的数学素养、科学素养、技术素养、工程素养等不同的 STEM 学科素养，还包括所有 STEM 学科所需技能和实践的交叉点和整合点（Tang 等，2018），即包括了与通用素养相契合的跨学科素养。

杨彦军等人（2021）通过对全球与 STEM 素养相关的 14 个重要政策文件进行分析和比较，从知能、情意、价值三个维度分析了 STEM 素养的结构，并用如图 4-1 所示的金字塔模型呈现了 STEM 素养包含的三个层面：STEM 学科基础知识层、STEM 学科核心素养层和 STEM 共同核心素养层。STEM 学科基础知识层包括数学、科学、技术、工程、计算机等具体学科及其他领域中的基本知识、基本技能和基本方法；STEM 学科核心素养层指的是解决 STEM 相关学科或多学科交叉融合领域复杂性问题所应具备的关键能力，包括技术素养、数学素养、科学素养、数字素养、工程思维、计算思维、设计思维、跨学科思维等学科综合能力；STEM 共同核心素养层指解决超越具体学科或工作领域的真实世界复杂性问题的综合能力，包括批判性思维、问题解决能力、合作与交流、创新能力及创造力等。

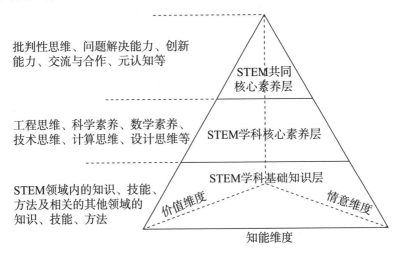

图 4-1　STEM 素养结构金字塔模型（杨彦军 等，2021，有改动）

　　根据 STEM 素养的结构分析可以看出，STEM 素养是核心素养的重要组成部分，发展 STEM 教育能够促进教育目标走向核心素养的变革。

　　（2）STEM 教育的学习方式能够有效培养核心素养。

　　核心素养作为教育目标指引了教育行为的方向，而采用恰当的教育行为能够促成目标的达成。那么促进核心素养达成的教育方式应该具备哪些特征呢？根据全球教育实践案例，落实核心素养需要基于真实情境，具有多样化测评（刘晟 等，2016），并且项目式学习在培养学生核心素养中发挥着重要作用（辛涛 等，2019）。而 STEM 教育的特征与以上几点完全契合。

　　《面向未来的教育：培养 21 世纪核心素养的全球经验》研究报告除将核心素养分为领域素养和通用素养，还指出这两类素养所依赖的学科领域虽然不同，但是都强调基于真实情境。国际上已有经验显示，可以在真实情境中培养特定的领域素养和跨学科素养。情境性是 STEM 教育的重要特征，STEM 教育不但能够通过学习和生活情境帮助学生建构知识，还能够让学生具备知识的情境化运用能力，有助于学生核心素养的培养。

项目式学习是STEM教育的重要学习方式之一，基于项目的STEM学习可以让学生聚焦于现实世界中的真实问题解决，帮助学生更好地理解身边的世界，是备受全球关注的跨学科学习策略，是培养跨学科素养的有效途径。（刘晟 等，2016）

此外，在STEM教育的评价中应注重通过多种途径和方式来收集学生素养的发展情况，STEM教育评价方式有诊断性评价、形成性评价和总结性评价。具体方式涵盖了纸笔测验封闭式试题、纸笔测验建构式试题、学生手稿笔记、图示呈现、课堂观察、作品集、访谈面试、任务成果展示、学生自我报告、组内互评、反思日志等（江丰光 等，2017）。STEM教育的多样化测试能够为落实核心素养的教学提供反馈、建议和引导，是培养学生核心素养的关键要素。

## （二）教学方式变革

教学方式的创新包含了理念、工具和实践的创新，以及用新的方式重新将这些要素结合在一起，从而解决当前的教育实践问题。然而，教学方式的变革通常会出现两种情形，一种是没有真正触及教学方式本质的表面化变革；一种是虽然已经触及教学方式的本质，但是存在不同教学方式的错误"嫁接"，如以知识传授为主的讲授式教学强行加入自主、合作和探究等教学行为方式（李森 等，2010）。

2018年经济合作与发展组织（OECD）发布报告《教师作为学习环境的设计者：创新教学法的重要性》（*Teachers As Designers of Learning Environment: the Importance of Innovative Pedagogies*），提出了六种有别于传统的创新教学方式集群，通过对不同教学方式的有效组合，从而深刻影响未来教育变革。（Paniagua 等，2018）这六种创新教学方式分别是混合式学习（Blended Learning）、游戏化（Gamification）、计算思维（Computational Thinking）、体验式学习（Experiential Learning）、具身学习（Embodied Learning）、多元读写能力和基于讨论的教学（Multiliteracies and Discussing-based Teaching）。

### 1. 混合式学习

混合式学习主要是指采用线上和线下相结合的方式，融合课堂教学和网络教学的优势，综合运用不同的学习理论、不同的技术和手段以及不同的应用方式来实施教学，旨在最大化利用技术与数字化资源的优势，根据学生的需求促进差异化教学，并推动课堂互动。（Paniagua 等，2018）

混合式学习主要有三种形式：（1）翻转课堂（Flipped Classroom），学生提前自学下节课的资料，课堂上在教师的帮助下，实践、拓宽和加深对知识的理解；（2）基于实验室的模式（Lab-based Model），学生分组在学校实验室与课堂之间交替进行学习，通过与教师面对面的互动，对所学内容进行应用；（3）线上线下学习混合模式（In-class Blending），每位学生遵循定制的课程表，通过在线与面对面交流交替进行学习。（Paniagua 等，2018）

### 2. 游戏化

游戏化包括以游戏为核心的教学法，以及通过游戏环境促进学习参与度和幸福感的教学法。（Paniagua 等，2018）游戏化教学的基本原则包括每个人都是参与者、学习感觉就像玩耍一样、每个环节都相互关联、做中学、将失败视作迭代、反馈是即时的和持续的、要有不断的挑战。

游戏化可以应用在多种学科教学中，如科学、数学、语言、体育、历史和艺术设计等。在教学实践中，游戏化学习以两种形式存在：一是在学习活动中应用游戏辅助学生学习，游戏包括数字化教育游戏和传统的教育游戏；另一种是利用游戏化元素（如点数、徽章、排行榜）将传统的学习活动转化为一个游戏。（李玉斌 等，2019）

### 3. 计算思维

计算思维将数学、信息与通信技术和数字素养融为一体，旨在将数学作为一种编码语言，培养学生解决问题的推理能力。它强调了数学在交叉学科中的重要作用，并且是教师和学生都应当具备的一种思维方式。

计算思维主要分为两个步骤。一是想象解决问题的方法，其中包括逻辑推理（分析、预测推断结果）、分解问题（将一个复杂的问题分解成多个细小问题）。二是用计算机处理问题，包括算法（识别和描述解决问题的路径并生成指令）、抽象（捕捉问题的基本结构并删除多余的细节）、模式（识别并使用常用的方案来解决一般问题）。（Berry，2014）因此，计算思维不仅以技术的形式存在，更是一种用计算机解决问题的方式去看待问题的逻辑。

### 4. 体验式学习

体验式学习主要包括以下几种：（1）基于项目的学习，主要指基于一个驱动问题或挑战而展开的学习，其核心在于通过真实世界的问题引起学生的兴趣，并引发学生思考；（2）基于服务的学习，是一种让学生运用所学解决社会真正需要的方法，这对个人和社会发展、公民责任、学术学习等都具有正向影响；（Celio 等，2011）（3）不确定性能力的教学，旨在引导学生在复杂世界中应对知识的不确定性，以便批判地思考世界，并做出合理决定。

体验式学习不仅关注发现过程的重要性，在提高学生幸福感、积极性和参与度（Fiennes 等，2015）的同时，广泛关注对整体体验的理解和学习环境的重要性。因此，体验式学习发生的地点并不仅仅在学校或单一学科中，户外学习和跨学科规划等创新性教学法同样值得关注。

### 5. 具身学习

具身学习是指关注学习中非智力因素的各种教学实践，强调身体和情感的重要性。其教学原则主要集中在以下几方面的交互：身体与思维、动作与概念、行动与思考、科学与艺术、生理与心理、现实与想象、经验与经历。

常见的具身学习方法包括以下几种：（1）以学校为基础的体育文化，其侧重点在于增强学生参与体育活动的共享体验，以促进学校目标的实现；

（Thorburn 等，2017）（2）艺术教育与艺术综合学习，艺术教育旨在提高学生的参与度、积极性和毅力，以促进创造力、高级思维技能和批判性思维（Chand O'Neal，2014），艺术综合学习专注于将一种艺术形式和另一科学领域联系起来的创造性过程；（3）创客文化，其核心是修补和构建实体物体，其内涵不仅仅是简单的制造，而是创造性以及即兴解决问题的能力。因此，与体验式学习相比，具身学习更加强调情感、身体与创造方面的认知。

### 6. 多元读写能力和基于讨论的教学

多元读写能力教学会关注学生读写能力养成所需要的平台及语言的数量和多样化，基于讨论的教学主要强调学生进行知识建构的政治和文化背景，以学生的生活与兴趣、居住的社区、影响他们的历史因素为基础进行讨论，旨在建立教师与学生之间的联系，避免冲突和无法体察学生需要的问题。（Milner 等，2010）

多元读写能力教学法的原则主要包括情境实践、明确的指导、批判建构、可迁移的实践。基于讨论的教学在多元读写能力的基础上增加了批判性读写能力的参与。课堂讨论不仅是一种教学技巧，而是随着对主导的符号系统提出质疑而成为问题的中心——这种符号系统曲解了指定文本中明显的意识形态中立性。（Burke 等，2015）因此，多元读写能力和基于讨论的教学与母语、外语和社会科学三个学科的联系最紧密，也最适合处于文化和语言多样化社会的儿童。

### 7. STEM 教育与创新教学方式集群的契合性

上述六种教学方式已经存在多年，并非最新提出的创新教学方式，但是全部符合未来人才培养的需求。OECD 的创新之处在于不把六种教学方式视作独立的教学方式，而是将它们作为一个集群（如图 4-2 所示），用具体的教学法理论和教学方法在它们之间建立紧密联系。通过对这六种教学方式进行部分或全部的整合，让它们相互配合，相互支持，从而实现各种特定的教学目标。例如，信息与通信技术和设计之间具有密切的联系，很容易将游戏化学习、具身学习和计算思维整合在一起。

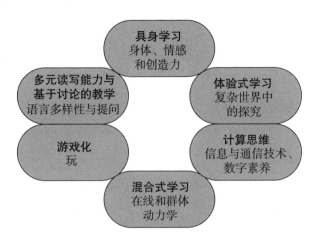

图 4-2　OECD 提出的创新教学方式集群

　　这六种教学方式的特征与 STEM 教育理念非常契合。STEM 教育的核心特征包括跨学科、趣味性、体验性、情境性、协作性、设计性、艺术性、实证性和技术增强性（余胜泉 等，2015），具备整合六种创新教学方式的天然优势。

　　体验式学习和具身学习是最传统和最重要的 STEM 教学方式。体验式学习能够将现实世界的意义和抽象知识之间建立联系，真正激发学生的 STEM 学习兴趣，是 STEM 学习的最佳方式之一。（Matarić 等，2007）具身学习能够将学生的认知过程与物理世界中的身体活动进行密切关联，强调了知识表征与身体状态之间的联系。（Wilson 等，2013）在 STEM 教育中，具身学习能够以学习者为中心，通过建构主义方法，来设计具备激励性和参与性的活动，通过让学生积极与物理世界进行互动，从具体的感觉运动体验中建构概念隐喻。（Sung 等，2017）

　　混合式学习是智能时代学习方式变革的主要趋势，能够为学生提供个性化的教学和直接的指导。在新冠肺炎（后改名为新冠感染）的全球大流行中，混合式学习愈加成为应对教育挑战的重要手段，尤其适用于实践特征较强的 STEM 教育的开展。目前全球已有诸多研究为混合式学习在 STEM 教育中的应用提供了有力证据，相较于传统的教学方式，混合式学习更有利于提升学生的 STEM 学习成绩（Seage 等，2020），培养学生的批判思维能力和科学素养等（Ardianti 等，2020；Lestari 等，2021）。

传统的游戏化学习是在教学中加入游戏元素，让课程更加有吸引力，主要通过激发学生的学习兴趣和增强学习动机来提高学习质量，但尚不能构成一种新的教学法。（Paniagua 等，2018）随着智能时代的到来，信息技术让游戏化教学得以发展，不但在教学形式上增加了电子游戏，而且其教学机制也得到深入的探索和发展，并成为一种正式的教学法。STEM 教育需要将传统课堂环境转变为鼓励互动和探索的空间，与游戏化学习具有天然的契合性。STEM 教育的目标指向跨学科知识运用、问题解决和创新思维等，STEM 学习所期望培养的学生品质恰恰是游戏化学习所擅长的，如好奇心、韧性、挑战、容忍失败等。（于颖 等，2021）

计算思维作为 21 世纪每个人都应当具备的基本技能，也是 STEM 教育培养学生的重要目标之一。传统的计算思维培养主要通过编程和计算机科学等课程来实现（Li 等，2020b），但是计算思维是在计算机出现之前就已经存在的、人类固有的科学思维，需要结合跨学科融合理念，与 STEM 教育有机融合，两者的契合点主要在于跨学科和情境学习（朱珂 等，2018）。近几年，教育研究者和实践者对于在 STEM 教育中培养计算思维的关注度日益提升。鉴于计算思维培养的重要性与 STEM 教育的契合性，本丛书专门撰写了《STEM 与计算思维》一书，提出了"STEM+ 计算思维"项目设计与实施模型，通过丰富的案例来阐释将计算思维应用于 STEM 教育的实践路径。

此外，国际上多项研究也关注了在 STEM 学科中培养学生的多元读写能力（Savva，2019；Vartiainen 等，2020），而基于学生讨论的教学也是 STEM 教育的重要教学方式，能够让学生进行积极的思辨和文化理解，进而有助于培养学生的批判性思维和多元读写能力。

### 8. STEM 教育中创新教学方式的组合

STEM 教育与 OECD 提出的六种创新教学方式集群具备高度的契合性。

在 STEM 教育实践中，采用不同的教学方式进行组合，让它们相互促进和加强，从而创造性地实现多种不同的教学目标。下面将通过具体的案例来阐释 STEM 教育中不同创新教学方式的组合。

（1）组合一：游戏化 + 具身学习 + 计算思维。

信息与通信技术和设计之间有着密切的联系，使得游戏化、具身学习和计算思维能够在 STEM 学习项目中组合起来。例如，泰国国王科技大学的 Bawornsak Sakulkueakulsuk 等人开发和实施了面向七到九年级学生的 STEM 课程（Sakulkueakulsuk 等，2018），学生要通过为期三天的课程，设计并制作一个能够对杧果进行质量等级鉴定的 RapidMiner 程序，学生用编程语言编写程序，并进行基于机器学习分类问题的游戏挑战和比赛，即创造一个以创造力和设计为核心的人工产品（程序设计和制作），同时使用计算思维（编程）和游戏化学习（玩和比赛）。

---

### 案例：杧果质量等级鉴定程序制作课程

◆ 课程背景

人工智能（Artificial Intelligence，AI）是计算机科学的重要领域，既是未来重要的教育工具，也是能创造性解决各种社会问题的重要力量。机器学习就是人工智能的一个重要领域。本课程让学生通过使用游戏化机器学习来解决泰国农业领域的真实任务挑战。学生通过利用科学工具和方法收集数据，测量杧果的特征自变量，如果实长度、颜色、柔软度、每个杧果的浮力等，建造数据集，设计和制作了 RapidMiner 程序（一种基于用户界面的软件，允许用户通过拖放模块来构建机器学习模型），并用其来进行杧果等级的鉴定，包括杧果的外观、甜度等。课程为期三天，共有 84 名七到九年级的中学生参与。学生以游戏化的方式参与任务挑战，每完成一个任务就会获得相应的积分。

◆ 课程内容

课程内容和任务挑战共分为三个阶段。

（1）第一阶段：杧果甜度测试。此阶段，学生要熟悉机器学习和掌握 RapidMiner 的使用，提出一个可以预测杧果的甜度的机器学习模型。学生分组观察杧果皮的颜色与纹理、水果的柔软度以及更多的物理特征，构建一个数据集，并测试、修订数据集和模型。具体如图 4-3 所示。

---

图4-3　学生检查杬果并为机器学习模型创建数据集

（2）第二阶段：杬果质量测试。学生要完善数据集来预测杬果的质量等级，将甜度等多个杬果的特征整合到一个数据集中，并尝试对杬果的等级进行分类。

（3）第三阶段：杬果竞拍。该课程的第三阶段侧重于将机器学习应用到实际市场中。教师设立了三个市场来竞拍杬果，学生要根据自己的机器学习模型用最划算的积分竞拍到质量最好的杬果，最终得分最高的小组获胜。

◆课程评价

为了评估课程效果，研究人员通过两组自我评估问题评估了学生的学习成果。第一组自我评估问题侧重于与普通课堂相比学生在课程中的学习体验（乐趣、参与度、互动），第二组自我评估问题侧重于采用新的学习和思维过程，以及他们对将新技术解决方案与社会环境相结合的意识及态度。

◆学习结果

绝大部分学生小组都建构了准确率合格的机器学习模型。学生对项目的满意度较高，在项目中通过将计算机科学知识与农业知识相结合，学生在跨学科思维和未来思维方面变得更加自信，认识到将人工智能等技术解决方案整合到农业等社会环境中的重要性。

（2）组合二：混合式学习＋体验式学习。

体验式学习是STEM教育的基本教学方式，尤其是项目式学习，具有高度的实践性。线上线下相结合的混合式学习更适用于数字化转型期和后疫情时代的STEM教育实施，并且有助于促进教育公平的实现。全球多个国家都在探索和实践混合式的STEM教育，例如美国的北卡罗来纳虚拟公立学校（NCVPS）就开发了线上线下相结合的混合式STEM课程（Weiss等，2014）。这些混合式STEM课程由当地教师在传统学校环境下，借助在线合作的教师和在线材料的支持实施。每个混合式学习课程都由一系列基于项目的学习单元组成，在项目学习中学生运用课程中的概念去解决具有挑战性和复杂性的问题。基于项目的学习会帮助学生加深对概念和技能的理解，同时还能够掌握重要的工作技能（如团队合作）和终身学习习惯（如毅力）。混合式学习也能够实现为低收入地区或师资薄弱地区的学生配备高素质的 STEM 教师，促进优质教育均衡发展。

混合式 STEM 课程中的管理工作是课程实施的难点，NCVPS 会在课程实施前为学生提供相关的学习和指导材料。图 4-4（Weiss 等，2014）呈现了该校学生的 STEM 混合式学习经验流程图，对于设计和管理混合式 STEM 课程具有参考和借鉴意义。

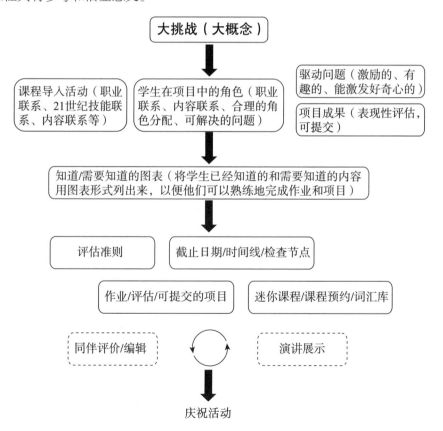

图 4-4　美国北卡罗来纳虚拟公立学校学生的 STEM 混合式学习经验流程图

**案例：美国北卡罗来纳虚拟公立学校的混合式 STEM 课程**

美国北卡罗来纳虚拟公立学校成立于 2007 年，是北卡罗来纳州的官方在线学校，面向全州各地的学生提供高质量在线课程，并与试点学校合作开发混合式课程。截至 2018—2019 学年，该校的注册人数已经超过 58000 人。该校课程全部由具备北卡罗来纳州教师资格认证的教师来教授。

该校向学生提供 150 多种课程，包括先修课程、选修课、传统课程、荣誉课程、核心课程、STEM、职业课程、弹性学习和英语学习者课程。该校与多所试点学校合作开展了混合式 STEM 课程。当地教师在传统学校环境下，借助在线合作的教师和在线材料的支持进行课程实施，支持学生学习在线的虚拟课程和掌握线下的实践内容。在该课程教学中，学生会使用现代数字工具，教师则采用创新的教学策略，如基于项目式的学习。

混合式 STEM 课程的每个单元都会引导学生通过扩展的探究过程，来解决一个复杂的问题或挑战，旨在与美国国家工程院重大工程挑战的部分内容保持一致。在 STEM 课程开始时，教师会向学生介绍项目的驱动问题、评价标准和指导方针，并让学生签订小组合作合同，以便提高团队的学习和工作效率。项目开始时会对学生进行预测试，评估学生的先验知识，促进教学的个性化，并为学生提供项目相关的资料预览。在整个单元中，学生以团队和独立的方式学习并应用完成项目所需的知识与技能。

美国北卡罗来纳虚拟公立学校的混合式 STEM 课程是与试点学校合作开发的，合作内容包括虚拟交互模型的教学方法、对线下面授教师的支持工作、确定那些具有学业失败或学习不足风险的目标学生群体。课程开发的方法是从结果或期望开始倒推，然后课程开发者开始规划评估项目，以呈现学生已达到的水平。最后，加入课程、检查节点和其他课程组成部分，以帮助学生完成和交付项目。所有学习体验或单元都是在首次开课之前设计的。课程开始后，面对面教师和在线教师会共同完成课程计划和实施。例如，通过每周同步协作会议，教师能够讨论本周教学改进方法和策略，以及后续的教学计划等。

### （三）学习场景变革

在《学习场景的革命》一书中，索恩伯格将学习场景分为四类：营火（一对多）、水源（多对多）、洞穴（一对一）和生活（在实践中学习）。（索恩伯格，2020）索恩伯格认为，学生坐在固定的座位上，听着相同的课程，完成着相同作业这种"工厂化"的教学模式会扼杀学生的创造性，不利于学生个性的发展，而要想让学生积极参与到教学活动中来，这四大教学场景缺一不可。

第一个场景是"营火"（campfire）。这一场景如同在野营时有经验的长者生起一把火，给围坐在营火周围的人讲故事。其中，生火者代表知识的权威，即教师，而周围的学生则主要通过听讲、做笔记来学习。从小学到大学的学习生涯中，这种团体教学场所是最常见的一种，教师是课堂的主导者，决定着学习的内容和方式，学生只能被动地完成教师安排的学习任务。经过了上千年的演变，以教师讲授包括教材在内的材料为主的教育模式却逐渐强化。这种由一个讲台、一张黑板（或电子白板）和几排课桌组成的教育场景加固了讲授法在教学方法中的主导地位。但在营火场景中的教学并不等同于"填鸭式"教学。一方面，教师不应将信息一股脑全抛给学生，而应向学生提供恰到好处的信息量以及平台，引导他们自主搜集所需的材料；另一方面，应以驱动式问题（driving questions）激发学生的学习兴趣，引发学生开展项目、独立探索、深入研究。

第二个场景是"水源"（village well）。水源则是代表通过对话来学习的场所，如学生在课间休息时会自发地组成三三两两的小群体展开随机的讨论。在营火场景中，学生通常都面朝讲台成排坐着，很难有对话的机会，而水源恰好为营火提供了补充，大家可以产生思维的碰撞，接触到新的思维方式，从而加深对已有知识的理解，开辟出新的思维路径。在听完一堂课或一个知识点后，学生会自发地想要与同龄人之间交换想法、深入探讨，但这种机会一般会受到课堂时间和空间的限制。

第三个场景是"洞穴"（cave）。这个场景是自己与自己对话的过程，独自阅读、查阅资料、整理笔记的过程都发生在洞穴场景中。这种单独的思考在学习中也是非常必要的。皮亚杰的认知建构理论认为，知识的来源可能是演讲或交谈，但认知的建构是一个内化的过程，归根结底来源于学习者在知识的基础上不断进行实验和反思，从而将知识内化吸收。在互联网时代，学生每天会看到、听到海量的信息，当学生从这些信息中获取意义并转化成自己的理解时，需要在洞穴场景中开展反思式学习。当然，处在可供独立学习环境中的学生并不是漫无目的地思考，教师要为学生提供反思的素材和方向，当学生在洞穴中无法独立解决问题时，便可以走出洞穴，和同学探讨（水源）或向老师请教（营火）。

第四个场景是"生活"（life）。在该场景中，把在前三个场景中学到的东西应用到实践中。一味地纸上谈兵而不躬身实践会加剧学习与现实之间的割裂，因此当学生能动手制作出实物作品，将理论应用于实际时会形成对知识和技能的完整思维框架。这一场景有时也被叫作山顶，即自己带着所有的知识去登山，去实践。实践的方式有很多，关键在于为学生提供建构式的学习场景，如为学生提供自由探索、独立实验的机会，营造创客空间，供学生动手将想法转化为手工成品。

学校的学习场景包括学校建筑和空间设计，反映着学校的育人目标和方式。《中国未来学校白皮书》提出，未来学校所需的学习空间要满足集体授课、小组讨论、个性化学习、展示、表演、游戏、动手做、种植养殖、运动等方式，其中既包括正式学习也包含非正式学习（王素 等，2016），且这些学习方式需在以上四种场景中进行。

传统的教育模式仍以"营火"为主，未来，STEM教育的本质特征将成为教育场景变革和完善的催化剂。首先，"营火"场景的主要优势在于能高效传授系统的学科知识，STEM教育虽是一种以跨学科为主要特点的教学方式，但学科知识的学习能够帮学生在开展跨学科学习前做好知识准备。其次，

STEM 教育主要通过项目式学习培养学生的问题意识、创新精神和科学素养，而项目式学习模式要求学生在群体协同中相互帮助、合作交流，从而解决问题，完成群体性知识建构，因此"水源"场景在 STEM 教育中必不可少。再次，STEM 教育强调在用跨学科思维解决问题后进行反思迁移，在"洞穴"中，学生有机会深入加工知识并进行自我反思，从而为开展深度学习、发展高阶思维能力提供了可能。最后，STEM 教育具有的情境性和体验性等特征，需要"生活"场景的支持，学生通过解决现实生活中的问题、在实践中将抽象知识与实际生活联系起来，从而使学习不再是纸上谈兵。

在未来学校中，学习场景也将为未来教育所要求的学习经验服务。《中国未来学校白皮书》提出，教育场景应满足学生开展个性化和自定进度的学习、可及性和包容性学习、基于问题和协作的学习、终身学习和自驱动的学习的需要。由于教育 4.0 时代以智慧教育为主要特征，它的到来也将以技术推动学习场景的变革，具体包括物理空间和虚拟空间两方面。一方面，需要对学校内部的物理空间进行改造，打破原有工业化的线性设计（如图 4-5 所示），构建多样化、灵活的学习社区（如图 4-6 所示），为学生提供丰富多样的学习场景。另一方面，技术将使得教育突破学校围墙的限制，新的教与学方法以及虚拟空间的出现导致"教室"这一概念最终演变为"学习空间"（learning space）。（Oblinger，2004）借助网络视频技术，学生能实现与教师跨越物理空间的"面对面"交流，虚拟现实技术可以让学生以第一视角来体验知识，获得更全面、鲜活的知识体验，虚拟仿真实验环境能扩大学生参与实验的机会，降低实验投入。（孙志伟 等，2019）由于 STEM 教育主要以项目式学习开展，且十分重视学生间的相互协作，因此，在对 STEM 学习空间进行设计时不能忽视这两大要素。下面的案例"小学 STEM 学习空间设计"就是以 STEM 教育的需求为出发点进行的空间设计（Swagerty 等，2019）。

图 4-5　线性布局的学习空间

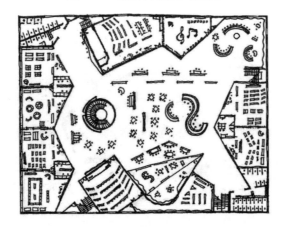

图 4-6　非线性布局的学习社区

**案例：小学 STEM 学习空间设计**

　　图 4-7 是某小学 STEM 教室的平面设计图。图中，西侧墙有两个工具柜，用于存储项目式学习所需的各种工具。中间有一个工作台，供学生完成设计。这片区域前有张大地毯，学生可以在此聚集，以相互展示他们的作品。北侧的书架主要用于展示学生作品，旁边的工作区不再是成排的座椅，而是方便学生交流的四人桌。南侧靠墙的储物架用于存储项目的相关材料，电脑桌区的六台电脑供学生进行调查和设计。在这样一个复合型的学习空间内，学生既可以在教师的指导下开展项目设计，也可以方便地与同学进行交流合作，也有机会接触到课堂以外的丰富的教学资源，是四大场景应用的综合体现。

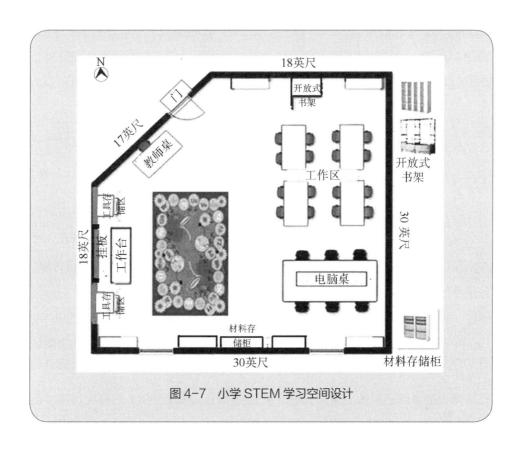

图 4-7　小学 STEM 学习空间设计

# 三、微观层面：STEM 教育在人才培养中的作用

　　STEM 教育在国家战略、教育改革中作用的发挥归根结底依赖于对个人 STEM 素养的培养。STEM 既是推动国家经济和社会发展的重要动力，又是培养学生核心素养的关键渠道，同时也是学习者实现个人价值、增强适应未来

社会能力的重要保障。因此，STEM 教育是数字化转型期人才培养的重要途径，其在人才培养中的作用主要表现为培养创新人才、培养未来劳动力、提升核心素养和激发学习兴趣。

## （一）培养创新人才

创新人才是国家核心竞争力所在，而创新人才的培养则是我国突破国际竞争力瓶颈的重要方面。早在改革开放之初，邓小平同志就十分强调创新和人才的重要性，他在 1985 年全国科技工作会议上的讲话中指出："改革经济体制，最重要的、我最关心的是人才。改革科技体制，我最关心的，还是人才……要创造一种环境，使拔尖人才能脱颖而出，改革就是要创造这种环境。"（邓小平，1993）2021 年，习近平总书记在中央人才工作会议上强调："把培育国家战略人才力量的政策重心放在青年科技人才上，支持青年人才挑大梁、当主角。要培养大批卓越工程师，努力建设一支爱党报国、敬业奉献、具有突出技术创新能力、善于解决复杂工程问题的工程师队伍。"

在世纪之交的世界变局中，国际组织和各国都不约而同地把培养创新人才作为改革的主要目标之一。联合国教科文组织在 1996 年的报告《教育——财富蕴藏其中》中指出"教育的任务是毫无例外地使所有人的创造才能和创造潜力都能结出丰硕的成果"，并认为这一目标比其他所有目标都重要。（联合国教科文组织总部中文科，1996）美国国会在 2006 年发布了《美国竞争力计划：在创新中领导世界》报告，指出政府投入 1360 亿美元的经费，用于构建科技与教育的宏伟蓝图。该报告的核心为加大对教育与研究的经费投入，全力促进研究的开发、创新和教育的发展，从而提升国家的核心竞争力。（中国教育科学研究院，2017）日本临时教育审议会在第二次审议报告中提出了 21 世纪的教育目标，把丰富的创造力作为未来人才素质的重要内容之一。20 世纪末，法国也采取了一系列举措提高国家的创新能力。1998 年召开的科学与技术创新会议上，要求高等学校与科研机构、企业一起为法国的技术创新做出贡献。此后，法国国民教育、研究和技术部部长阿莱格尔又主持召开了大学改革研讨会，并与大学校长联席会签署了一份共同声明，指出智慧与创新处于社会发展的中心，大学应鼓励创新、负责与协商精神，一方面通过创新取得研究突破，另一方面在创新和研究活动中培养具有创新精神的人才。（刘宝存，2003）

当前，创新人才的培养作为世界教育改革的方向标已是大势所趋，我国在创新人才的培养上取得了可喜的进步，但创新人才的质量和数量与发达国家之间仍存在着一定的差距。根据 2021 年全球创新指数（Global Innovation Index）数据，在全球 132 个经济体中，我国创新指数综合排名第 12，在中上等收入群体中位列第一，但高等教育排名 83，每百万人员中研发人员数量排名第 45。（World Intellectual Property Organization，2021）因此，我国在提高高水平人才质量和扩大高技能人力资源规模方面，仍有很大的提升空间。

STEM 教育作为一种以解决问题为导向的跨学科的课程组织方式，是培养学生实践创新能力的重要渠道。（中华人民共和国教育部，2017）一方面，以解决问题或项目式为主的学习方式能让学生处于开放式的情境中，在面对没有固定的答案和思路的问题时，能丢掉结构良好问题中明确的初始状态和目标状态这些"学步车"，从而启用自身的创造力和想象力。另一方面，STEM 教育倡导的开放生成、团结协作、寓教于乐的原则将有助于营造鼓励创造的学习氛围，提升学生的兴趣，增强信心。（Fleith，2000）周榕和李世瑾通过分析国内外 42 项关于 STEM 教育对学生创造力影响的实验并进行量化统计发现，总体而言，STEM 教育能整体提高学生的创造力，且 STEM 教学持续时间越久，创造力培养效果越明显。（周榕 等，2019）

在此背景下，各国也纷纷将 STEM 教育写进国家人才战略中，用 STEM 教育武装新时代人才。美国发布了名为《培养下一代科学、技术、工程和数学杰出创新人才——选拔和培养美国人力资本》的报告，推动美国 STEM 杰出创新人才的甄别、选拔和培养工作。2015 年，澳大利亚联邦及各州和地区教育部长在教育委员会会议上签署了《STEM 学校教育国家战略 2016—2026》

（*National STEM School Education Strategy 2016—2026*），旨在采取国家行动，改进澳大利亚学校的科学、数学和信息技术教学与学习。我国 2017 年发布的《中国 STEM 教育白皮书》中提出，将 STEM 教育作为科教兴国的新突破点，推动教育创新，改革人才培养模式，加强创新人才和高水平技能人才培养。（中国教育科学研究院，2017）

## （二）培养未来劳动力

我国 30 多年的教育改革和发展培养了一支以适应工业经济发展需要为导向的劳动力队伍，而如今的挑战转变为推动中国的人才培养模式转型，提升劳动力技能水平，使之能够适应后工业经济时代对创新和数字化的需求。据麦肯锡公司预测，到 2030 年，多达 2.2 亿的中国劳动者（占劳动力队伍的 30%）可能因自动化技术的影响而变更职业（麦肯锡全球研究院，2021）。而我国要实现到 2050 年人均 GDP 达到高收入经济体的 70% 的目标，则需要积极探索提升劳动者素质和技能的方式。《中国科技人才状况调查报告（2019）》显示，2019 年我国每百万人中研发人员的数量是 2011 年的 1.6 倍，近年呈现出持续增长的态势。但这一指标较发达国家仍然相去甚远。总体上来看，我国科技人才队伍结构有待优化，高端科技人才缺乏的问题仍然突出。（中华人民共和国科学技术部人才中心，2020）

当前，我国经济社会正面临劳动力转型以及科技人才短缺的情况。根据 OECD 公布的 2018 年 PISA 结果显示，15 岁中国学生的科学和数学成绩均位列全球第一，虽然我国学生的科学和数学成绩突出，但是只有 25% 的学生希望 30 岁时能从事与科技相关的职业，而 OECD 的平均值为 32%。（OECD，2019）职业期望是学生未来获得学位和职业选择的重要预测因素之一，而这一数据结果也预示着我国未来的科技劳动力市场中将有大量的人才流失。由于我国当前的教育模式大致处在教育 2.0 向教育 3.0 过渡的阶段，为保证未来我国科技人才市场的充足供给，以 STEM 教育促进教育系统的深层变革，预防"STEM 管道"的泄露，提高未来劳动力的质量迫在眉睫。

国际上，《欧洲商业》杂志曾指出："今后缺少具有 STEM 技能的劳动力是欧洲经济发展的主要阻碍。"（Business Europe，2011）2014 年，英国皇家学会颁布了《科学与数学教育愿景》，为英国未来 20 年的教育改革绘制了路线，其中的建议包括将科学与数学教育延长至 18 岁以及培养学生的 STEM 职业意识。（The Royal Society，2014）为提高未来劳动力的创新能力，解决科学家和工程师短缺的问题，荷兰科学与教育部实施了"Delta 计划"，主要通过协作平台为学校、机构、培训中心、大学和商业界提供合作的机会，并为不同层次和不同类型的学校提供适合的 STEM 教育。（Forsthuber 等，2011）欧盟各国除制定国家策略以外，还建立国家和当地 STEM 教育中心作为实施政策的主要途径，已有三分之二的欧盟国家建立了国家层面的 STEM 教育中心。通过 STEM 教育中心建立网络平台促进教师、行业代表和当地 STEM 组织合作，持续推进 STEM 教育，促进 STEM 学习和交流，提高教学质量和学生的创新能力，把科学教育的理念嵌入国家文化中，从而为国家输送具有 STEM 技能的劳动力。

## （三）提升核心素养

在教育 4.0 时代，全球教育目标都指向"核心素养"的发展。STEM 教育的主要目标是培养学生的 STEM 素养，由于 STEM 素养是核心素养的重要组成部分，STEM 教育也将担负起提高学生核心素养的重要责任。

自 20 世纪 90 年代以来，各国际组织纷纷展开有关核心素养的研究工作。联合国教科文组织在《教育——财富蕴藏其中》报告中提出了"21 世纪社会公民必备的基本素质"，包括四大支柱：学会求知、学会做事、学会共处以及学会生存。（联合国教科文组织总部中文科，1996）这四个"学会"回答了

21 世纪需要培养什么样的人这个根本性问题。2004 年，联合国教科文组织出版的《发展教育的核心素养：来自一些国际和国家的经验和教训》中对核心素养进行了初步定义，将素养（Competence）定义为：为实现个体的、集体的和全球的发展期望，能够调动和有道德地使用知识与技能、态度与价值观以及技术来有效参与的发展性能力。而 STEM 素养则是与 STEM 相关的知识、技能、态度和价值观（UNESCO International Bureau of Education，2019）。OECD 于 1997 年开始启动了 21 世纪核心素养框架的研制，并于 1998 到 2003 年期间开展了"素养的界定与遴选"项目，以 PISA 等国际评估项目的统计数据为证据支持，最终于 2003 年发布了《未来成功人生和健全社会的核心素养》报告，提出了 OECD 核心素养框架。

在借鉴国际上核心素养框架并结合中国现代化发展需求的基础上，我国 2016 年 9 月发布的《中国学生发展核心素养》中凝练出了人文底蕴、科学精神、学会学习、健康生活、责任担当、实践创新六种核心素养，是创新、理性、民主、合作、自主等精神的外显行为表现，既反映了国际国内社会发展的客观要求，也反映了 21 世纪中国人的现代化、国民性改造的内在要求。（褚宏启，2016）

不论是国际上还是国内核心素养的提出，都是为了应对 21 世纪知识经济、全球化、信息化时代所面临的挑战。STEM 教育在被实践的过程中也紧跟时代步伐，将现代化的必备技能融入 STEM 框架中。例如，美国的《STEM 教育——北极星计划》中着重阐述了将 STEM 教育融入"计算思维"，这是新时代公民素养之一（李科震 等，2019）；苏格兰在定义 STEM 时将"数字技能"作为一个新要素加入 STEM 中，作为其他四门学科的基础（The Scottish Government，2017）。信息化时代要求学生具备高水平的"信息素养"，不仅包括掌握计算机方面的知识，更在于能高效获取、甄别、运用信息，能对科学与技术中所包含的数据进行分析和处理，并利用计算思维解决问题。同时，国内外给予高度重视的核心素养如创新能力、科学精神、批判性思维、问题解决能力的培养与 STEM 教育的核心价值相契合，因此 STEM 教育是发展学生核心素养的重要载体。此外，STEM 教育不仅对于"文化基础"有一定的贡献，也将"自主发展"和"社会参与"等方面的核心素养贯穿教学过程始终。例如，STEM 教育的主要教学方式是基于问题情境的项目式学习，它要求学生在小组合作中共同解决问题，从而发展自主学习能力和交流协作能力；学生在项目式学习中运用知识和技能解决来源于社会生活中的问题，能在学习中获得公民责任感和使命感。

## （四）激发学习兴趣

教育的价值取向发生了从"知识本位"和"学科本位"向"人本位"的转变，主要在于更加重视人的主观能动性和兴趣。学习兴趣作为一种内部动机对学生的学业成就有正向的预测作用，对某学科有兴趣的学生今后选择相关课程或职业的可能性也更大。（Springate 等，2008）此外，具有学习兴趣的学生更倾向于将学习看作一件有趣的事，而非一项被迫参与的任务，因此激发学生的学习兴趣也能提升学生的幸福感。已有实证研究表明，STEM 教育能提高学生学习 STEM 学科的兴趣，从而对 STEM 职业有更积极的态度。（Yavuz 等，2021）个体的兴趣作为一个中介变量在教育环境和学生的 STEM 职业期望之间起到部分中介作用（邓宗祥，2020）。学生从中学阶段学习 STEM 学科到最终形成 STEM 职业期望需要经历一个复杂且动态的过程，学校教育这一背景因素对学生职业选择的影响则主要通过将兴趣转化为目标，最终再将目标转化为该行为的能力和愿望实现。（龙立荣 等，2002）

探索培养学生对 STEM 学科兴趣的方法成为国内外 STEM 教育的热点话题。由于数学和科学知识相较于其他学科更为抽象、复杂，需要较强的逻辑思维和理解力，因此学生容易觉得数学和科学枯燥难懂，因而逐渐失去学习兴趣。而 STEM 教育的一些教学方式就是专门针对这一问题而提出的。例如，游戏化学习采用游戏思维和游戏机制吸引学习者，根据学习者的特征采用游戏化策略，从而提高学生的学习兴趣和学习动机。2010 年美国总统奥巴马在白宫启动了全国 STEM 游戏设计大赛，旨在激发美国学生对数学、科学、技术和工程领域的热情。德国《德累斯顿决议》将 MINT 教育（即英语中的 STEM 教育）列为教育发展重要目标，提出"必须加强少年儿童对于 MINT 领域的兴趣，以适当的举措在中长期应对目前已经出现的技能劳动力缺乏的问题"。

以游戏化为主的教学方式在 STEM 教育研究中逐渐得到了关注，下面介绍两个 STEM 教育与游戏相融合的典型案例（刘绮君，2020），以供参考。

---

### 案例一：模拟城市

广州市南武中学打造了三个高标准的智能实验室，为学生提供丰富多样的 STEM 课程。在 STEM 课程"模拟城市"中，学生利用"模拟城市"游戏开展游戏化学习，内容涉及生态环境、垃圾处理、土木工程等方面的问题，学生需要运用综合知识进行全方位多维度思考才能完成游戏设置的任务。基于"模拟城市"的 STEM 课堂涵盖了数学、地理、生物、建筑等多个学科的知识，让学生在游戏情境中建构对跨学科综合性知识的理解，提高创新能力和复杂问题解决能力，是游戏化学习应用于 STEM 教育的典型案例。

### 案例二：我的世界（Minecraft）

Minecraft 是一款风靡全球的沙盒游戏，于 2016 年 9 月正式推出了教育版产品 Minecraft: Education Edition。在尚未推出教育版产品之前，就有许多老师将游戏引入了课堂，学生可以在游戏的三维空间中自由地创造和拆散不同种类的方块，建造具有创意的建筑物，甚至可以创造都市和世界，以此向学生传递地理、数学、物理、设计、建筑等跨领域知识。Minecraft 教育版支持 30 人以内的班级协作，软件中会记录学生在游戏中的学习行为数据，为进行科学的学习评价提供基础，因此更加适合引入课堂。例如，学生在虚拟的游戏空间中可以选择热带雨林场景体验搭建房屋的乐趣，考虑地形、气候、资源等各方面的问题，从中习得地理、生物、物理、数学、建筑学等多个学科整合的知识。

---

# 本章回顾与反思

## 本章小结

本章介绍了在由工业 4.0 推动的数字化转型中，STEM 教育在宏观、中观和微观三个层面的作用，用丰富的研究证据阐述了 STEM 教育在国家战略、教育变革与人才培养中的重要意义和作用。

## 要点梳理

1.STEM 教育已经被全球多个国家上升到国家战略层面，在促进经济发展和维护国家安全方面具有重要作用。

2.教育 4.0 时代的教育目标、教学方式和学习场景都发生了重大变革，STEM 教育在这三个维度的变革中起着关键的作用，是实现教育 3.0 向教育 4.0 变革的重要途径。

3.教育 4.0 时代的人才培养需求发生了重大变化，STEM 教育能够培养创新人才，培养未来劳动力，提升核心素养，激发学习兴趣，是帮助学习者实现个人价值、适应未来社会的重要保障。

## 本章思考问题

随着教育部颁布《普通高中课程方案（2017 年版 2020 年修订）》和《义务教育课程方案( 2022 年版 )》，跨学科教育成为新一轮课程改革的热点和难点。请思考 STEM 教育在我国新一轮课程改革的跨学科教育的实施中能够发挥什么作用。

# 第五章　全球STEM教育实践案例

在数字化转型背景下，全球多个国家已经开始全面发展STEM教育。本章将介绍和评析不同类型的STEM教育实践案例，包括学校STEM教育实践案例、家庭STEM教育实践案例、校外STEM机构中的STEM教育实践案例以及基于STEM学习生态系统的STEM教育实践案例，旨在为中国从事STEM教育的同人提供借鉴。通过本章内容，读者将了解全球范围内不同类型的优质STEM教育是如何开展和实施的。

本章学习目标：

1. 了解学校、家庭、校外机构以及基于STEM学习生态系统的STEM教育的特点。

2. 读懂四种不同类型的十六个STEM教育实践案例。

3. 从全球STEM教育实践案例中获得对中国STEM教育的启示。

教育数字化转型的重要内涵之一即为培养学生的创新能力与解决问题的能力，STEM 教育的重要性无须赘述。在第四章中，我们从宏观、中观到微观层面了解了 STEM 教育在国家战略、教育改革和人才培养中的作用。那么，我们应该如何开展 STEM 教育？围绕这一问题，本章将分别介绍与评析学校、家庭、校外机构以及基于 STEM 学习生态系统的 STEM 教育实践案例。希望通过对四种不同类型的十六个 STEM 教育实践案例的解读和评析，读者能够了解如何开展 STEM 教育并从中获得一些启示。

# 一、学校 STEM 教育实践案例

STEM 教育的优越性在国际上已经得到普遍认可，成为多个国家培养未来国家建设者和保持国家竞争力的战略选择。（李佳，2019）因此，STEM 教育被纳入学校教育之中，许多国家或地区也由此陆续开展并逐渐完善学校 STEM 教育。

那么，学校 STEM 教育有哪些特点？以澳大利亚中小学 STEM 教育为例，其具备紧密联系课程、体现跨学科属性等特征。澳大利亚中小学 STEM 教育通过挖掘课程内容的"留白"部分，基于课程内容设计项目活动，在项目活动内容中引入新技术或者采用新活动形式，以问题为驱动开展学习过程，使得 STEM 教育更具趣味性。受建构主义学习理论的影响，澳大利亚中小学的 STEM 教育除了具有以学生为中心、鼓励合作、倡导探究体验等属性，还将社会问题、科学道德问题和热点的科学问题引入活动当中（首新 等，2017），更具情境性。此外，澳大利亚以鼓励 STEM 人才积极投入到经济建设等领域为背景，在中小学 STEM 教育活动中引入人文、经济等领域的相关内容，提倡突破单纯科学、技术、工程和数学的融合教育的新型 STEM 跨学科教育项目。

随着教育改革的不断深化和发展，我国逐渐意识到 STEM 教育是科教兴国的新突破点，可以"推动教育创新，改革人才培养模式，加强创新人才和高水平技能人才培养"（中国教育科学研究院，2017）。近年来，我国不少基层学校已经先期开展了 STEM 教育实践，使以学生为主体的学习、小组合作以及基于项目式学习的现代教育理念真正地深入人心。（徐明，2019）然而，在我国学校 STEM 教育实践中，科学知识分科化和静态、被动接受的传统学习方式等因素，使得 STEM 教育项目呈现孤立学科化、资源形式文本化、实施方式讲授化等问题。（黄志红，2020）

总的来说，各国学校 STEM 教育的开展受各自国家的教育策略影响，并基于不同的国情和教育方式等有着自身的侧重点。尽管关注点不同，学校 STEM 教育的核心是通过不同层次的课程及活动，引导学生综合运用各科知识，以提升他们的全面思考能力和协作式问题解决能力。本节将介绍四个不同主题下的学校 STEM 教育实践案例，并从课程目标、课程知识、课程活动以及课程评估四个维度，结合我国学校 STEM 教育的实际情况予以评析。

## （一）案例一：纸飞机中的工程设计

### 1. 案例介绍 [①]

"科学伙伴"（Science Buddies）是一个公共慈善机构，以通过实践 STEM 探索来启发和教育所有年龄段的学生为使命，面向广大师生，提供免费

---

[①] 案例来源：https://www.sciencebuddies.org/teacher-resources/lesson-plans/paper-airplane-engineering-design#reviews。

的在线资源。该机构通过提供高度个性化的教育体验，为学生设计一系列生动有趣的 STEM 探索活动，旨在推动学生在 STEM 学科中的发现、参与和学习。针对不同年级和学科，该平台分享了多种多样的 STEM 教学主题，囊括了物理科学、生命科学、工程、数学与计算机科学等。不仅如此，师生还可在该平台订购相关的 STEM 教学配套工具。该机构每年向超过 1900 万学生、家长和教师提供能够激发对 STEM 学科好奇心的资源。本学校 STEM 教育案例即选自该平台分享的 STEM 教育案例。该案例针对的主要是三至五年级的学生，在活动中，教师扮演订购纸飞机的客户，学生制作相应的纸飞机，让学生学习工程设计。

课堂案例"纸飞机中的工程设计"（Defining an Engineering Design Problem with Paper Airplanes）的学习目标主要分为三大类，即科学与工程实践（提出和定义问题）、学科核心概念（工程问题的定义与界定）和跨学科概念（科学、工程和技术对社会与自然世界的影响）。教师准备教学材料，例如 A4 纸、剪刀、磁带、回形针和卷尺等，以教师扮演订购飞机的客户、学生分组形成飞机制造商，为满足客户要求制作纸飞机为情景导入，根据客户的不同标准制作相应的飞机并验证其是否符合标准。该课堂案例设置了三个好飞机的标准，即飞行距离最远的飞机、飞机是可靠的和飞机是容易制造的（即在最短时间内制造相应数量的飞机）。每组学生积极参与，共同设计制作，教师引导、鼓励学生通过投掷飞机来测试他们的设计。最终每个小组向全班展示他们的设计并解释这样设计的原因。此外，该课堂案例还设置了拓展活动，让学生测试并重新设计，以达到最佳标准。

## 2. 案例评析

该案例的评析以该实践案例选用的美国《新一代科学教育标准》为依据，从课程目标、课程知识、课程活动以及课程评估四个维度展开，评析结果如表 5-1 所示。

表 5-1 "纸飞机中的工程设计"案例评析

| 评析维度 | 具体评析 | |
|---|---|---|
| | 课程案例评析 | 课程标准评析 |
| 课程目标维度 | 该案例设计了三个目标,分别是了解好飞机的标准、设计并制造飞机、知道好飞机的特点。在践行目标的过程中,学生通过观察学习和交流讨论,自主了解好飞机的标准,并在多次实验中完成设计与制作纸飞机。从整个实验过程的设计到课程相关知识平均数的应用,学生学会团队交流合作,并将该知识与工程设计结合,促进自身的全面发展。 | 在美国《新一代科学教育标准》中,学科核心概念部分要求学生明晰科学中的关键概念,科学与工程实践部分要求学生进行实践,以建立、深化对于学科核心概念和跨学科概念的认识。该案例将其运用于课程中,给出好的纸飞机的标准,让学生不断实践,制作符合标准的纸飞机,以此培养学生解决问题的能力。 |
| 课程知识维度 | 该案例不直接讲授知识内容,而是在实践过程中引导学生通过不断实验纸飞机的制作,掌握纸飞机的折角角度、长度、宽度以及重量等,这不仅涉及物理学科的知识,还包括机械等方面的内容。在这个过程中,学生通过不断实践,逐渐掌握纸飞机制作的各要素之间的关系,掌握纸飞机的结构,实现数学、科学和工程三个学科的融合。 | 在美国《新一代科学教育标准》中,跨学科概念旨在帮助学生探索不同科学领域之间的关系。当学生理解跨学科概念时,就可以建立连贯的、基于科学的对世界的看法。该课程将数学、科学和工程三个学科融合,是跨学科学习的经典案例。课程中,将飞机制作作为一个系统,通过制作系统模型,为学生提供理解跨学科概念的脚手架。 |
| 课程活动维度 | 该案例以活动为载体,在案例实施之初,教师提出问题,激发学生的学习兴趣。在活动过程中,学生自己深入理解知识、发现问题,寻找解决问题的办法,并通过实验完成任务,这能提升学生的自我效能感。活动最后,教师引导学生思考改变变量与飞机飞行的关系,培养学生进行批判性思考的习惯。 | 美国《新一代科学教育标准》提出,实践可以更好地解释和扩展科学中的"探究"及其所要求的认知、社会和亲历实践的范围,这里的实践描述了科学家在研究和构建有关自然界的模型与理论时所从事的行为,以及工程师在设计和构建模型与系统时使用的关键工程实践。在本案例中,学生通过与同伴共同学习和自己动手实操,能够更好地理解所学概念。此外,合作学习还锻炼了学生的协作和沟通能力。 |

| 评析维度 | 具体评析 | |
|---|---|---|
| | 课程案例评析 | 课程标准评析 |
| 课程评估维度 | 该案例中通过教师提问和学生回答，检测学生对知识的理解程度，鼓励学生进行复盘，回顾自己解决问题的过程和方法。同时，教师提供探索方向，让学生学习工程设计过程的其他步骤，更详细地了解整个工程设计过程。 | 通过评价，学生能够了解自己在学习上的优势和劣势，以及如何改进和自我规范，以便进入下一阶段学习。学生总结实践经验，通过思考和交流，既能够自评，同学间也可以进行互评，同时教师在课堂中也能够对学生进行及时的评价，从而体现美国《新一代科学教育标准》中要求的多元化评价方式。 |

## （二）案例二：回收材料中的机器人

### 1. 案例介绍[①]

　　"科学伙伴"（详细介绍见案例一）分享了丰富的在线免费 STEM 教学资源，从面向对象看，除案例一中面向小学阶段的师生，还面向中学阶段的师生。本案例选自"科学伙伴"机构中针对六到八年级学生的教学案例——"回收材料中的机器人"变废为宝，用可回收的材料制作机器人，让学生在学习工程设计相关知识的同时了解可持续发展的重要性，旨在让学生理解开路、闭路和短路的区别，并应用工程设计来反复测试和改进机器人。根据美国《新一代科学教育标准》，该教学案例的学习目标包括三大类，即科学与工程实践（参与基于证据的论证）、学科核心概念（设计可行的方案）和跨学科概念（因果关系、结构与功能）。

　　活动开始前，教师准备好教学材料，包括电机、5号电池、各种回收材料（纸板、塑料瓶等）、各种工艺材料（管道清洁剂等）、软木塞、剪刀、磁带、胶

---

① 案例来源：https://www.sciencebuddies.org/teacher-resources/lesson-plans/junkbots#lesson。

水和螺丝刀等。学生分成小组，教师引导，组装电路。电路组装完成后，小组画草图设计机器人，挑选准备好的可回收材料制造机器人的身体，再将电机和电池组连接到机器人的身上。通电，观察机器人的移动方式。根据观察结果，改进机器人的设计。在改进的过程中，教师通过提问题的方式引导学生，比如"某些设计或材料是否比其他设计或材料效果更好？我们可以对机器人做出哪些改变，以使它们能够直行？"等问题，促进学生思考。最后，小组进行自制机器人竞赛，看看谁制作的机器人跑得最快。活动结束后，教师引导学生总结与反思。例如，各个小组在测试机器人时遇到了哪些问题？他们是如何修改设计来解决这些问题的？哪些设计会使机器人跑得更快？哪些设计会使机器人以最直的线条运行？好的设计有什么共同之处吗？如果有更多的时间研究机器人，还需要进行哪些改进？在课堂活动中，教师应当以本课程主题为契机，与现实世界中的STEM相关工作建立联系，以激发或增强学生对STEM相关职业的兴趣。

## 2. 案例评析

该案例的评析以该实践案例选用的美国《新一代科学教育标准》为依据，从课程目标、课程知识、课程活动以及课程评估四个维度展开，评析结果如表5-2所示。

表5-2 "回收材料中的机器人"案例评析

| 评析维度 | 具体评析 | |
|---|---|---|
| | 课程案例评析 | 课程标准评析 |
| 课程目标维度 | 本案例的目标是学生利用废弃塑料制作机器人。在实践过程中，学生充分理解与电路相关的物理知识，并将其应用于制作中。该课程目标具有实践性，对学生有较大的吸引力，能够提高学生的学习兴趣，并促进其主动学习、思考，进而完成挑战任务。 | 该课程目标基于美国《新一代科学教育标准》的三个维度，即科学与工程实践、学科核心概念以及跨学科概念，通过工程设计，帮助学生了解关于电路、机械等方面的知识和技能，根据共同商定的设计标准来评估相互竞争的设计方案。 |

| 评析维度 | 具体评析 | |
|---|---|---|
| | 课程案例评析 | 课程标准评析 |
| 课程知识维度 | 该案例不仅涉及物理学科中的电路知识，还通过机械设计、动手实践，帮助学生掌握多个学科之间的关系，实现跨学科知识和技能的教学。 | 本课程基于美国《新一代科学教育标准》的跨学科概念，帮助学生理解原因与结果、结构与功能两种跨学科概念，在此基础上将各科学领域的知识相互关联。 |
| 课程活动维度 | 该案例设计的活动让学生自己发现问题，自己寻找解决问题的办法，并通过反复实践完成机器人的制作。在设计、制造和测试机器人的过程中，学生能够体验创造的乐趣，收获成就感，从而建构成功经验，进而增强学习的自信心。 | 课程活动基于美国《新一代科学教育标准》的科学与工程实践。实践可以更好地解释和扩展科学中的"探究"及其所要求的认知、社会和亲历实践的范围。本案例中的课程活动设计多次返回到之前的步骤，通过重新审视来改进项目的某一方面，让学生逐步加深对机器人的理解，深化对核心概念和跨学科概念的认识。 |
| 课程评估维度 | 教师通过提问和答疑展开形成性评价，让学生回顾自己解决问题的过程。指导学生对自己的机器人进行反复测试，迭代更新。同时，教师帮助学生在学校课堂和现实世界中的STEM工作机会之间建立重要联系，并评估自己的职业兴趣。 | 课程评价需要以学生为中心，帮助学生通过评价了解他们在学习上的优势和劣势，以及如何改进和自我规范，以便进入下一阶段的学习。本课程中，教师对学生出现的问题、可能出现的问题进行提问和拓展。 |

## （三）案例三：建造抗震房屋

### 1. 案例介绍 [①]

本案例选自"科学伙伴"（详细介绍见案例一）中针对六到八年级学生的

---

[①] 案例来源：https://www.sciencebuddies.org/teacher-resources/lesson-plans/earthquake_resistant_buildings#reviews。

另一个课堂 STEM 经典案例——建造抗震房屋。地震可能会造成房屋破坏和生命损失，但抗震建筑却可以屹立不倒，保护人们的安全。在这个教学案例中，学生将建造抗震建筑模型，并使用手机和传感器应用程序等数字化实验工具模拟并测量地震运动。案例设计以美国《新一代科学教育标准》为依据，在科学与工程实践方面，教师要帮助学生分析和解读数据，构建解释和设计解决方案，提出基于证据的论证；在学科核心概念方面，学生要能够绘制一张区域内的自然灾害历史地图，同时理解相关的地质作用，以帮助预测未来事件的位置和可能性，形成可能的方案，用系统的流程来评估方案在多大程度上满足了待解决问题的标准与约束条件；在跨学科概念方面，学生要能够运用图表和图像识别数据中的模式，理解稳定与变化——稳定状态可能被突然的事件打破，也可能被随时间逐步积累的变化破坏。

教师指导学生使用带有传感器应用程序（如 Phyphox）的智能手机、双面胶带、秒表、尺子、瓦楞纸板、圆柱形物品（如记号笔）等材料进行抗震建筑模型建造。教师向学生解释，手机中有内置加速计，这是一种可以检测运动的电子部件（从技术上讲，它们测量的是以 $m/s^2$ 为单位的加速度），加速计被应用于控制手机和视频游戏控制器的运动功能。当使用 Phyphox 应用程序时，会启动加速计传感器并测量绝对加速度（没有重力加速度的实际加速度）。让学生记录来自加速计的数据，并以图表形式展示。

教师演示用双面胶带将手机固定在一个小纸盒的顶部，来回晃动几次纸盒，记录数据。然后将纸盒放在一块瓦楞纸板上或其他圆柱形物体的上面，再次晃动几次纸盒并记录数据，并将其数值与直接摇动纸盒时的数值进行比较。教师向学生解释，使用工程设计过程来建立抗震隔离系统。设计过程是反复进行的，这意味着可能会重做其中一些步骤。工程问题没有唯一的"正确答案"，学生的设计可能在第一次尝试时并不顺利，但这没关系，学生将被允许在规定的时间内建造、测试和重新设计他们的抗震房屋，想重复多少次都行。

## 2. 案例评析

该案例的评析以美国《新一代科学教育标准》为依据，从课程目标、课程知识、课程活动以及课程评估四个维度展开，评析结果如表5-3所示。

表5-3 "建造抗震房屋"案例评析

| 评析维度 | 具体评析 | |
|---|---|---|
| | 课程案例评析 | 课程标准评析 |
| 课程目标维度 | 该案例共设置了三个学习目标，分别是理解加速度的概念并进行加速度的测量、了解自然灾害以及学会分析和使用模型。在学生充分理解加速度的理论知识后，对地震中的加速度情境进行说明。学生需在深刻理解"加速度"的基础上进一步提升科学素养，并在建模的实践操作中培养科学与工程思维。 | 该课程的学习目标涵盖美国《新一代科学教育标准》的三个维度，即科学与工程实践、学科核心概念以及跨学科概念。通过教师演示和学生动手操作，将科学教学的三个维度在课程中贯穿始终，帮助学生理解知识和技能的同时学会应用，培养能力和素养。 |
| 课程知识维度 | 案例开始时，教师播放关于地震的视频，帮助学生了解抗震隔离系统和加速度的关系，并且通过提问加深学生对知识的理解。在动手实践中，学生通过对传感器的应用和数据的处理分析，应用其掌握的知识，深入理解关于自然灾害的学科核心概念，并运用工程知识和技能预防灾害。 | 课程知识基于美国《新一代科学教育标准》的学科核心概念"自然灾害"以及"制定可能的解决方案"，学生需学会绘制一张地区的自然灾害历史地图，并对项目的主题和目标形成自己的认识，通过教师讲解、浏览网络资源等初步了解防震知识，理解搭造抗震建筑的基本原理。同时，学生需制定可能的解决方案，以此为预防地震灾害提供帮助。 |
| 课程活动维度 | 该案例的教学活动设计除了教师的演示和实验，还让学生自主探究，反复实践。学生自己发现问题，教师在旁解释教学，模拟现实中可能出现的问题，从而达到深度学习的目标。在这个过程中，既能够增强学生自主学习的能力，也能够培养学生的学习兴趣和建立学习的自信心。 | 课程活动基于美国《新一代科学教育标准》的科学与工程实践，学生通过实践建立、深化和运用他们对学科核心概念与跨学科概念的认识。在本案例中，小组成员发挥所长，完成"抗震建筑"项目的任务，如墙体梁柱等零部件、建筑的主体结构、防震的承重结构的制作等。该课程设计体现出重视学生的自主探究和实践的原则，并且强化学生对抗震减灾知识的理解。 |

| 评析维度 | 具体评析 | |
|---|---|---|
| | 课程案例评析 | 课程标准评析 |
| 课程评估维度 | 该案例中，学生通过实践、改进设计等活动，对自己的学习情况形成客观的认识。同时，学生以学习报告的形式对抗震建筑作品进行反思，并且根据教师针对学习报告提出的反馈性意见，思考如何制作出成本更少、抗震效果更佳的建筑，并加以尝试。由于该案例有一定的现实基础，实践中会遇到不确定因素以及突发情况，不会得到唯一的"正确答案"，以此帮助学生理解真实情境下的问题解决过程。 | 美国《新一代科学教育标准》强调评价的目的在于能够促进学生的学习。本案例中，教师、学生共同根据活动手册的记录内容进行过程性评价，根据抗震产品检测进行作品评价，实现以评促改。教师通过多元评价、自我反思、拓展迁移等方法对学生进行评价，从而体现美国《新一代科学教育标准》提出的多样、多元的评价方式。 |

## （四）案例四：橡皮筋动力车

### 1. 案例介绍[①]

香港教育局一直致力于香港中小学生的 STEM 教育发展，提升本地人才竞争力。在其官方平台上，根据香港的课程标准，分享了一系列优质课程资源。本 STEM 课堂案例就选自其中。该案例针对小学二年级学生，融合了科学、技术、工程和数学的学科内容，通过制作、改进橡皮筋动力车这一主题活动帮助学生掌握"速度"和"能量"的概念，会使用"米每秒"（m/s）和"千米每小时"（km/h）作为速度单位，认识到能量的有效传递以及能量与材料之间的相互作用，使用不同的材料和工具（如活动表、秒表、卷尺和计算器等）设计和构建模型，并测试使用所选材料构建的模型的功能特性，发展合作探究的实践能力。

---

[①] 案例来源：https://www.edb.gov.hk/attachment/en/curriculum-development/kla/ma/res/example_Pri_1_rubber_eng.pdf.

"橡皮筋动力车"这一课堂案例包括三个活动。活动一中，教师为学生介绍橡皮筋动力车的基本结构，指导学生完成设计与制作。橡皮筋动力车由一个底盘和两对车轮通过轴连接，轴的一端与橡皮筋相连，另一端与底盘相连。可以使用硬纸板、塑料、木头或任何其他效果良好的材料制作小车。学生在制作小车的过程中可能会遇到的挑战及解决方法包括：如何将车轴连接到底盘上以实现自由移动，可以将车轴穿过连接在底盘上的管子（吸管或用报纸制作）；车轮转动但不前进（车轮与地板间没有足够的摩擦力），可以增加小车的质量（如在车轮上覆盖橡皮泥），改变车轮或接触面的平滑度（如让小车在地毯上行驶）。

活动二中，教师朗读介绍活动表中的任务。学生两两一组，讨论跑步距离和花费时间不同时比较两个人的速度的方法，引导学生找出计算平均速度的公式。将活动表发给各个小组，学生利用橡皮筋动力车运动来收集数据，完成活动表并展示结果。

活动三中，教师与学生讨论能量转换和改进小车结构（使小车行驶尽可能远的距离）的方法，探究滚动橡皮筋时，储存的能量是什么？在地上释放小车后，橡皮筋中储存的能量会转化成什么样的能量？这种能量和小车的速度有什么关系？教师可让学生使用计算器辅助完成任务以节省时间，提示学生如何使用秒表和卷尺进行测量。

## 2.案例评析

该案例的评析以中国香港地区科学课程标准为依据，从课程目标、课程知识、课程活动以及课程评估四个维度展开，评析结果如表5-4所示。

表5-4 "橡皮筋动力平"案例评析

| 评析维度 | 具体评析 | |
| --- | --- | --- |
| | 课程案例评析 | 课程标准评析 |
| 课程目标维度 | 本案例设置了四个目标：深刻理解"速度"的概念、能够使用速度单位"米每秒"（m/s）和"千米每小时"（km/h）、认识能量的有效传递和能量与材料之间的相互作用、能够使用不同材料建构模型并测试其选定功能。在践行目标的过程中，"速度"这一数学概念延伸到科学和技术领域，充分体现了跨学科领域的整合。学生需在深刻理解"速度"的基础上进一步提升科学素养，并在建模的实践操作中培养工程思维。 | 中国香港地区科学课程标准中指出："科学教育是学校课程的重要组成部分。科学教育为学生提供了学习科学课程的经历，在这一阶段，学生可以学习必要的科学知识、掌握一定的科学技能。除此之外，科学课程能够促进全人的价值观和世界观的发展，鼓励学生积极参与到社会分工中，为科学和技术世界做出贡献。"数学和科学技术的跨学科教学，有助于实现从教学到育人的转变。 |
| 课程知识维度 | 本案例中的学习过程由简渐繁。学生已掌握"速度、时间和距离之间的关系"这一先验知识，在此基础上对教师提出的一系列问题进行思考和探究，更加深入地理解这三个基本概念之间的关系。在速度的概念得到充分巩固后，学生进一步学习和探究"能量"这一更具有挑战性的概念，从而实现知识体系的建构与完善。同时，学生通过数学公式来计算小车的平均速度，进而探究"能量转换"这一科学概念，并运用基本的工程学科技能自主改进橡皮筋动力车的结构，实现数学、科学、工程三个学科的融合。 | 中国香港地区科学课程标准中指出，科学、技术、工程和数学（STEM）教育的元素嵌入了科学教育课程框架，以强调在科学教育学科范围内及跨学科范围内整合和应用知识与技能的日益重要。该案例体现了将数学、科学和工程三个学科进行融合，是跨学科学习的一个代表性案例。在香港科学课程标准中将科学教育课程的要素分为六个方面，本案例体现了能源与变化这一要素。学生用数学公式对橡皮筋动力车进行测速计算，从而掌握能量这个概念，进而体会能量转换这一科学概念。 |

| 评析维度 | 具体评析 | |
|---|---|---|
| | 课程案例评析 | 课程标准评析 |
| 课程活动维度 | 本案例为学生安排了自主设计并改进橡皮筋动力车的活动。这一操作式学习模式能够成功激发学生的学习兴趣。活动前,学生提前收集资料,设计并建构橡皮筋动力车的初步模型。课堂上,学生以小组合作的形式共同探究能量的转换,并在此基础上不断改进小车的材料和结构。合作探究的沉浸式学习环境有助于学生积累交流的技巧并初步建立协作意识。 | 中国香港地区科学课程标准中指出:"在学校教育的各个阶段,学生将获得科学教育中必要的知识、技能、价值观和态度。小学阶段学生学习目标的其中一条是培养学生对简单的科学问题进行探索、调查和提出解决方案的科学过程等技能。同时,基本的科学技能包括观察、分类、设计调查、进行实习、推断和沟通六个方面。"在本案例中,学生通过共同学习和动手实操锻炼了设计、沟通等科学技能。 |
| 课程评估维度 | 本案例中,学生通过合作共同探究"速度"的概念。通过完成课堂活动表,学生将对自己的学习情况形成客观认识,并在与其他小组的交流中相互展示、借鉴彼此宝贵的经验。同时,教师在引导学生自主探究时给予学生及时、科学的指导性反馈。通过多元化评价,学生清楚地了解自己的学习状况,改进自身的不足,从而实现主动成长。 | 中国香港地区科学课程标准中指出:"评估是多种多样的,主要目的应该始终是促进和提高学生的学习。学生通过评价能够了解他们在学习上的优势和劣势,以及他们如何改进和自我规范,以便进入下一个阶段学习。教师通过评估能给学生提供优质反馈,引导学生改善学习,对课程内容进行适当调整,加强学与教的有效性。"本案例中,通过课堂活动表让学生自评、同学互评,教师再予以评价,体现了课程标准中要求的多样、多元的评价方式。 |

## (五)学校 STEM 教育实践案例特点及启示

### 1. 以学生核心素养发展为导向

"纸飞机中的工程设计""建造抗震房屋"等案例具有综合性、动态性、实践性与丰富性等特点。案例的实践过程中包括科学探究、工具使用、跨学科整合、基于项目的学习、真实情境下的活动、团队合作学习解决问题等，综合了科学、技术、工程与数学等学科领域的内容，将知识的获取、方法与工具的利用以及创新生产的过程有机统一，培养学生理解、应用核心概念和原则的能力，促进学生核心素养的发展。

对于我国学生来说，在中小学阶段比较注重学习概念性知识，很少有实践性知识。因此，要在我国开展 STEM 课程，应根据我国学生的水平以及实际情况设计课程，让学生在参与、体验、获得知识的过程中，不仅获得结果性知识，还习得蕴含在项目问题解决过程中的过程性知识。

## 2. 在学科教学的基础上开展 STEM 课程

STEM 教育对于教师的要求较高，不仅要求教师转变教学方法，更要了解多领域的知识。美国政府通过加大科研经费投入和教师培训力度来解决 STEM 师资缺乏的问题。我国要想发展 STEM 教育，也需要大力培养 STEM 教育人才，学习国外的先进知识和经验，并根据我国教育的特点加以改进，应用在教学中。

STEM 教育要求学生具有一定的学科知识，否则学生在操作时可能会遇到困难而影响教学的开展。在上述四个学校 STEM 教育实践案例中，我们可以看出每个案例都需要学生具备一定的技术素养，强调学生要了解技术应用、技术发展过程，具备分析新技术如何影响自己乃至周边环境的能力。班级里也许会有学生具备这些能力要求，但仍有部分学生欠缺这些能力，这可能会导致在实践过程中遇到困难和阻碍。

## 3. 学校需要建立成体系的 STEM 课程

无论是回收材料中的机器人还是建造抗震房屋的案例，教师都需要为学生准备较为专业的器械支撑实验，这一点无疑是耗时、耗力的。同时，由于是实践性课程，教师在备课时会花费较长时间进行试验、模拟在实践过程中学生可能会出现的问题，以便在教学中为学生提供指导。因此，对于学校而言，要开展这样一节 STEM 课，可能需要较长时间筹备。

在国内要想真正落实 STEM 课程，需要校长等学校管理层的支持，需要他们了解 STEM 教育并意识到 STEM 教育对学生发展的重要意义，以此建立完整的、系统的 STEM 课程体系。STEM 课程由多个科目组成，因此设计 STEM 课程首先要从"融合"二字上下功夫。其次，STEM 课程的启动，直接受益者虽然是学生，但也一定要调动教师的积极性，让教师伴随着课程建设而共同成长。最后，STEM 课程开发是一个难得的契机，要充分思考和兼顾学校的独有特点，化难点为契机，争取学校育人机制的全面升级。

# 二、家庭 STEM 教育实践案例

STEM 教育不应该仅仅局限在学校课堂之中，家庭教育作为学校教育成功的基础，对推动 STEM 教育发展有着举足轻重的作用。在学校教育中，由于升学压力，教师会不可避免地将教育重心放在学生现阶段的知识学习上，难以全面顾及学生的创新思维能力、问题解决能力以及跨学科整合能力。而在家庭教育中，家长已逐渐从只关注孩子的学科成绩转变为更加注重培养孩子的综合能力，这无疑为家庭 STEM 教育的开展提供了强而有力的支持作用。特别地，在后疫情时代教育背景下，各国纷纷积极探索家庭 STEM 教育。

家庭 STEM 教育是以家庭为单位，家庭成员共同参与，结合日常生活中的实际经验，运用跨学科知识解决真实问题的一种探究学习方式。（谭琳，2021）在孩子的学习过程中，家长扮演着引导者、协助者和参与者等多重身份，孩子利用家里的各种条件获取信息、知识，通过动手实践、方案探讨等方式不断改善方案设计思路，以解决实际生活中的问题。

家庭 STEM 教育除了具备 STEM 教育的趣味性、体验性、情境性、实证性和技术性等基本特征以外，还有主题生活性、操作灵活性、过程情感性、关系平等性和评价科学性等特点。（谭琳，2021）简单来说，家庭 STEM 教育活动的主题可贴合孩子自身的兴趣爱好、发现有趣的现象以及孩子想要了解的社会性议题，更具针对性地满足孩子的兴趣发展。此外，家庭 STEM 教育在实施和安排上灵活性更强，可根据孩子的学习任务等进行调整。在家庭 STEM 教育中，父母积极参与 STEM 教育过程，与孩子共谋方案，共享喜悦，可增强与孩子的互动，进而促进亲子关系。在传统家庭教育中，父母往往以孩子的学习成绩作为评价孩子的唯一准则，这种单一而片面的评价方式有可能将孩子的创新思维和个性扼杀在摇篮之中。家庭 STEM 教育鼓励家长与孩子共同思考、商定探究准则，主张兼顾过程性和结果性双重评价维度，全面客观地评价孩子。

总而言之，家庭 STEM 教育需要父母的共同参与，从实际生活问题出发，贴合孩子的个人兴趣，更加以兴趣为导向，在促进亲子关系的同时与学校 STEM 教育互补。由于家庭 STEM 教育的种种益处，加之当下全球处于后疫情时代，家庭 STEM 教育逐渐成为 STEM 教育的重中之重。本小节将介绍四个不同主题下的国外家庭 STEM 教育实践案例，并从活动目标、活动知识与技能、活动设置以及活动评估四个维度对案例进行评析，以期对我国开展家庭 STEM 教育的实践有所启发。

## （一）案例一：简单机械——杠杆

### 1. 案例介绍 [①]

作为社区非营利性组织的探索博物馆（Discovery Museum），秉承"游戏

---

① 案例来源：https://www.discoveryacton.org/sites/default/files/TSW_Simple%20Machines_
The%20Lever_final2.pdf.

是孩子们学习的方式"这一信念，为孩子们提供丰富多样的 STEM 学习案例。这些案例围绕 STEM 主题，选取多样的场景，令 STEM 学习不再局限于教室等单一的场所。其中，"在家发现"（Discovery Museum at Home）案例板块，专注于推出一系列以家庭为活动场所的 STEM 活动案例，旨在通过游戏学习，以互动的方式让家长与孩子们共同玩耍、学习和探索。本家庭 STEM 教育实践案例"简单机械——杠杆"就选自"在家发现"这一板块，围绕"杠杆"这一主题，让孩子们在家中学、在乐中学。

"简单机械——杠杆"（Simple Machines: The Lever）以日常生活中经常使用的杠杆为主题，通过五个有趣的活动，即杠杆寻宝、迷你杠杆、杠杆进化、弹射器和玩具银行，让孩子们了解杠杆的构造和功能。在"杠杆寻宝"活动中，孩子们根据家长的指令，在家中寻找运用到杠杆原理的日常用品，并由此思考杠杆是如何使工作更容易的。在"迷你杠杆"活动中，孩子们利用尺子、铅笔、胶布和玩偶等日常随处可见的物品制作一个简易的杠杆，探索铅笔（支点）与玩具（负载）的距离不同时抬起玩具的难易程度。"杠杆进化"活动则利用木板、砖头等工具，让孩子们共同合作，通过已有的简易工具搭建杠杆，让体重较轻的孩子利用杠杆将体重较重的孩子或成人抬起。在"弹射器"活动中，孩子们利用家中的铁丝衣架、橡皮筋、塑料勺、钳子和小纸团制造一个弹射器，并探索如何调整弹射器以改变弹射的方向与距离。"玩具银行"活动则需要家长带领孩子们观看机械银行运作的短视频，勾画机械银行内部运作的草图，并解释银行内部的机械是如何运作的。

## 2. 案例评析

对该家庭 STEM 教育实践案例的评析从活动目标、活动知识与技能、活动设置以及活动评估四个维度展开，评析结果如表 5-5 所示。

表5-5 "简单机械——杠杆"案例评析

| 评析维度 | 活动案例评析 |
|---|---|
| 活动目标维度 | 本活动目标清晰明了,具有较强的实用性与操作性,能够依据孩子的兴趣和家里的日常材料设计活动,便于家长指导孩子进行亲子STEM教育活动。 |
| 活动知识与技能维度 | 该案例活动的知识内容从对杠杆结构的认识、工作原理到影响因素,由浅至深地给孩子呈现有关杠杆的知识。活动知识的难度选择恰当,符合孩子的年龄认知特点。此外,该案例活动技能难度适中,使孩子能够通过自身探索来进行学习。 |
| 活动设置维度 | 本案例设计的活动丰富、有趣,孩子能够获得良好的沉浸式体验,同时活动操作简单,有助于准确地帮助孩子理解背后的科学原理、实现活动目标,不仅能培养孩子的动手能力,还能使其在活动中获取科学知识。 |
| 活动评估维度 | 本活动包含亲子互动、动手实践、制作实物,制作过程本身就是一种形成性评价过程,作品又是终结性评价的依据,案例兼具两种评价方式,便于家长帮助孩子检测学习成果。 |

## (二)案例二:遥感小调查

### 1. 案例介绍[①]

为更好地支持学生校园以外的 STEM 学习,由北亚利桑那大学的科学教学中心(Northern Arizona University, The Center for Science Teaching and Learning)主导,美国国家航空航天局(NASA)资助,开展了一项名为"行星科学与工程"的计划。该计划包括校外学习单元(Out-of-School Time Units)和家庭星球(PLANETS @ Home)两部分,旨在通过共享教育资源,促进

---

① 案例来源:https://planets-stem.org/planets-at-home-downloads/#remote-sensing-investigation。

校外 STEM 教育。本案例选自家庭星球中的一个案例。该案例活动根据美国国家航空航天局如何利用遥感技术来发现其他星球的原理而设计，适合在家庭中以亲子活动形式共同开展。

遥感小调查（Remote Sensing Investigation）以生活中随处可见的资源为活动材料（如硬纸板、旧光盘、白纸、剪刀、白炽灯、荧光灯和锡纸等），通过四个简单有趣的小活动，即波长分割装置、不同光源小探究、火星寻矿以及让光照进来，层层递进，让孩子们了解遥感技术原理——光谱的特性。在"波长分割装置"活动中，孩子们根据活动指示，将旧光盘贴在硬纸板上，在阳光下，通过变换硬纸板弯曲的角度，形成彩虹。在"不同光源小探究"活动中，孩子们自制光谱探究盒，通过观察太阳、白炽灯、荧光灯和 LED 灯等不同的光源，探究其相对应的光谱。在"火星寻矿"活动中，以"毅力号"探测器着陆火星为情境主题，孩子们通过光谱图探索火星上有哪些矿物质。遥感技术可被美国国家航空航天局应用于探索不同星球，那遥感技术可以用来探索我们的家吗？孩子们基于此问题，在"让光照进来"活动中自行设计一个可将阳光照进家中阴暗处（如桌子下面）的装置。装置制作完成后，鼓励孩子们与家人分享此装置，并一起改善该装置。

### 2. 案例评析

对该家庭 STEM 教育实践案例的评析从活动目标、活动知识与技能、活动设置以及活动评估四个维度展开，评析结果如表 5-6 所示。

表 5-6 "遥感小调查"案例评析

| 评析维度 | 活动案例评析 |
| --- | --- |
| 活动目标维度 | 从活动目标上来看，该案例活动目标清晰。在知识、技能、情感上都有所体现。此外，活动目标与日常生活相对应，这可以帮助学生更好地理解和应用所学知识。 |

| 评析维度 | 活动案例评析 |
|---|---|
| 活动知识与技能维度 | 本案例的知识内容较为基础，没有涉及关于光的波长等具体知识，适合家长跟年龄较小的儿童共同进行亲子活动。在技能方面，孩子进行自主活动时可能存在困难，需要家长提供及时的帮助。 |
| 活动设置维度 | 从活动设置上来看，学生能够在轻松愉悦的家庭环境中学习体验进行科学探究的乐趣。活动的设置体现了科学探究目标，以工程设计为主线，让学生经历提出问题、猜想与假设、制订计划与设计实验、进行实验与收集数据、分析与论证、评估、交流与合作等步骤，活动实施方式灵活。 |
| 活动评估维度 | 从活动评估上来看，活动将科学与工程实践整合在一起，让孩子掌握知识和技能，并灵活应用知识和技能解决真实世界的问题，体现出跨学科、趣味、体验、情境、协作、设计、艺术、实证和技术增强等特征。将 STEM 教育融入家庭教育，在实践活动中，增加了亲子交流的机会，通过共同动手操作，形成融洽的亲子关系。活动的重点并非进行知识教学，而是关注孩子能力与素养的提升，培养孩子自主学习、发现与解决问题的策略和意识。 |

## （三）案例三：化学能——自制熔岩灯

### 1. 案例介绍 [①]

爱尔兰科学基金会（Science Foundation Ireland，SFI）为科学、技术、工程和数学等领域的研究提供资助，以促进并协助爱尔兰工业、企业和就业的竞争力的提升。秉承着"成为科学和工程研究领域的全球创新领导者，以促进爱尔兰的经济和社会发展"的信念，爱尔兰科学基金会还积极参与到支持 STEM 教育发展的工作中，为相关的研究活动和教学提供资助。以"最佳方式促进、激励和指导 STEM 教育和公众参与"为使命，爱尔兰科学基金会在其

---

① 案例来源：https://www.sfi.ie/site-files/primary-science/media/pdfs/col/seai_chemical_energy.pdf。

官网平台分享了一系列形式多样的 STEM 教育资源，包括家庭 STEM（STEM at Home）、STEM 教育周（STEM Week）、STEM 拓展（STEM Outreach）等板块。本案例"化学能——自制熔岩灯"就选自"家庭 STEM"板块。该板块设计的活动简单、有趣，适用于所有年龄段的儿童，可在家庭中进行实验，使家长能够以实用、动手、愉快和互动的方式在家里向孩子们介绍 STEM。

"化学能——自制熔岩灯"以化学能在一定条件下（如将电池连接到电路中、咀嚼食物、燃烧燃料等）可以释放出来为知识背景，利用日常可寻的泡腾片遇到水快速分解发生化学反应，产生二氧化碳气体的原理，设置了六个小探究活动，让孩子们在动手中掌握相关的科学和数学知识与技能。通过制作熔岩灯的拓展训练，增强跨学科知识，即地理学科中岩石和土壤的相关内容。首先，孩子们准备植物油、测量壶、透明塑料瓶、漏斗、食用色素、滴管、加水时不起泡的药片和会起泡的泡腾片等工具和材料。根据指示，孩子们在瓶子中加水，将不起泡的药品投掷于水中，观察现象；在另一个装有水的透明塑料瓶中投入泡腾片，观察又发生了什么。紧接着，在装有水的透明塑料瓶中放入食用色素，继续观察现象。在盛有水的透明塑料瓶中加入植物油和色素，又会出现什么现象呢？将泡腾片投入加过植物油的水中会如何呢？如果将植物油单独滴入水中又会发生什么呢？通过这六个简单的小活动，孩子们预测、实验、观察和分析，以了解其原理。在自制熔岩灯的拓展训练中，让年龄稍大的小朋友参与制作熔岩灯，而年龄较小的小朋友则由家长演示熔岩灯制作，并观察其现象的变化。

### 2. 案例评析

对该家庭 STEM 教育实践案例的评析从活动目标、活动知识与技能、活动设置以及活动评估四个维度展开，评析结果如表 5-7 所示。

表 5-7　"化学能——自制熔岩灯"案例评析

| 评析维度 | 活动案例评析 |
|---|---|
| 活动目标维度 | 本活动目标旨在使学生能够在家长的引领下学会观察生活现象，发现问题，感受知识的价值，产生学习动力。每个活动都由真实的情境问题出发，培养孩子解决实际问题的能力，掌握主动学习与解决问题的基本经验，形成从生活中寻找问题的意识，考虑解决方案的可行性并优化。 |
| 活动知识与技能维度 | 从活动知识与技能上来看，活动的知识内容贴近现实生活，活动过程能使学生对此知识的掌握更加深刻，让他们在领略知识魅力的同时提高自己的实际技能。新颖的教学内容能很好地启发、驱动孩子的思维，了解科学知识的基本形式、科学技术的操作方法和操作原理，从而更好地了解生活，学会生活。 |
| 活动设置维度 | 从活动设置上来看，学生研究的所有问题都是从学生真实的生活环境中提取的真实问题，家长在不同活动中指定某个场景或某一物品，让孩子发散思维、调查研究、深入体验。孩子在探索解决问题的方法时主动学习与应用科学知识，尝试用有效且可行的方法解决问题，初步积累生活经验以及独立思考的能力。 |
| 活动评估维度 | 从活动评估上来看，对于家庭 STEM 教育实践案例来说，紧扣目标进行多维度评价，能够更好地激励孩子，使其获得不一样的成就感，也有助于家长与孩子之间取长补短、相互学习。 |

## （四）案例四：制作纸质火星直升机

### 1. 案例介绍 [①]

作为全球空间探索的领导者，美国国家航空航天局（NASA）与美国工业界、国际合作伙伴和学术界合作进行研究、测试和开发，以推进航空新技术。为确保该机构未来发展所需的人才供给充足，NASA 积极支持 STEM 教育工作，旨在增加未来劳动力的多样性。由此，NASA Education 平台得以建立，并以将科学家及工程师所积累的知识尽可能转化为易于理解和使用的学习资源并与公众分享为使命。该平台囊括了形式多样的 STEM 活动案例与相关知识拓展

---

① 案例来源：https://www.jpl.nasa.gov/edu/learn/project/make-a-paper-mars-helicopter。

视频。"制作纸质火星直升机"就是其中较为经典的 STEM 案例之一。该案例以家庭为活动场所，通过搭建"毅力号"探测器将第一架直升机运到了火星表面的情境，让孩子们设计并建造一架纸质直升机。

在"制作纸质火星直升机"案例中，孩子们选取家中随处可见的物品为活动材料，例如纸板、剪刀、卷尺和智能手机摄像头。根据活动指示，孩子们利用纸板和剪刀剪出飞机螺旋桨叶片，进行实验。通过变换投放直升机的高度观察其性能的变化。再通过同时投放直升机和纸团进行对比与探究，鼓励孩子们改进直升机以能调整转速的快慢。该案例不是由单独的小活动构成，而是通过"剪—折—做—试—比—验—创—转—数"（Cut–Fold–Do–Test–Compare–Experiment–Make–Reverse–Count）将活动自然而然地过渡与串联起来，达到了活动的有机统一。

## 2. 案例评析

对该家庭 STEM 教育实践案例的评析从活动目标、活动知识与技能、活动设置以及活动评估四个维度展开，评析结果如表 5-8 所示。

表 5-8 "制作纸质火星直升机"案例评析

| 评析维度 | 活动案例评析 |
| --- | --- |
| 活动目标维度 | 本活动的目标具有较强的实用性、操作性，依据孩子的需求和家长的意愿进行设置与安排。目标设定较为简单，学生可以在不同层次完成不同目标。 |
| 活动知识与技能维度 | 活动知识内容以火星直升机引入情境，让孩子在活动中探索飞机受到的力以及影响因素，由浅入深地给孩子呈现相关的力学知识，帮助孩子学会综合使用技术和工程知识解决问题。 |
| 活动设置维度 | 学习内容与项目难度上具有梯度性，家长可以循序渐进地进行指导。本活动涉及工程实践，通过改进和优化纸质直升机，孩子能够初步积累动手实践经验以及培养独立思考的能力。 |
| 活动评估维度 | 从活动评估上来看，对于家庭 STEM 教育实践案例来说，家长可以帮助孩子进行形成性评价与终结性评价。整个活动设置较为基础，家长与学生的可接受性高、可操作性强。 |

## （五）家庭 STEM 教育实践案例特点及启示

### 1. 创设真实情境

根据建构主义理论，由于知识是情境化的，人的大脑擅长的是事件记忆，因此注重情境化的过程性学习更容易让学生的水平达到布卢姆教育目标分类中的更高层次目标。此外，创造贴近实际的生动真实的情境有益于激发学生的联想，促进知识探究欲望。上述家庭 STEM 教育实践案例以杠杆工具、遥感小调查、自制熔岩灯和制作纸质火星直升机等相关问题为框架，搭建真实的学习情境，将物理、化学、生物等理论知识融入实际问题解决过程，激发学生学习动机，促进知识迁移，提升知识运用效率，让学生通过解决现实中的实际问题，学会学习，学会生活。

### 2. 跨学科融合

STEM 教育的核心特征就是跨学科性。通过 STEM 教育培养学生对多学科知识的综合运用能力，并学会解决实际问题的方法。在家庭 STEM 教育实践案例中，通过设置合理的学习活动实现 STEM 技能的培养，围绕解决实际问题，在发现问题、分析问题、设计解决方案、验证解决方案的过程中综合运用多学科内容，提升学生的综合实践能力。

### 3. 活动设计体现出创新精神

STEM 教育实践案例的活动设计使学生沿着问题的分析与解决过程，进行相应的方案设计和问题求解，从而促进学生的设计思维和问题解决能力的提升。上述家庭 STEM 教育实践案例以家庭的 STEM 小实验为引导，可以激发孩子们的学习兴趣，在实验过程中一步步把想法变为现实，促进孩子对学科知识的学习，获得解决问题的成就感，发展寻找问题解决方法和进行方案设计过程中表现出的创新精神，能够合理运用技术手段完成设计方案和实践成果的工程测试，分析测试数据与结果，依照测试反馈对设计方案做出改进，通过美观大方的表现形式展示方案。

### 4. 建立融洽的亲子关系

科学小实验是一种非常好的家庭 STEM 教育实践形式，完成整个实验的过程就是孩子综合能力的展示过程。孩子们可以作为家庭团队活动的领导者，阐述他们是如何设计出解决方案的，以说服全家人支持他的方案并齐心协力完成实验。沟通是人际亲密关系构建的基本形式，亲子共同参与的实验，也是亲子的沟通实践。这种亲子沟通可以让孩子们体验到领导力的重要性，让他们更愿意主动学习，主动思考。

### 5. 保护孩子的好奇心和求知欲

从以上四个家庭 STEM 教育实践案例中可以看出，家长需要以身作则，体现出对事物的好奇心以及对学习的兴趣，家长对活动的热情可能是影响孩子们对 STEM 产生兴趣的最强动力。实验过程中要让孩子明白，一个问题通常有多种解决方案。寻找解决方案的过程，就是发挥创造性的过程，同时也可以与他人合作寻找解决方案。孩子可以为解决方案创建模型，进行一系列尝试后再进一步改进模型。在实验中，要培养孩子像工程师一样发现问题，尽力寻找解决方案，并尝试观察方案是否有效，进而做相应改进。

鼓励孩子提出问题，在孩子幼年时期，家长可以向他们传授提问的关键技巧，说明如何观察、提出问题、创建假设并检验假设。提出问题是科学、数学和技术活动的基础。好奇心导致求知欲，当人们对某种事物感兴趣时，就会对其进行探究，获得发现，从而产生学习欲望。

# 三、校外 STEM 机构中的 STEM 教育实践案例

已有研究表明，学生校内和校外所接受到的教育对于学生 STEM 学习动机与兴趣的发展均有积极影响。因此，校外 STEM 教育逐渐进入人们的视野并受到教育界的高度重视，成为 STEM 教育发展的重要方式之一。校外 STEM 教育被认为是普及 STEM 教育的重要途径之一，校外 STEM 项目也因此层出不穷，越来越多的学生开始参与到校外 STEM 教育中。

以美国为例，校外 STEM 教育项目往往依托于校外学习机构，比如各类场馆和教育组织，拓展学生校外 STEM 学习。校外 STEM 教育项目通常具有更为生活化、提供低利害（low-stakes）学习环境以及促进社会公平等优势（卓泽林，2017）。简单来说，校外 STEM 教育项目活动主题与学生日常生活紧密联系，活动通常设置在与 STEM 内容元素相关的地点，给予学生更为真实的问题情境。例如，在以第二次世界大战为背景的历史博物馆开展的校外 STEM 活动，将学生带入第二次世界大战时期，看如何以在大西洋建立气象站为情境，设计制作天气工具。校外 STEM 教育项目所提供的相对自由轻松的非正式学习环境，有利于学生投入到感兴趣的 STEM 活动中，更积极地参与和体验活动过程，进一步激发学生主动研究的意愿。

另外，有针对性地对 STEM 教育弱势群体开展的校外 STEM 项目，可以提升这些群体的 STEM 相关能力，进而促进教育公平。例如，美国加利福尼亚州针对西班牙裔的初中生承办的 STEM 夏令营，通过一系列有趣的校外

STEM活动，有效提升西班牙裔学生对STEM领域的兴趣，进而对他们未来从事STEM领域工作起到积极的作用。

尽管校外机构的STEM教育有着以上种种优势，可以作为补充课堂STEM教学的有效方式，但是在项目的具体实施过程中仍然存在不少问题，包括项目资金短缺、活动质量难以保证和缺乏相应的专业教学人员（卓泽林，2017）。资金短缺可能会造成校外机构STEM项目的配套设施和资源的不完善，进而影响项目的质量和学生的学习效果。再者，虽然校外机构的STEM项目多种多样，但是活动课程的质量参差不齐，加上STEM教育者得不到充分的培训，导致校外机构的STEM项目存在多而不精、杂而不纯的局面。

总而言之，校外机构中的STEM教育项目在STEM教育中有着举足轻重的作用。虽然还存在许多亟待解决的问题，但是全球范围内也不乏优秀的校外机构STEM教育实践案例。本小节将介绍四个经典的校外机构STEM教育实践案例，包括美国国家二战博物馆的"制作天气工具"，美国疾病控制防控中心博物馆的"水净化"，奥兰多科学中心承办的"制作起重机"的科学竞赛以及昆士兰博物馆的"火花科学中心"。

## （一）案例一：制作天气工具

### 1. 案例介绍 [①]

美国国家二战博物馆（The National WWII Museum）于2000年6月6日诺曼底登陆纪念日成立，该博物馆拥有超过一万八千平方米的场地和展览空间。馆内不仅有大量关于第二次世界大战期间的文字、图片和视频，还保存有作战期间的部分武器和运输工具。在博物馆网站上，用户可以浏览博物馆系列课程，并搜索相关教案和多媒体资源。网站的"课程指南"模块包括四卷，分别是《太

---

① 案例来源：https://www.ww2classroom.org/search?q=search&subjects=4。

平洋战争》《欧洲战争》《后方》《解放与遗产的情况》。网站的"真实世界科学"模块是美国国家二战博物馆重要的组成部分，该模块以世界战争为背景，教导社会大众学习科学、技术、工程和数学等相关知识。借助网站的课程资源，来自全美各地的教师和不同背景的学生将学习科学、历史和文化相融合的课程，以确保下一代更好地迎接未来面临的挑战。"真实世界科学"模块的课程把科学知识与"二战"背后的故事和历史联系起来，让学生置身于"二战"的真实情境中，依据美国《新一代科学教育标准》，融合跨学科知识与实践，提升学生解决实际问题的能力。

在"制作天气工具"一课中，首先通过情境导入：战争时期，进攻的时间需考虑天气、月相和潮汐。潮汐和月相可以提前知道，但天气状况却很难提前数周预测。盟军在预测北欧天气方面比德国人有优势。由于盟军在北美、大西洋彼岸以及格陵兰和冰岛都有气象站，所以他们有大量的数据，能更好地预测天气并制订相应的计划。为了提高预测天气的能力，假设德国人试图在整个北大西洋建立气象站。只有通过监测天气，才能了解其模式，以预测未来的情况。几百年来，人们一直在收集天气数据，过去使用的许多工具与今天使用的工具相似，当然，可以使用现代技术来补充这些工具，计算机现在就被用来分析天气数据。

本案例通过制作温度计、气压计、湿度表，引导学生感受科学、技术、工程和数学的知识及魅力，在轻松愉快的氛围中掌握美国《新一代科学教育标准》中所要求的学科核心概念、跨学科概念以及科学与工程实践操作能力。教师首先向学生讲解温度计的工作原理，当酒精受热膨胀，吸管里的酒精液面会高于密封瓶里的。在这个活动中使用酒精是因为温度升高时，它比水更容易膨胀。气压计工作的原理则与温度计不同，因为气压的变化，密封瓶的液面会受到压力的影响，并将管中的液面推高。让学生理解当知道材料的物理性质时，可以据此制作工具，用于测量天气。最后指导学生利用矿泉水瓶、金属罐、用食用色素着色的水、酒精、冰块等简易材料分别制作温度计、气压计和湿度表。

## 2. 案例评析

该校外机构 STEM 教育实践案例的评析以美国《新一代科学教育标准》为依据，从课程目标、课程知识、课程活动以及课程评估四个维度展开，评析结果如表 5-9 所示。

表 5-9　"制作天气工具"案例评析

| 评析维度 | 具体评析 | |
|---|---|---|
| | 课程案例评析 | 课程标准评析 |
| 课程目标维度 | 课程目标围绕"研究""制作"，为开展以学生为中心的探究型课堂，发挥学生的主动性确定了基调。 | 课程目标对应美国《新一代科学教育标准》中物质科学（Physical Science）的学科核心概念。尽管主题是天气，但该活动中的概念是关于原子的行为。温度是原子的平均动能，气压是这些原子的密度和它们施加的力，而湿度是空气中水的浓度。所有的工具均通过原子的运动来测量天气数据。 |
| 课程知识维度 | 以第二次世界大战为背景，铺垫真实情境，使学生身临其境。案例融合物理、化学的跨学科知识，促使学生认识科学并不是单一的学科，而是综合的学科，并且和我们的生活息息相关。 | 具体的课程知识涉及美国《新一代科学教育标准》中提到的跨学科概念"系统与系统模型""系统中的能量与物质"。此外，还有影响系统的稳定和变化的因素。 |
| 课程活动维度 | 活动所需的材料和工具较易获得，学生可以在活动中锻炼自己的观察、测量与记录的能力。更重要的是学生可以在亲身经历、动手实践的过程中，发现和探究物质的变化，而不再是以教师为中心、学生作为观众的传统课堂。 | 在整个研究和制作的过程中，美国《新一代科学教育标准》中的科学与工程实践贯穿其中，学生可以窥见许多科学工具背后的工程。此外，使用了"定义问题和设计解决方案"的科学与工程实践。通过发现问题、提出问题、解决问题、动手操作、观察思考，最后得出结论并且形成可以使用的产品，体验完整的科学与工程实践过程。 |

| 评析维度 | 具体评析 | |
|---|---|---|
| | 课程案例评析 | 课程标准评析 |
| 课程评估维度 | 紧扣课程目标，多维度评价，有助于更好地激励学生，使其获得不一样的成就感，有助于学生与学生之间取长补短，相互学习，营造良性竞争的环境，共同进步。 | 以真实情境和相应具体产品为主导的科学课程，使得课程更加符合美国《新一代科学教育标准》中提出的对于学生的"预期表现"，而不是课程本身。美国《新一代科学教育标准》更关注的是学生对知识的理解，而非记忆；是对知识的运用，而非浅尝辄止；是实践的操作技能，而非纸上谈兵；是对真实世界的认识，而非局限在课本中。 |

## （二）案例二：水净化

### 1. 案例介绍[①]

　　地球上71%的面积被水覆盖，大多数的水组成了海洋，这些水中含有大量盐分，基本上都是不可饮用的。同时大自然中还有很多淡水，经过某些处理之后可以有效使用。公共供水系统已经存在了上千年，为人类的生存和发展带来了极大的助力。但由于缺乏足够的消毒和净化技术与设备，公共供水系统在给人们在带来便利的同时也可能传播很多种疾病。自从1908年美国第一次对用水进行消毒之后，各地纷纷效仿对用水进行消毒，使得介水传染病大幅减少。

　　目前，仍然有很多地区面临着水资源的缺乏，或是无法获得优质的水资源。美国国家疾病控制与预防中心（Centers for Disease Control and Prevention，CDC）鼓励世界各地提供优秀的安全用水实践方案，帮助社区

---

① 案例来源：https://www.cdc.gov/museum/pdf/cdcm-pha-stem-making-water-safe-lesson.pdf。

减少以水为媒介传播的疾病，也鼓励设计水过滤装置。本案例由美国疾控中心博物馆（CDC Museum）设计，为的是帮助学生理解过滤水的原理，并从物理层面上解决或减少水的污染，让学生更加关注水资源保护并积极对环境保护做出贡献。此案例以水净化为主题，帮助学生了解物质的质量、体积差别，融合计量、科学、技术、工程等知识及实践，提升学生解决实际问题的能力。

通过过滤器的制作过程，帮助学生了解水净化的流程及原理。水净化简易装置的工作原理是采用多次过滤层的过滤器（碎石、沙子、滤纸等），去除原水中含有的大体积杂质。通过物质间隙从大到小，由于水的渗透及重力，水会由上至下，从间隙大的材料渗透至缝隙小的材料，最终得到无大颗粒杂质的净化水。本案例中共设计了三个活动。在活动一中，教师带领学生用塑料瓶、过滤网、碎石、沙子、棉球等材料制作水净化简易装置。在活动二中，教师引领学生思考身边是否有其他的物质可以代替过滤网、碎石及沙子。例如，将碎石替换成活性炭，将过滤网换为细纱布，并带领学生观察水质及水流通过不同物质的差别。在活动三中，教师使用饮水机等过滤设备过滤有杂质的水，并将过滤设备拆开，把里面的每一步展示给学生，帮助他们了解真正的净水器的精密程度，以及水通过每个过滤层时会留下什么杂质。最后使用 pH 试纸测量过滤前后水的酸碱程度，帮助学生思考活动的意义。

## 2. 案例评析

该校外机构 STEM 教育实践案例的评析以美国《新一代科学教育标准》为依据，从课程目标、课程知识、课程活动以及课程评估四个维度展开，评析结果如表 5-10 所示。

表 5-10 "水净化"案例评析

| 评析维度 | 具体评析 | |
|---|---|---|
| | 课程案例评析 | 课程标准评析 |
| 课程目标维度 | 围绕水的净化，带领学生使用物理模型及相应的材料解决遇到的问题，提升学生的自主动手能力，培养学生的工程思维。 | 课程目标对应美国《新一代科学教育标准》中的工程、技术和科学的应用。以水净化为主题，学生可以通过活动了解水净化的模型，使用特定材料完成对水质的过滤及净化，学会在真实情境中运用工程、技术和科学等相关技能与知识。 |
| 课程知识维度 | 以水资源的重要性及不健康的水给人类带来的伤害为背景，帮助学生理解水资源净化的必要性。使用物理技术提升资源的利用及减少水的污染，在新冠疫情的背景下显得尤为重要。 | 课程知识涉及"跨学科概念"，工程、技术和科学共同对社会及自然界产生影响。改进现有技术或开发新技术为个人以及社会带来更好的利益，了解已有的技术将是其根本。在掌握和运用知识与技能的过程中，提升工程实践能力。 |
| 课程活动维度 | 活动的材料选取是非常灵活的，材料的选取不仅是促成活动目标达成的环节之一，更是促进学生思考的过程，学生在选取合适的材料时需要发散思维、综合运用所学知识来提升过滤水的水质。 | 本课程活动围绕美国《新一代科学教育标准》中的"科学与工程实践"，帮助学生了解、定义问题的同时，引导学生计划并开展研究。课程帮助学生了解清洁水资源的必要性以及认识到如何在现代科学的基础上减少或避免此现状带来的危害。 |
| 课程评估维度 | 形成性评价与终结性评价相结合，促使学生学习、达成目标的同时引领学生自主思考，让学生了解自己的选择会带来或好或坏的结果。 | 通过解决工程问题进行课程评估，工程、技术和科学应用目标中提及定义与界定工程问题，其包含材料的限制与解决方案标准的问题，活动可使学生选择易于获取的材料去达成目标。通过讨论，学生相互学习，达成工程、技术和科学应用目标中提的形成可能的方案。 |

## （三）案例三：制作起重机

### 1. 案例介绍[①]

> 由美国奥兰多科学中心（Orlando Science Center）主办的柯蒂斯新星科学挑战赛（The Curtis Rising Stars Science Challenge），是一项面向K—5年级学生的科学竞赛，通过90分钟的在线挑战，学生通过团队合作将STEM技能付诸实践。学生首先在班级和学校中通过预先活动和提示进行准备，然后只需要通过互联网和一台带有网络摄像头的计算机就可以参与挑战赛。
>
> 2021年比赛的主题是各小组建立一个具有多种能量转换的动能系统，即制作起重机。该系统可以是独立的，也可以设计成放置于桌面上。所有采购部件不得超过100美元，任何一件物品不得超过20美元。该系统不应超过30英寸深、72英寸宽和108英寸高（从地面测量）。团队的每个成员都要参加答辩，向评委进行解释。
>
> 对参赛作品的评判将从以下几方面展开：使用的动力学原理；演示技巧和对其创作的科学解释；可靠性——在三次尝试中初步成功运行系统；能够在5分钟内重置系统并再次运行；创新性——创造一个新的系统或以创造性和革新性的方式改变一个现有系统；带有采购证明和预算文件的项目材料合集。
>
> 起重机通过简单机械来提升极重的物体。在平衡式起重机中，起重机的横梁会在一个点上达到平衡，称为支点。起重机的横梁就像一个简单的杠杆，这使得它可以用一个相对较小的力来提升重物。起重机上还会用到另一种简单机械——滑轮。塔式起重机通常有一个以上的滑轮，这有助于它倍增其力量来提升重物。利用简单机械背后的科学原理，如杠杆和滑轮，起重机可以用较小的力量将重物提升到很高的高度。学生可以使用纸杯、铅笔、吸管、

---

① 案例来源：https://www.osc.org/learn/competitions/rising-stars。

回形针、绳子、尺子、胶带、大理石弹珠、纸板、橡皮筋、冰棒棍等材料制作起重机，在起重机不断尝试举起各种质量的物体的过程中感受物体之间倍数的数学关系，了解杠杆的原理和操作，感受科学、技术、工程和数学知识的魅力。

### 2. 案例评析

该校外机构 STEM 教育实践案例的评析以美国《新一代科学教育标准》为依据，从课程目标、课程知识、课程活动以及课程评估四个维度展开，评析结果如表 5-11 所示。

表 5-11　"制作起重机"案例评析

| 评析维度 | 具体评析 | |
| --- | --- | --- |
| | 课程案例评析 | 课程标准评析 |
| 课程目标维度 | 本案例以制作起重机为目标，要求学生观察起重机的高度，测试其能够举起最重物体的质量。这一活动与生产生活密切相关，学生会很容易被吸引，能积极主动地参与制作活动。学生在制作过程中不断地思考，结合数学、物理等跨学科知识改进，改善起重机的质量，有利于培养自身的工程思维。 | 课程目标中包含美国《新一代科学教育标准》中的学科核心概念"力和相互作用""能量"，通过起重机的制作使学生将这些核心概念付诸实践，又在实践中加深对其本质的理解和感受。学生不仅可以对单一学科的核心概念有更深刻的认识，还有利于联系其他学科，形成综合性思维，有利于分析并解决实际生活中的问题。 |
| 课程知识维度 | 利用生活中常见的举起重物的现象，引入制作起重机的活动，促使学生将课程知识与技能同生活紧密地联系起来。活动中涉及数学中的倍数、物理的杠杆和滑轮等跨学科知识，有利于引导学生将不同学科的知识联系起来思考。 | 本案例涉及美国《新一代科学教育标准》中提到的跨学科概念"系统中的能量与物质""结构和功能"等。在制作起重机的过程中会使用杠杆的原理、滑轮的原理；在起重机举起物体的过程中会有能量的变化；为了使起重机保持稳定，还要调整起重机的结构。 |

| 评析维度 | 具体评析 | |
|---|---|---|
| | 课程案例评析 | 课程标准评析 |
| 课程活动维度 | 该案例的活动设计，使学生能比较容易地找到制作起重机的材料和工具，有助于活动的顺利开展。在制作起重机的过程中，学生通过实际的动手操作，可以深入理解杠杆和滑轮的原理及应用，促使学生将理论与实际联系起来。 | 该案例的活动围绕制作起重机这一机器，培养学生发现问题、提出问题、分析问题、解决问题的能力，从而达到美国《新一代科学教育标准》对于学生进行科学与工程实践的要求。 |
| 课程评估维度 | 本案例中，课程评估并非采取知识测试，而是观察学生的实践操作能力，检测学生是否能够成功制作起重机，在其举起物体时是否可以保持平衡，并且明确要求起始物体至少是两个大理石弹珠的重量。课程评估并非从单一维度进行，而是让学生不断地改进自己制作的起重机，使其更加坚固。最后的分享不仅可以培养学生的表达能力，还有利于培养学生的团队精神。 | 美国《新一代科学教育标准》关注学生对知识的理解和实践操作技能，以及将真实世界中的问题与课程知识联系起来的能力。对该案例活动的评价注重起重机制作的完成和改善以及最后的分享，使评价具有多维度、重视实践能力和重视与实际生活的联系等特点。 |

## （四）案例四：火花科学中心

### 1. 案例介绍 [①]

> 澳大利亚昆士兰博物馆（Queensland Museum）的火花实验室（SparkLab）为小学至初中的学生提供三个主题的探索机会，三个主题分别为"我们的世界及其运作方式""我们如何感知我们的世界？我们是否都以同样的方式看待

① 案例来源：https://sparklab.qm.qld.gov.au。

它""我们怎样才能改变我们的世界？这种变化有什么作用"。这些主题涉及物理及地球科学等方面的内容，帮助学生拓展对世界的认知，培养学生对世间万物的好奇心。

学生在三个不同方面进行探索，可以了解从物质到星球，再到宇宙的运行和变化。从探索身边的声、光、电，到力、能量和结构，了解世界的变化及地球在广阔宇宙中的位置，通过设计和建造完成挑战。结合这些知识，探究这些事物如何影响我们的世界和日常生活。学生在全方面了解知识的同时，可以自主选择感兴趣的点进行更深入的研究。这可以帮助学生了解更多在课堂中无法学到的知识，并根据所获得的知识进行更深层次的思考，增加对世界的好奇心。其次，在对知识的汲取、探索以及判断的过程中，理解不同的人群甚至物种看待同一个世界的不同角度。活动由"做、想、说"贯穿，鼓励学生自主行动、自主思考以及自我表达，帮助学生在探索未知时以自己的方式去了解问题、思考问题、解决问题。

在活动一中，教师带领学生游览博物馆，了解生活中息息相关的光及人类生存所离不开的电。例如，向学生科普人是如何看到事物的，指出是光的折射或反射到人眼中，使得人们可以观察到事物；电的媒介是什么，什么东西可以导电、什么东西可以运输更多的电、什么东西可以绝缘。在知识普及的过程中，帮助学生提升用电安全意识和自我防护。在活动二中，教师带领学生参与实验，明确目标，让学生用现有物品及所学知识完成任务。例如，通过制造发声器，帮助学生理解物体发声的原理，探究共振与声音高低、大小的关系。通过对物理现象的探究，培养学生对科学的兴趣。同时，在探究过程中引导学生思考，并将自己的想法与学到的知识结合，以目标为导向，设计并制作相应设备。让学生思考制作发声器的工具和材料，对原型进行初步设计与构思，根据自己的设计制作发声器，使其尽可能发出多种类型的声音，并加以测试（如使用 Chrome Music Lab 的频谱图），让学生总结、反思设计的优缺点，不断改进自己的设计。

## 2. 案例评析

该校外机构STEM教育实践案例的评析以澳大利亚科学课程标准为依据，从课程目标、课程知识、课程活动以及课程评估四个维度展开，评析结果如表5-12所示。

表5-12　"火花科学中心"案例评析

| 评析维度 | 具体评析 | |
| --- | --- | --- |
| | 课程案例评析 | 课程标准评析 |
| 课程目标维度 | 该案例在科技馆内开展，带领学生对地球科学、物理等内容进行观察、实践等。该活动囊括了多种类型的知识。教师需带领学生积极参与各项活动，尽可能多地开拓学生的视野，培养学生对物理等知识的兴趣。 | 该案例目标中包括澳大利亚科学课程标准中多个领域的学科核心概念。在实践中，学生不仅可以获取知识、拓宽视野，还可以进行思考，对评估设计理念、过程和解决方案等内容进行拓展学习。这将有利于学生的思维结构化、好奇心发展以及未来的学科选取和职业规划。 |
| 课程知识维度 | 该案例包含多种知识维度，光、电、力等领域包含了学生所能见到的关于物理的方方面面。从基本的力改变物体运动状态，至万有引力保持地球在太阳系中的位置，月亮围绕地球做环形运动等；从基本声音的产生，至音调高低和声音大小与共振腔的关系，再到 Chrome Music Lab 工具的使用。 | 该案例涉及澳大利亚科学课程标准中的自然科学、设计与技术。例如，通过不同介质的能量传递可以用波动和粒子模型来解释，这能够激发学生对于万有引力、磁力等物理学内容的思考，培养跨学科的创新思维。 |
| 课程活动维度 | 该案例属于校外实践活动，在活动中学生可以了解科学知识，并且学会如何将知识与实际应用相结合。学生通过环境去想象、设计、探究并解决问题，综合提升自身的信息汲取、思考、设计及应用能力。 | 该案例活动把学生置身于科学氛围浓厚的环境中，培养学生独立思考、提出问题并反思问题的习惯。学生动手参与科学实践活动。该活动设计能够达到澳大利亚科学课程标准"设计与技术"所要求的通过选择和组合材料、系统、组件、工具和设备，思考设计解决方案的方法。 |

| 评析维度 | 具体评析 | |
|---|---|---|
| | 课程案例评析 | 课程标准评析 |
| 课程评估维度 | 本案例采用形成性评价和终结性评价，以拓宽学生的知识面，在帮助学生理解的同时鼓励其思考，培养其总结反思的能力。帮助学生了解现象背后所包含的知识，同时鼓励学生表达感想以及看待不同事物的不同观点。 | 帮助学生了解到与他们生活息息相关的现象背后的科学知识的同时，培养学生创造和反思的能力。本案例通过形成性评价和终结性评价，使得活动评估与澳大利亚科学课程标准注重评估的导向相契合。 |

## （五）校外机构 STEM 教育实践案例特点及启示

### 1. 结合日常生产与生活

上述校外机构 STEM 教育实践案例从天气测量工具的制作、起重机的制作到火花科学中心的探索，都与学生的日常生活和所见到、听到的生产实践紧密相关。以这样的背景和主题为切入点，不仅可以吸引学生的注意力，而且可以使学生主动地将学习与实际生活相联系，将知识运用于实践中，体会到最真实的成就感，而不是一直在课本里漫游，将学习与现实生活世界割裂开。例如，以第二次世界大战为背景产生制作天气测量工具的任务，这会使学生有身临其境的感觉，激发学生提出问题、分析问题、解决问题的动力。

### 2. 突出学科核心概念

在上述校外机构 STEM 教育实践案例中，从制作天气测量工具、起重机、水净化简易装置到火花科学中心的探索都涉及"物质及其相互作用""能量"等学科核心概念。学科核心概念是贯穿整个课程的重要概念，是联系其他概念的重要基础和支点。水净化简易装置课程的设置以让学生自己动手完成对地球的保护为主题。火花科学中心的探索帮助学生了解身边的小环境、所处的大环境，以及地球和宇宙的运行规律，帮助学生有效地拓宽知识面，提高对于世间万物的好奇心，在与科技设备交互的过程中也能体会到科学的神奇与世界的变化及奥秘。

### 3. 融合数学、物理、化学等跨学科知识与技能

上述校外机构STEM教育实践案例不仅突出学科核心概念，而且将数学、物理、化学中的知识与技能有机地结合起来，帮助学生掌握跨学科的知识与技能。天气测量工具的制作中包括数学方面的数量单位和数量之间的关系、物理方面的物理量和影响物理量变化的因素；水净化简易装置的制作中包括地球科学方面的保护地球环境的因素，物理方面的体积、材质种类和水渗透的因素；起重机的制作中包括数学方面的倍数的概念及应用，物理方面的杠杆的原理、操作及其应用；火花科学中心的探索中包括物理方面的光、电等科学现象以及工程和材料的操作及其应用。通过跨学科知识与技能的综合应用，培养学生的创新思维。

### 4. 注重工程思维和工程实践操作能力评价

上述校外机构STEM教育实践案例的展开并不是由教师单独在课堂上演示，也不是由教师带领学生一步一步地进行操作，而是由学生自己观察、思考、操作，教师只是提供操作的材料和工具以及大致的引导与提示，这有利于学生自己思考制作的过程，发挥他们的积极性，锻炼实践操作能力，通过自主探索发现知识的奥秘与魅力，培养对科学的兴趣、责任心和成就感。此外，这种注重学生动手能力培养评价的活动案例，有助于培养学生的工程思维，有助于使教师真正了解到学生的理解和掌握程度，从而因材施教，而不是只让学生纸上谈兵，一旦涉及生产、生活中的问题就难以解决。

# 四、基于 STEM 学习生态系统的 STEM 教育实践案例

自 STEM 教育在美国诞生三十余年来，尽管其优点在国际上已经得到普遍认可，但是美国提升 STEM 教育的呼声却从未中断。研究发现，历年来提升 STEM 教育的相关举措主要集中于正规教育体系之中，而美国学生每年在校的时间相当有限。（赵中建 等，2015）因此，教育者们逐渐意识到通过单一的学校教育来促进学生的 STEM 学习可能成效甚微，而利用非正规教育环境来促进 STEM 教育的发展则存在巨大的潜力。即 STEM 学习可以在校外进行，如博物馆和动物园等机构组织的课后及暑期活动，学生在网络或电视上阅读或观看相关内容，以及学生与同龄人、家长、教师等的互动中进行的 STEM 学习。（李佳，2019）

2014 年初，美国国家研究委员会下属的教师咨询委员会联合加利福尼亚州教师咨询委员会共同主办关于 STEM 教育的全国性大会，并在大会上着重探讨了"STEM 学习生态系统"这一概念，号召在全美范围内共同构建 STEM 学习生态系统（Council Teacher Advisory & National Research Council，2014）。不久之后，美国白宫举行了建立 STEM 学习生态系统启动大会，并且成立了美国 STEM 基金网络（STEM Funders Network，SFN），希望通过 STEM 学习生态系统的建立，为学生创造联结校内、校外和社区学习 STEM 的机会（Department of Education, United States of America，2015）。

STEM 学习生态系统将人、机构组织和社会资源聚集在一起，为 STEM 学习者的参与创造强有力的机会。STEM 学习生态系统以学生为中心，由地方组织或者个人建立，如高等教育机构、STEM 资源丰富的校外机构（如博物馆、科技馆）、校外 STEM 项目和商业机构。在 STEM 学习生态系统中，各个机构之间相互合作，教育工作者、专家和家长等也参与其中，使 STEM 活动融入学生的日常生活之中。总而言之，STEM 学习生态系统融合正规教育、非正规教育和课外教育，为学生提供长期、个性化的学习机会，以真正地达到"STEM 无处不在"的效果。（赵中建 等，2015）

## （一）案例一：普罗维登斯课后联盟

### 1. 案例介绍

普罗维登斯课后联盟（Providence After School Alliance，PASA）的 STEM 生态系统由当地社区教育工作者、中学的数学和科学教师、高校教师、地区课程负责人和 STEM 相关商业机构构成，致力于为美国儿童贫困率第三高的城市普罗维登斯的青少年创造一个充满活力的学习环境。该课后联盟通过组织可持续的公私合作关系，为普罗维登斯的所有青少年提供和改善课后、暑期和其他校外学习机会，逐渐成为全美具有代表性的 STEM 教育生态系统。

在 PASA 提供的众多项目中，最为有名的是 After Zone 暑期学习者项目。该项目由 PASA、普罗维登斯公共学区以及大约 20 个当地的社区组织（如环境、植物园、艺术、工程和博物馆）领导，为中学生提供为期四周的暑期 STEM 课程。该项目的教学团队由社区 STEM 教育工作者、当地教师和 PASA 青年发展专家组成，共同开发并教授 STEM 课程。课程内容以环境科学为重点，使用基于探究的方法让学生通过动手实践来解决现实生活中与 STEM 有关的问题。After Zone 暑期学习者项目在提高学生与 STEM 相关的学术知识与技能的同时，还帮助参与活动的教师和社区教育工作者提升探究式教学能力。

在 After Zone 暑期学习者项目中，学生、家长以及项目的提供者以不同形式共同参与其中。作为家长，可以与孩子交流他们参与的项目、向承办者了解社区合作伙伴以及参加项目的闭幕活动。在闭幕式上，孩子们将展示他们在 After zone 暑期学习者项目中的学习成果。作为项目承办者，即来自普罗维登斯社区的 STEM、体育和艺术方面的专家，则承担协助活动开展的任务。他们走进校园，招募青少年报名参加该项目，布置活动场地，迎接并引导学生动手参与。同样地，他们也将参加项目闭幕活动，与学生以及家长共同庆祝活动的结果。After Zone 暑期学习者项目中不同角色参与项目的形式如表5-13所示。

表5-13　After Zone 中不同角色的参与形式

| 角色 | 参与形式 |
|---|---|
| 学生 | ●暑期学习者项目 |
| 家长 | ●参加项目闭幕活动<br>●了解社区合作伙伴<br>●与孩子交流他们的项目 |
| 项目承办者 | ●招募青少年参与活动<br>●布置活动场地<br>●迎接学生<br>●引导学生动手参与<br>●参加项目闭幕活动 |

为了保障 After Zone 暑期学习者项目的可持续健康发展，如表5-14所示，PASA 通过后勤支持、组建优秀的项目承办团队、设计高品质项目活动以及善用资源等举措，建立了十分高效的项目运行系统。来自80多个组织的200多名兼职教育专家为学生设计并提供项目活动。而 PASA 也制定相应的高标准以及为项目承办者和职员提供专业发展，以确保活动能够对青少年产生积极的影响。良好的后勤保障也是活动顺利进行的必备条件。活动前，PASA 走进校园，招募青少年参加最符合他们兴趣的项目。在活动期间，为青少年参与者协调交

通和提供每日膳食。除此以外，PASA 还充分利用资源，在市长和校长的领导下，从城市和公共教育资金筹集公共资金；而私人资金则来自企业和个人捐助。

表 5-14　After Zone 暑期学习者项目可持续发展的四大举措

| 举措 | 内容细节 |
| --- | --- |
| 后勤支持 | 协调交通，招募青少年，提供膳食 |
| 项目承办团队 | 来自 80 多个组织的 200 多名兼职教育专家 |
| 设计高品质项目活动 | 制定高标准，提供专业发展 |
| 善用资源 | 从公共和私人资金中筹集活动资金 |

## 2. 案例评析

该 STEM 学习生态系统的教育实践案例的评析以美国国家研究理事会（National Research Council，2015）推荐的"三层面校外 STEM 教育成效评价框架"为依据，从学习者个体、STEM 教育项目以及共同体三个层面展开，评析结果如表 5-15 所示。

表 5-15　普罗维登斯课后联盟教育实践案例评析

| 评析层面 | 评析内容 |
| --- | --- |
| 学习者个体层面 | After Zone 暑期学习者项目的课程侧重于实践学习，帮助学生建立数学和科学推理技能以及 21 世纪技能（如批判性思维、沟通和协作能力）。该项目为学生全年提供各种实践机会，鼓励学生自由尝试各种新的兴趣，在校内和校外经验之间建立相关联系，积极探索可能的职业兴趣。 |
| STEM教育项目层面 | 该项目为青少年提供丰富的学习资源及多种多样的学习计划，以支持青少年全方面参与到活动中。例如，参与者可以从各种不同的 STEM 项目中进行选择，这些项目由 12 个不同的社区组织合作提供，包括动物园、海湾和社区划船中心。其次，该项目与青少年的兴趣和生活经验有较好的契合度。在项目中，学生可以选择性参与最感兴趣的活动，而在活动中，学生通过动手实践来解决现实生活中与 STEM 有关的问题。 |

| 评析层面 | 评析内容 |
|---|---|
| 共同体层面 | PASA 为学生提供多种多样的 STEM 学习机会且普及程度良好。PASA 联合课后组织机构、城市部门和青少年及家长团队的 100 多位领导人，创建了一个全市规模的 STEM 学习生态系统，即建立了一个独特的以社区为基础、以 2—3 所学校为中心，由多个校外社区设施组成的课后活动系统。课后活动系统合理利用各类场景（如校内、校外、场馆等），使其提供的 STEM 教育能发挥良好的整合与衔接作用。其通过后勤支持、优秀的项目承办团队、高品质项目活动以及善用资源等机制，支持优质的 STEM 教育项目发展。 |

## （二）案例二：芬兰 LUMA 中心

### 1. 案例介绍

1996 年至 2002 年期间，芬兰教育部组织开展了名为 LUMA 的数学和科学教育发展项目，以构建国家级 STEM 学习生态系统。（中国教育科学研究院，2017）LUMA 是芬兰语"Luonnontietee"（意为自然学科）和"Mathematics"的缩写。芬兰 LUMA 中心负责协调全国各 LUMA 分支机构，从幼儿园到大学所有层次的教育机构、工商企业部门、教育行政部门、博物馆、科技中心、教师组织、媒体、学生、家长、其他相关组织和个体都参与其中，旨在加强全民科学知识，促进科学素养，并通过以研究为导向的 STEM 教育活动，激励人们学习数学、科学和技术。芬兰 LUMA 中心标志背景由五种不同的颜色组成，描述了不同的科学领域以及学校级别和合作伙伴。中间的空白代表着光，即未来的创造者在学习数学、科学和技术时眼中闪现的热情。

芬兰 LUMA 中心以大中小学协作的形式，开展多样化的 STEM 教育活动，创设了丰富的 STEM 资源平台。其中，开展的项目活动，如 STEM 俱乐部、营地教育以及针对儿童与青少年创办的网络在线杂志等，通过向参与者展示

STEM 教育与他们之间的密切联系，加强青少年间的社会交往与合作，提升他们对 STEM 的兴趣。

国家 LUMA 周（National LUMA Weeks）是自 2004 年开始每年都会举办的活动。在国家 LUMA 周活动期间，鼓励并支持幼儿园、中小学校与其他教育机构以及俱乐部指导员和其他合作伙伴（如青年中心和图书馆）组织与 STEM 教育有关的各种活动。除了幼儿园、学校和图书馆之外，还可以在其他公众区域组织活动，如商店、购物中心、火车站和汽车站等。该活动超越传统的学科界限，儿童和青少年的父母共同参与，活动组织者与当地社区积极合作。

此外，LUMA 还组织名为"大学里的科学营"活动，将在大学校园中参加关于 STEM 教育的动手实践活动和参观访问学习作为中小学课程的一部分。其中，依托于阿尔托大学的青少年实验室（Aalto University Junior Lab）针对不同层次的学校，在校园内开设了一系列的活动课程，由阿尔托大学的教师亲自指导学生的活动过程。

依托于拉普兰大学（University of Lapland）名为极光科学实验室（Science Lab Aurora）的活动，面向中小学教师，参加活动的中小学教师进入校园，与其他一线教师进行涉及物理、化学和编程方面的主题的科学研讨会。其中，关于北极光的多学科研讨会最受欢迎。研讨会通过文学（起源的神话）、天文学、物理学、化学和艺术观察北极光现象。另一个受欢迎的研讨会主题是通过探究和实践的方法研究彩虹的产生。

不仅如此，LUMA 每月会针对家庭组织名为"科学之夜"（Science Evenings）的教育活动，希望通过研究和实践的方式，让孩子与他们的父母共同参与，激发对科学的兴趣。科学之夜与大学各个院系合作共同设计活动，将各个领域（如语言学、文化和历史）和科学主题相互结合起来，形成跨学科的专题活动。例如，在春天，活动可能是如何使自己的车库成为昆虫传授花粉的地方，也可能是如何用化学方法染出复活节的鸡蛋；到了秋天，活动主题则是研究蘑菇。活动中，鼓励参与者尽可能多地进行互动，通过实践的方式让孩子们获得洞察力。

## 2. 案例评析

该案例的评析以美国国家研究理事会推荐的"三层面校外 STEM 教育成效评价框架"为依据，从学习者个体、STEM 教育项目以及共同体三个层面展开，评析结果如表 5-16 所示。

表 5-16 芬兰 LUMA 中心教育实践案例评析

| 评析层面 | 评析内容 |
|---|---|
| 学习者个体层面 | LUMA 项目通过以研究为导向的一系列不同场景（如大学、图书馆、青年中心等）的 STEM 教育活动，让青少年动手参与实践和探究，加强青少年的科学知识、社会交往和团队合作能力，在促进青少年科学素养提升的同时，培养他们对于学习数学、科学和技术等学科的兴趣，为他们在相关领域取得进一步职业发展埋下伏笔。 |
| STEM 教育项目层面 | 芬兰 LUMA 中心以大中小学协作的形式，集结各层次的教育机构、工商企业部门、教育行政部门、博物馆、科技中心、教师组织、媒体等，为学生提供丰富的学习计划，创设了堪称典范的 STEM 学习资源平台。其开展的活动形式多种多样，比如随季节变化的"科学之夜"专题活动，将学生的生活经验与 STEM 教育相结合，使得项目活动更加接地气，完美契合了青少年的兴趣。项目通过让学生以探究形式进行动手实践学习、参观访问大学实验室等活动，促进了青少年心智、社会交往以及情感态度等多重维度的发展。 |
| 共同体层面 | 芬兰 LUMA 中心协调全国各 LUMA 分支机构、所有层次的教育机构、博物馆、科技中心、教师组织、媒体、学生、家长和其他相关组织，建立了一个全国规模的 STEM 学习生态系统。其鼓励教育机构以及俱乐部指导员和其他合作伙伴，如青年中心和图书馆，在校内、校外以及各大场馆承办组织与 STEM 教育相关的活动，发挥了良好的整合与衔接作用。此外，LUMA 中心有着良好的运行机制，通过共同设计活动模式推进合作，具有监督机制的董事会指导中心的实际运作，决定申请共同资金以及分配资金，并与地区 LUMA 中心共享。为了顺利开展各种形式的活动而设立工作组，促进该中心的可持续发展。 |

## （三）案例三：英国国家STEM学习中心

### 1.案例介绍

英国国家STEM学习中心（National STEM Learning Center）成立于2004年，最初由英国国家教育部和慈善信托基金（Welcome Trust）共同发起，旨在为全英国所有青少年提供世界一流的STEM教育。该学习中心与英国政府部门、各大企业以及教育机构合作，通过为教师与青少年提供适应需求的STEM教育相关服务，成功构建一个覆盖全国的STEM学习生态系统。

为了给全国青少年提供优质的STEM教育，该中心首先常年为学校教师及领导提供不同学科和类型的STEM教育培训，包括线上及线下的教师教育培训、定期举办提升STEM课程发展与科学教育领导力大会、参观科研中心和前往STEM相关行业的公司或科研机构实习。

针对青少年，STEM学习中心开展了一系列丰富的STEM教育项目，包括STEM俱乐部、STEM大使、STEM家庭学习、STEM课程活动和纳菲尔德研究学习等，让所有年龄段的学生探索STEM学科和相关职业领域。其中，STEM俱乐部让青少年利用课后时间，在校园外探索STEM，家庭共同参与，从而丰富和拓宽学校课程。其设计的STEM活动，根据青少年的年龄段和能力进行划分，可以在教室、家里、实验室甚至室外进行，旨在挑战和扩展学生的能力。

此外，STEM学习中心开展的活动，可以发展青少年的生活技能，并以愉快而有意义的方式使他们与社区进行更广泛的接触。这些活动囊括了以太空、气候变化和量子力学为背景的主题课程。特别地，名为"网络百夫长"的活动，主要针对英国12—18岁青少年，旨在教育、激励学生追求STEM和网络安全方面的进一步教育及职业发展，建立一个多样化的人才储备库，以满足英国的劳动力需求。网络百夫长项目通过确保自主系统（如无人驾驶的飞机、直升机以及自动驾驶汽车）的安全通信和控制等任务，让青少年了解自主系统在国家安全和救灾，甚至在太空中为卫星加油或在火星上为宇航员提供引导等的应用，激发他们对网络安全或者 STEM 相关领域职业的兴趣。

纳菲尔德研究学习项目则是通过协调 STEM 相关企业或机构，为即将毕业的优秀高中生提供为期 4—6 周的实习，让他们运用在学校学到的技能和知识，协助研究人员和行业专家工作。实习地点包括研究中心、实验室、博物馆和办公室等室内场所，甚至是野外的工作环境。2020 年，920 余名学生被安排到 170 个机构的相应岗位实习。

### 2. 案例评析

该案例的评析以美国国家研究理事会推荐的"三层面校外 STEM 教育成效评价框架"为依据，从学习者个体、STEM 教育项目以及共同体三个层面展开，评析结果如表 5-17 所示。

表 5-17 英国国家 STEM 学习中心教育实践案例评析

| 评析层面 | 评析内容 |
| --- | --- |
| 学习者个体层面 | 英国国家 STEM 学习中心开展丰富多彩的以太空、气候变化和量子力学等为背景的 STEM 教育活动，活动不局限于室内，让所有年龄段的学生与社区进行更广泛的接触，拓展学生的相关知识与技能，培养其对 STEM 学科和相关职业的兴趣。此外，STEM 学习中心协调 STEM 相关企业和机构，为高中生提供宝贵的实习机会，让他们将所学技能和知识运用到实际的工作中，从而拓展他们在 STEM 领域的专业学习以及职业生涯的视野，确保学生终身学习 STEM。 |
| STEM 教育项目层面 | 英国国家 STEM 学习中心与政府部门、慈善信托机构、企业雇主、专业机构和科学协会合作，共同致力于提高年轻人在 STEM 学科和职业方面的参与度。该中心不仅为学生提供丰富的学习资源和宝贵的学习机会，还为教师以及学校领导提供 STEM 专业培训，确保共同为全国青少年提供优秀的 STEM 教育。其针对青少年的 STEM 教育活动，以挑战性和趣味性为特点，从提高青少年心智、情感以及知识与技能等多维度出发，不局限于室内环境，让青少年广泛接触社区。活动不仅迎合青少年的兴趣，还从实际生活经验出发，以太空、气候变化和量子力学等为知识背景，开设一系列的专题课程。 |

| 评析层面 | 评析内容 |
|---|---|
| 共同体层面 | 英国国家 STEM 学习中心组织的活动普及程度良好且具有多样性，从校内的 STEM 课程、家庭 STEM 学习、课后 STEM 活动到前往 STEM 相关企业部门实习均有开设。该中心通过与政府部门、STEM 相关企业和专业机构、科学协会等组织合作，开展涉及学校内、家里、实验室以及室外等场景的 STEM 教育活动，充分发挥了整合和衔接作用，建立了良好的 STEM 学习生态系统。STEM 学习中心拥有完善的运行机制和科学的行政功能，使其能够可持续发展。该中心主要通过委员会进行监制，监制委员会由一名执行董事和九名非执行董事（包括四名股东、两名赞助人、一名服务使用代表以及两名独立董事）组成。其中的两名独立董事通过公开招聘选出，分别担任董事会主席和审计委员会主席。每年都会对该中心的治理框架进行评估，以确保中心能够良好运行，并且董事会、审计委员会和行政部门之间都有明确的责任界限。 |

## （四）案例四：芝加哥地区大学预科科学与工程项目

### 1. 案例介绍

芝加哥地区大学预科科学与工程项目（The Chicago Pre-College Science and Engineering Program，以下简称芝加哥项目）于 2008 年发起，旨在鼓励更多的非洲裔和拉丁裔美国青少年加入与 STEM 相关的职业领域中。该项目与芝加哥地区的公立学校建立了长期合作关系，并与当地基金会、企业、大学、博物馆和其他非营利性组织也达成伙伴协议。其设计的 STEM 教育课程和活动与实际生活中的职业相结合，让参与者更为真实地感受计算机、工程以及科学等领域的职业功能。此外，芝加哥项目作为纽带，促进家长与教师之间合作，让学校、家长、学生、各大企业、社区组织以及博物馆等机构共同参与，一起为 STEM 教育做出贡献，成功创建了美国针对少数族裔具有示范性的 STEM 学习生态系统。

为了激励当地非洲裔与拉丁裔儿童和青少年进入 STEM 相关职业领域，芝加哥项目开展了一系列 STEM 课程和活动，并根据青少年的年龄分段开设这些 STEM 课程和活动。课程和活动以 STEM 职业为主题，如小小土木工程师、小小机械工程师、小小电气工程师、青年物理学家和数学家等，让参与者切身感受实际生活中与 STEM 相关的工作。特别地，父母或其他家庭成员必须与孩子们一起参加每一节课，作为伙伴，共同学习。这一策略不仅有助于对家长进行 STEM 教育，增加他们对于 STEM 职业领域的了解，从而促进他们支持子女未来谋求 STEM 职业发展，也有助于建立更牢固的亲子关系。此外，家长还需要制作视频，记录孩子的学习过程，并与孩子和教师分享。在活动后许多家长都指出，他们对 STEM 教学有了更高的标准和期望，更加支持高质量的教学。这些课程除了培养孩子们与 STEM 相关的知识与技能外，孩子们对学习更加热情，公开演讲、团队合作、解决问题、项目和时间管理甚至倾听能力都有所提高。

不仅如此，该项目有目的地邀请非洲裔与拉丁裔工程师和科学家参与其中，帮助所有学生形成对 STEM 职业的意识。参与者也因此能够接触到文化的多样性。课程中，所有书面材料都是用英语和西班牙语双语呈现，并为只讲西班牙语的家长提供翻译服务。一些家长说，他们原本讲英语的孩子，通过课程接触到西班牙语后，开始学习西班牙语。

芝加哥项目还定期为教师进行专业培训，以拓宽他们的教学知识，并提高其应用能力，确保为所有学生提供最优质的 STEM 课程。教师在两个学年需接受关于课程重点活动以及秋季和春季周六 STEM 活动的培训。同时，在长达 90 小时的专业培训中，还需要教师共同发展和完善已有的课程内容。

### 2.案例评析

该案例的评析以美国国家研究理事会推荐的"三层面校外 STEM 教育成效评价框架"为依据，从学习者个体、STEM 教育项目以及共同体三个层面展开，评析结果如表 5-18 所示。

表 5-18　芝加哥项目教育实践案例评析

| 评析层面 | 评析内容 |
|---|---|
| 学习者<br>个体层面 | 芝加哥项目以 STEM 职业为主题，如小小土木工程师、小小机械工程师、小小电气工程师、青年物理学家和数学家等，开展了一系列动手实践的 STEM 教育活动，培养了孩子们的团队合作、解决问题以及时间管理等能力，提高了他们对于 STEM 学科和相关职业的热情。该项目特别邀请工程师和科学家参与到活动课程之中，有目的地帮助学生形成对 STEM 职业的意识，为他们在 STEM 领域的终身学习以及拓展职业视野都奠定了良好的基础。总的来说，该项目对学生个体层面的智力发展、态度、相关职业领域的引导都起到了积极的作用。 |
| STEM 教育<br>项目层面 | 芝加哥项目与当地公立学校、大学、基金会、企业、博物馆和其他非营利性组织合作，共同致力于提高芝加哥地区非洲裔和拉丁裔青少年在 STEM 学科及职业方面的参与度。该项目为学生提供了丰富的学习资源和宝贵的学习机会，考虑到该少数族裔的特殊性，所有书面材料采用双语，即英语和西班牙语，促进了这些青少年的多维度发展，包括心智和情感。特别要求家长参加课程，有助于家长了解 STEM，从而促进他们对自己孩子从事 STEM 相关职业的支持度。其组织的教育活动，从实际生活中的 STEM 职业出发，将学生的生活经验带入课程，使项目课程很好地契合了青少年的兴趣与生活经验。 |
| 共同体<br>层面 | 芝加哥项目组织的 STEM 活动针对非洲裔与拉丁裔儿童和青少年，主要集中安排在春季和秋季学期的周六开展，普及度良好，然而多样性欠佳。其课程活动主要集中在室内开展，尽管活动中会组织家长和学生针对他们所在社区的科学与工程设施等进行实地考察，但是相对于其他 STEM 学习生态系统，该教育实践案例的多样性仍有不足。该项目与当地公立大中小学、基金会、企业、博物馆和其他非营利性组织达成伙伴协议，可协调各大相关组织、机构，在组织校内和校外等多场景下的 STEM 教育活动方面存在巨大的潜力，能够发挥良好的整合和衔接作用。芝加哥项目拥有成熟完善的运行机制。该项目的创始人曾成功创立并运行"底特律地区大学预科科学与工程项目"。该项目针对的也是当地低收入的少数族裔。芝加哥项目基于已有的成功项目的运行模式，为当地学生服务。在大通银行基金会和国家科学基金会的支持下，项目得以成功且可持续地发展。 |

## （五）STEM 学习生态系统的教育实践案例特点及启示

### 1. 突破教育边界，多方合作，构建一体化 STEM 学习生态系统

从以上四个具有代表性的 STEM 学习生态系统教育实践案例中不难看出，STEM 学习生态系统由多个部门和机构组成，相互之间建立互惠互利的长期合作关系，打破了单一的传统学校教育的局限性。例如，芬兰 LUMA 中心与从幼儿园到大学所有层次的教育机构、工商部门、教育行政部门、博物馆、科技中心、教师、媒体、家长等组织和个人建立联系，对所有资源进行统筹和协调，成功构建全国规模的一体化 STEM 学习生态系统。

基于 STEM 学习生态系统的 STEM 教育强调教育的系统性和全局性。在对待 STEM 教育上，我们应当转变"校内为主、校外为辅"的思维定式（陈舒 等，2017），将校内、校外教育融合，确保多方参与。在关于教育资源的整合上，近年来，尽管我国以博物馆、科技馆和 STEM 教育机构等为载体的校外 STEM 教育实践如雨后春笋般纷纷涌现，然而大多情况下却各自为营，鲜少与学校合作。（赵中建 等，2015）对比以上案例不难得出，我国 STEM 教育呈现分散的主要因素可能是缺乏顶层设计。芬兰 LUMA 中心由芬兰教育部组织构建，而英国国家 STEM 学习中心由英国国家教育部和慈善信托基金共同发起。构建完善的 STEM 学习生态系统需要摒弃把 STEM 教育作为内部教育的传统理念和方法，从为国家培养创新人才的高度，整合全社会资源（黄志红，2020），多方参与，共同合作。

### 2. 为 STEM 教育工作者提供专业培训的平台

上述案例中的 STEM 学习生态系统不仅为学生提供 STEM 教育实践活动，还开展教师培训，确保为学生提供优质的 STEM 教育课程。例如，英国国家 STEM 学习中心常年为教师提供不同学科和类型的 STEM 教育培训，包括线

上以及线下的教师教育培训、定期举办提升 STEM 课程发展与科学教育领导力大会、参观科研中心等活动。同样，芝加哥项目也定期为教师进行专业培训，以拓展教师的教学知识，并提高他们的应用能力。

STEM 教师队伍的建设是我国当前 STEM 教育迫切需要解决的问题之一。目前我国拥有大量的一线教师，也有不少从事教育理论研究的专家，但鲜少有人既知理论又理解实践。（赵中建 等，2015）因此，应当借助 STEM 学习生态系统，在统筹社会资源的同时，充分考虑如何将资源最大化利用，以此加强一线教师的专业素养，促进教师与 STEM 工作人员、科研机构人员和教育专家的交流。

### 3. 保障 STEM 教育均衡

STEM 学习生态系统的良好运行离不开当地社会资源的整合，包括科研中心、博物馆、图书馆、企业机构等。当前我国区域经济文化的差异，如东部沿海经济发达地区和西部欠发达地区的差异（赵中建 等，2015），导致 STEM 软硬件教育资源水平有所差异。而且，我国 STEM 教育过于注重硬件建设，以 3D 打印、激光切割、机器人等为主（黄志红，2020），进一步加剧了 STEM 教育的不均衡发展。

我国 STEM 学习生态系统的建立需考虑社会教育资源不均衡的问题，将 STEM 教育作为促进教育公平的一个重要途径，而不是加剧教育的不均衡发展。应当将广大农村儿童、城市流动儿童以及家庭经济条件欠缺的孩子着重纳入 STEM 学习生态系统中。例如，案例中的普罗维登斯课后联盟的宗旨就是为美国儿童贫困率第三高的城市普罗维登斯的儿童和青少年创造 STEM 教育的学习机会，而芝加哥项目的发起更是考虑到非洲裔与拉丁裔等美国少数族裔，让他们同样拥有了解和选择 STEM 相关学科和职业的权利。

# 本章回顾与反思

## 本章小结

通过本章的介绍，相信读者对如何开展 STEM 教育有了更深入的认识。事实上，STEM 教育的开展可以是无处不在的，并不拘泥于课堂。无论是在学校、家庭、校外的博物馆、图书馆还是社区，都可以利用身边的资源开展 STEM 教育。教育数字化为无处不在的 STEM 教育带来了更多的可能性。其次，STEM 教育并不仅仅包括当前盛行的 3D 打印或者机器人学习等我们想象中高大上的案例。相反，STEM 教育应当取材于生活，并融于生活。

## 要点梳理

1. 学校 STEM 教育就是通过不同层次的课程及活动，让学生综合运用各科的知识，以提升全面的思考能力和协作式问题解决能力。

2. 家庭 STEM 教育需要父母的共同参与，从实际生活问题出发，贴合孩子的个人兴趣，更加以兴趣为导向，在促进亲子关系的同时与学校 STEM 教育互补。

3. 校外 STEM 项目活动主题与学生日常生活紧密联系，活动通常安排在与 STEM 内容元素相关的地点，给予学生更为真实的问题情境。

4. 基于 STEM 学习生态系统的 STEM 教育，以学生为中心，强调各个机构之间相互合作，并且教育工作者、专家和家长等也参与其中，将 STEM 活动融入学生的日常生活中。

## 本章思考问题

1. 了解了四种不同类型的 STEM 教育实践案例后，你对如何开展 STEM 教育有哪些新的理解？

2.回顾自己曾经教授或者参观的 STEM 教育课程，你认为在哪些方面还需要提高和改进？

结合本章的案例介绍，尝试分别设计以学校、家庭、校外机构（如主题博物馆）为背景的 STEM 教育实践案例。

# 参 考 文 献

BISSC 国际科普纵览，2020. 马来西亚国油探索科学中心：做 STEM 教育的"弄潮儿"［EB/OL］.（2020-04-17）［2022-12-10］.https://mp.weixin.qq.com/s/lfoeUOXnA_JemszPDZ-Cuw.

826 全美，2018. 基于课程标准的 STEM 教学设计：有趣有料有效的 STEM 跨学科培养教学方案［M］.北京：中国青年出版社.

安宇宏，2016.第四次工业革命［J］.宏观经济管理（7）：83.

曹培杰，2017. 重新定义课堂：核心素养视角下的教学转型［J］.现代教育技术，27（7）：40-46.

常识百搭，2021. 第二十五届常识百搭小学 STEM 探究展览［EB/OL］.［2022-06-09］.https://www.edcity.hk/pspe/zh-hant/details.

陈丽，2018.德国"蜜蜂园"环境教育课程简介：兼谈 STEM 教育课程设计［J］.湖北教育（科学课）（4）：95-97.

陈强，赵一青，常旭华，2017.世界主要国家的 STEM 教育及实施策略［J］.中国科技论坛（10）：168-176.

陈舒，刘新阳，2017.美国校外 STEM 教育成效评价：视角、框架与指标［J］.开放教育研究，23（2）：102-110.

陈潭，刘成，2016.迈向工业 4.0 时代的教育变革［J］.南京社会科学（9）：131-137.

陈小婷，2015.美国"马萨诸塞州 STEM 教育计划"述评［J］.西北成人教育学院学报（6）：12-16.

褚宏启，2016.核心素养的国际视野与中国立场：21 世纪中国的国民素质提升与教育目标转型［J］.教育研究，37（11）：8-18.

邓小平，1993.邓小平文选（第三卷）［M］.北京：人民出版社：108.

邓宗祥，2020.中学物理教育环境对高中生 STEM 职业期望影响的研究［D］.天津：天津师范大学.

董泽华，2015.美国 STEM 教育发展对深化我国科学教育发展的启示［J］.教育导刊（2）：87-90.

杜壮，2014.中国"智"造：制造大国的超车弯道［J］.中国战略新兴产业（11）：28-31.

范佳午，李正福，2018.STEM 教育在中国的发展［J］.中国民族教育，（Z1）：13-15.

方浩颖，梁海坤，谢永燊，等，2019.基于"中国 STEM 教育 2029 行动计划"首批领航学校实施案例的研究［J］.基础教育参考（13）：31-34.

海外网.中国距离发达国家还有多远？林毅夫：有些差距并没有在 GDP 中反映［EB/OL］.（2021-04-21）［2022-02-12］.https://baijiahao.baidu.com/s?id=16976423989967472142&wfr=spider&for=pc.

郝和平，2016.STEM 教育：美国幼教界的一个新动向［J］.早期教育（教师版）（4）：4-5.

黄璐，赵楠，戴歆紫，2020.STEM 课程校本开发的国际经验与启示［J］.现代远距离教育（1）：91-96.

黄荣怀，杨俊锋，2022.教育数字化转型的内涵与实施路径［N］.中国教育报，2022-04-06（4）.

黄志红，2020.中小学 STEM 教育的发展：现状、问题及建议［J］.广东教育（综合版）（2）：41-42.

霍林，德怀尔，2020.STEM 课程如何设计：从 StEMT 理念到课例［M］.刘恩山，等译.北京：外语教学与研究出版社.

江丰光，蔡瑞衡，2017.国内外 STEM 教育评估设计的内容分析［J］.中国电化教育（6）：59-66.

金旭球，2020.能力本位的STEM课程设计：联合国教科文组织国际教育局STEM能力框架及启示［J］.中国电化教育（12）：90-98.

科技部新一代人工智能发展研究中心，2019.智能教育创新应用发展报告［R］.

李佳，2019.基于学校主导型STEM学习生态系统的中学生物校本课程开发［D］.北京：首都师范大学.

李科震，李维，2019.《STEM教育——北极星计划》的经验与启示［J］.教学研究，42（5）：1-7.

李森，王天平，2010.论教学方式及其变革的文化机理[J].教育研究，31(12)：66-69.

李学书，范国睿，2020.基于STEAM的幼儿园科学教育变革策略［J］.教育科学，36（1）：82-90.

李学书，金燕娜，2019.美国STEM教育的愿景、举措和保障：整合的视角［J］.基础教育，16（3）：39-46.

李玉斌，宋金玉，姚巧红，2019.游戏化学习方式对学生学习效果的影响研究：基于35项实验和准实验研究的元分析［J］.电化教育研究，40（11）：56-62.

李泽林，2005.分科教学的历史演进与现实反思［D］.兰州：西北师范大学.

联合国教科文组织总部中文科，1996.教育：财富蕴藏其中［M］.北京：教育科学出版社.

刘宝存，2003.创新人才理念的国际比较［J］.比较教育研究（5）：6-11.

刘恩山，2011.基础教育理科课程改革未来十年展望[J].基础教育课程(12)：17-18.

刘恩山，2017.工程学在基础教育中的地位和作用［J］.科普研究，12（4）：5-10，103.

刘玲，戴金芮，2017.STEM教育落地中国：问题与对策[J].今日教育（10）：14-17.

刘绮君，2020.游戏化学习在STEM教育中的应用研究［J］.教育现代化，

7（10）：117-120.

刘晟，魏锐，周平艳，等，2016.核心素养如何落地：来自全球的教育实践案例及启示［J］.人民教育（20）：60-67.

刘忠强，钟绍春，王春晖，等，2018.基于跨学科教育理念的语文学科核心素养构建策略研究［J］.现代远距离教育（3）：44-50.

刘濯源，2015.教育4.0时代，教育技术的新变革[J].中国信息技术教育(Z2)：143-144.

龙立荣，方俐洛，李晔，2002.社会认知职业理论与传统职业理论比较研究［J］.心理科学进展（2）：225-232.

龙玫，赵中建，2015.美国国家竞争力：STEM教育的贡献［J］.现代大学教育（2）：41-49，112.

鲁双，2019.美国STEM课程建设研究及启示［D］.重庆：四川外国语大学.

吕铁，2019.传统产业数字化转型的趋向与路径[J].人民论坛·学术前沿(18)：13-19.

麦肯锡全球研究院，2021.中国的技能转型：推动全球规模最大的劳动者队伍成为终身学习者［EB/OL］.（2021-01-13）［2022-02-18］.https://www.mckinsey.com.cn/wp-content/uploads/2021/03/MGI_Reskilling-China_-Full-CN-report.pdf.

戚聿东，肖旭，2020.数字经济时代的企业管理变革［J］.管理世界，36（6）：135-152，250.

森德勒，2018.无边界的新工业革命：德国工业4.0与"中国制造2025"［M］.北京：中信出版集团，100-101.

上官剑，李天露，2015.美国STEM教育政策文本述评[J].高等教育研究学报，38（2）：64-72.

施德俊，2019.式与能：数字化转型升级的战略五阶段［J］.清华管理评论（Z1）：104-115.

世界教育创新峰会，2016 面向未来的教育：培养21世纪核心素养的全球经验［R/OL］.（2016-06-03）［2022-02-18］.https://www.wise-qatar.org/
app/uploads/2019/04/wise_research21st_century_skills_chinese.pdf.

首新,胡卫平,2017.为了一个更好的澳大利亚:澳大利亚中小学STEM教
育项目评述［J］.外国教育研究,44（10）:100-114.

舒越,盛群力,2019.聚焦核心素养 创造幸福生活:OECD学习框架2030
研究述要［J］.中国电化教育（3）:9-15.

宋怡,马宏佳,孙美勤,2017.美国"变革方程"引领下的STEM课程项目:
开发、应用与共享机制［J］.外国中小学教育（9）:60-68.

孙志伟,李小平,张琳,等,2019.虚拟现实技术下的学习空间扩展研究［J］.
电化教育研究,40（7）:76-83.

索恩伯格,2020.学习场景的革命［M］.杭州:浙江教育出版社.

泰勒,2014.课程与教学的基本原理［M］.罗康,张阅,译.北京:中国轻
工业出版社.

谭高贵,2020.英国中小学STEM教育的实施路径及启示［D］.喀什:喀
什大学.

谭琳,2021.STEM教育:家庭教育的新理念与新方式［EB/OL］.［2021-
08-21］.https://www.pep.com.cn/xh/kpjyzwh/kpd/4kpltwj/202106/
t20210617_1968148.shtml.

王春英,陈宏民,2021.数字经济背景下企业数字化转型的问题研究［J］.管
理现代化,41（2）:29-31.

王素,曹培杰,康建朝,等,2016.中国未来学校白皮书［R］.北京:中国
教育科学研究院.

王玉柱,2018.数字经济重塑全球经济格局:政策竞赛和规模经济驱动下的
分化与整合［J］.国际展望,10（4）:60-79,154-155.

韦倩倩,2019.澳大利亚幼儿STEM教育实施及其特点［J］.教育评论（6）:
158-163.

魏方卉,柏毅,2014.英国中小学"设计与技术"课程内容研究:基于《英

国国家课程》的研究［J］.江苏第二师范学院学报，30（5）：62-65.

吴砥，李环，尉小荣，2022.教育数字化转型：国际背景、发展需求与推进路径［J］.中国远程教育（7）：21-27，58，79.

辛涛，贾瑜，2019.核心素养落地的几个关键问题［J］.教育与教学研究，33（7）：1-9.

徐明，2019.寻找现实可能：当前学校STEM教育的实践观察与省思［J］.教育科学论坛（20）：3-7.

许丹莹，王兴华，2021.德国"小科学家之家"项目的理念、运作机制及启示［J］.世界教育信息，34（3）：75-79.

杨盼，韩芳，2019.芬兰STEM教育的框架及趋势［J］.电化教育研究，40（9）：106-112.

杨亚平，2015.美国、德国与日本中小学STEM教育比较研究［J］.外国中小学教育（8）：23-30.

杨彦军，张佳慧，吴丹，2021.STEM素养的内涵及结构框架模型研究［J］.电化教育研究，42（1）：42-49.

叶兆宁，周建中，郝瑞辉，等，2014.课内外融合的STEM教育资源开发的探索与实践［C］//第十六届中国科协年会——分16　以科学发展的新视野，努力创新科技教育内容论坛论文集.［出版者不详］：423-427.

于颖，陈文文，于兴华，2021.STEM游戏化学习活动设计框架［J］.开放教育研究，27（1）：94-105.

余胜泉，胡翔，2015.STEM教育理念与跨学科整合模式［J］.开放教育研究，21（4）：13-22.

余文森，2019.从"双基"到三维目标再到核心素养：改革开放40年我国课程教学改革的三个阶段［J］.课程.教材.教法，39（9）：40-47.

袁磊，金群，2020.在STEM教育中走向未来：德国STEM教育政策及启示［J］.电化教育研究，41（12）：122-128.

张焱.数字经济正成为全球经济复苏新动力［N］.中国经济时报，2017-03-

31（3）.

张杨，2018.改革开放四十年课程目标研究的成就与反思：以"双基"研究为切入点的观察与思考［J］.湖南师范大学教育科学学报，17（6）：30-36.

张又予，钱旭鸯，2019."北极星计划"：美国STEM教育的紧急行动呼吁［J］.上海教育（14）：57-59.

赵佩，赵瑛，2020.芬兰LUMA计划对我国基础教育阶段STEM教育生态系统构建的启示［J］.教师教育论坛，33（8）：74-76.

赵中建，2012.STEM：美国教育战略的重中之重［J］.上海教育（11）：16-19.

赵中建，龙玫，2015.美国STEM学习生态系统的构建［J］.教育发展研究，35（5）：61-66.

郑昀，徐林祥，2017.从"双基"到"三维目标"，再到"核心素养"：新中国成立以来语文学科教学目标述评［J］.课程.教材.教法，37（10）：43-49.

中国教育科学研究院，2017.中国STEM教育白皮书（精华版）［R］.北京：中国教育科学研究院.（2017-06-20）［2022-12-16］https://ict.edu.cn/uploadfile/2018/0507/20180507033914363.pdf.

中华人民共和国教育部，2017.义务教育小学科学课程标准［S］.北京：北京师范大学出版社.

中华人民共和国科学技术部人才中心，2020.中国科技人才状况调查报告（2019）［M］.北京：科学技术文献出版社.

中华人民共和国教育部，2020.普通高中生物学课程标准（2017年版2020年修订）［S］.北京：人民教育出版社.

钟柏昌，李艺，2018.核心素养如何落地：从横向分类到水平分层的转向［J］.华东师范大学学报（教育科学版），36（1）：55-63，161-162.

周榕，李世瑾，2019.STEM教学能提高学生创造力？：基于42项实验研究的元分析［J］.开放教育研究，25（3）：60-71.

朱珂，贾鑫欣，2018.STEM视野下计算思维能力的发展策略研究［J］.现代教育技术，28（12）：115-121.

朱学彦，孔寒冰，2008.科技人力资源开发探究：美国STEM学科集成战略解读［J］.高等工程教育研究（2）：21-25.

祝智庭，胡姣，2022a.教育数字化转型的理论框架［J］.中国教育学刊（4）：41-49.

祝智庭，胡姣，2022b.教育数字化转型的本质探析与研究展望［J］.中国电化教育（4）：1-8，25.

祝智庭，胡姣，2022c.教育数字化转型的实践逻辑与发展机遇［J］.电化教育研究，43（1）：5-15.

祝智庭，雷云鹤，2018.STEM教育的国策分析与实践模式［J］.电化教育研究，39（1）：75-85.

卓泽林，2017.超越课堂：美国中小学校外STEM项目的实施和评估［J］.中国电化教育（11）：80-86.

826 National，2021.（2021-12-30）.［2022-12-20］.826 National. https://826national.org.

ARDIANTI S, SULISWORO D, PRAMUDYA Y,et al.，2020. The Impact of the Use of STEM Education Approach on the Blended Learning to Improve Student's Critical Thinking Skills［J］. Universal Journal of Educational Research, 8（3B）：24-32.

ARIKAN S, ERKTIN E, PESEN M, 2022 . Development and Validation of a STEM Competencies Assessment Framework［J］. International Journal of Science and Mathematics Education （1）：1-24.

ASHBY C M, 2006. Higher Education：Science, Technology, Engineering, and Mathematics Trends and the Role of Federal Programs［J］. Government Accountability Office, 22（3）：656-659.

ATKINSON R D, MAYO M J, 2010. Refueling the U.S. Innovation Economy：Fresh Approaches to Science, Technology,Engineering and Mathematics

（STEM） Education ［R/OL］. （2010-12-07） ［2022-02-17］. https://
itif.org/publications/2010/12/07/refueling-us-innovation-economy-fresh-
approaches-stem-education.

BAHRUM S, WAHID N, IBRAHIM N，2017. Integration of STEM
Education in Malaysia and Why to STEAM ［J］. International Journal of
Academic Research in Business and Social Sciences, 7（6）：645-654.
https://doi.org/10.6007/IJARBSS/v7-i6/3027.

BECKLEY M，2018. The Power of Nations: Measuring What Matters［J］.
International Security, 43（2）：7-44.

BERRY M，2014. Computational Thinking in Primary Schools ［EB/
OL］. （2014-03-14） ［2022-02-17］. http://milesberry.net/2014/03/
computational-thinking-in-primary-schools.

BURKE A, HARDWARE S, 2015. Honouring ESL Students' Lived
Experiences in School Learning with Multiliteracies Pedagogy ［J］. Language,
Culture and Curriculum, 28（2）：143-157.

BYBEE R W, 2010b. Advancing STEM Education: A 2020 Vision ［J］.
Technology & Engineering Teacher, 70（1）：30-35.

BYBEE R W, 2010a. What Is STEM Education? ［J］. Science, 329
（5995）：996.

Business Europe, 2011. Plugging the Skills Gap: The Clock is Ticking -
Science, Technology, Engineering, Mathematics （STEM） ［R/OL］.
（2011-05-18） ［2022-02-18］. https://www.businesseurope.eu/sites/
buseur/files/media/imported/2011-00855-E.pdf.

BUGHIN. J, HAZAN, E, LUND, S, et al.,2018: Skill Shift: Automation
and the Future of the Workforce. San Francisco: McKinsey Global Institute.
Retrieved July 19, 2020, from https://www.mckinsey.com/featured-insights/
future-of-organizations-and-work/skill-shift-automation-and-the-future-

of-the-workforce.

CELIO C I, DURLAK J, DYMNICKI A, 2011. A Meta-Analysis of the Impact of Service-Learning on Students [ J ] . Journal of Experiential Education, 34 ( 2 ) : 164-181.

CHAPOO S,2018. Enhancement of 9th Grader Students' 21st Century Skills Through Inquiry-based Questions in Integrated STEM Activity [ C ] // International Conference For Science.

CHONG C J, 2019. Preliminary Review on Preparations in Malaysia to Improve STEM Education [ J ] . Journal of Sustainability Science and Management, 14 ( 5 ) : 135-147.

COMMUNICATION D G, EUROBAROMETRE, RECHERCHE D G, 2008. Young People and Science: Analytical Report [ R ] . Flash EB Series: 239.

Change the Equation/STEMWorks, 2021. [ EB/OL ] . https://www.lab-aids.com/change-equationstemworks.

Committee on Undergraduate Science Education, NRC, 1999. Transforming Undergraduate Education in Science, Mathematics, Engineering, and Technology [ M ] . Washington, D.C.: The National Academies Press.

Consortium for School Network, 2022a. Digital Leap Success Matrix [ EB/OL ] . [ 2022-05-04 ] . https://www.cosn.org/wp-content/uploads/2021/09/Digital-Leap-Success-Matrix.pdf.

Consortium for School Network, 2022b. Defining Digital Equity [ EB/OL ] . [ 2022-05-04 ] . https://www.cosn.org/wp-content/uploads/2022/04/CoSNDefiningDigitalEquity-1-1.pdf.

Cooper Gibson Research, 2022. Exploring Digital Maturity in Schools Using EdTech Data [ R/OL ] . [ 2022-05-04 ] . https://assets.publishing.service.gov.uk/government/uploads/system/uploads/attachment_data/

file/1057693/Exploring_digital_maturity_in_schools.pdf.

Council Teacher Advisory, National Research Council, 2014. STEM Learning is Everywhere: Summary of a Convocation on Building Learning Systems [M]. Washington, D.C.: The National Academies Press.

Croak M, 2018. The Effects of STEM Education on Economic Growth[D]. State of New York: Union Couege.

Croucher Foundation, 2017. The Out-of-School STEM Ecosystem in HongKong: An Exploratory and Investigative Study 2015/16, [EB/OL].https://croucher.org.hk/wp-content/uploads/2017/02/CF_STEM_study2015-16.pdf.

CHAND O'Neal I,2014. Selected Findings from the John F. Kennedy Centre's Arts in Education Research Study: An Impact Evaluation of Arts-Integrated Instruction through the Changing Education through the Arts (CETA) Program[EB/OL].[2023-01-14]. The John F. Kennedy Centre for the Performing Arts, Washington, D.C. https://artshealthnetwork.ca/ahnc/kc-ae-selected_findings_ceta_v16.pdf.

Department of Education, United States of America, 2015. Communities Come Together to Support STEM Education [EB/OL]. (2015-11-19) [2022-05-04]. https://innovation.ed.gov/2015/11/19/communities-come-together-to-support-stem-education.

Education Bureau, 2016. Report on Promotion of STEM Education: Unleashing Potential in Innovation [J]. Hong Kong: Education Bureau.

FIENNES C, OLIVER E, DICKSON K, et al., 2015. The Existing Evidence-base About the Effectiveness of Outdoor Learning[R/OL](2015-10) [2022-02-18]. https://www.sapoe.org.uk/wp-content/uploads/2017/08/outdoor-learning-giving-evidence-revised-final-report-nov-2015-etc-v21.pdf.

FLEITH D S, 2000. Teacher and Student Perceptions of Creativity in the Classroom Environment［J］. Roeper Review, 22（3）：148-153.

FORSTHUBER B, MOTIEJUNAITE A, SOFIA D, 2011. Science Education in Europe: National Policies, Practices and Research［J］. Education Audiovisual & Culture Executive Agency European Commission, 70（253）：160.

GARDNER D P, LARSEN Y W, BAKER W, et al., 1983. A Nation at Risk: The Imperative for Education Reform［M］. Washington, D.C.: The National Commission on Excellence in Education, US Department of Education.

GELLER C, NEUMANN K, BOONE W J, et al., 2014. What Makes the Finnish Different in Science? Assessing and Comparing Students' Science Learning in Three Countries［J］. International Journal of Science Education, 36（18）：3042-3066. https://doi.org/10.1080/09500693.2014.950185.

GILCHRIST P O, ALEXANDER A B, GREEN A J, et al., 2021. Development of a Pandemic Awareness STEM Outreach Curriculum: Utilizing a Computational Thinking Taxonomy Framework［J］. Education Sciences, 11（3）：109.

GREEN M, 2007. Science and Engineering Degrees: 1966-2004［Z］. Arlington, VA: National Science Foundation, Division of Science Resources Statistics.

HARKINS A M, 2008. Leapfrog Principles and Practices: Core Components of Education 3.0 and 4.0［J］.Futures Research Quarterly, 24（1）：19-31.

HOEG D G, BENCZE J L, 2017. Values Underpinning STEM Education in the USA: An Analysis of the Next Generation Science Standards［J］. Science Education, 101（2）：278-301.

HONEY M, PEARSON G, SCHWEINGRUBER H, 2014. STEM

Integration in K-12 Education: Status, Prospects, and an Agenda for Research [M]. Washington, D. C.: The National Academies Press. DOI: https://doi. org/10.17226/18612.

HONG O, 2017. STEAM Education in Korea: Current Policies and Future Directions [J]. Science and Technology Trends Policy Trajectories and Initiatives in STEM Education, 8 (2): 92-102.

International Society for Technology in Education, 2000. National Educational Technology Standards [M]. Washington, D.C.: Author.

KAMPYLIS P, PUNIE Y, DEVINE J. Promoting Effective Digital-Age Learning: A European Framework for Digitally-Competent Educational Organizations [EB/OL]. [2022-05-04]. https://publications.jrc.ec.europa. eu/repository/handle/JRC98209.

KELLY A, 1984. Girls into Science and Technology: Final Report [J]. Department of Sociology, University of Manchester, England.

KIM H J, HONG O, CHO H, et al., 2013. An Analysis of Change on Science Interest and Self-directed Learning Through STEAM Educational Period[J]. Journal of Learner-Centered Curriculum and Instruction, 13(3): 269-289.

KIM P W, 2016. The Wheel Model of STEAM Education Based on Traditional Korean Scientific Contents [J]. Eurasia Journal of Mathematics, Science and Technology Education, 12 (9): 2353-2371.

Korea Foundation for the Advancement of Science and Creativity, 2016. Introduction to STEAM Education [EB/OL]. [2023-05-15]. https://steam. kofac.re.kr/? page_ id=6895.

Korea Institute of Curriculum and Evaluation, 2014. PISA 2012 Main Outcomes: Mathematics, Reading, Science and Problem Solving [M]. Seoul: KICE.

Korean Ministry of Education, Science and Technology, 2011. The Second Basic Plan to Foster and Support the Human Resources in Science and Technology（2011-2015）. Seoul: MEST.

LEONARD-BARTON D, 1995. Wellsprings of Knowledge: Building and Sustaining the Sources of Innovation [M] . Boston, MA: Harvard Business School Press.

LESTARI H, RAHMAWATI I, SIKANDARI R, et al., 2021. Implementation of Blended Learning with a Stem Approach to Improve Student Scientific Lliteracy Skills During the Covid-19 Pandemic [J] . Jurnal Penelitian Pendidikan IPA, 7（2）: 224-231.

LI J, YAO J X, LUO T, et al., 2020a. STEM Policy in Asia [M] // Handbook of Research on STEM Education. Routledge: 416-427.

LI Y, SCHOENFELD A H, DISESSA A A, et al., 2020b. On Computational Thinking and STEM Education [J] . Journal for STEM Education Research, 3（2）: 147-166.

LINDSEY R V, KHAJAH M, MOZER M C, 2014. Automatic Discovery of Cognitive Skills to Improve the Prediction of Student Learning [C] // Advances in Neural Information Processing Systems: 1386-1394.

LANGDON D, MCKITTRICK G, BEEDE D, et al.,2011. STEM: Good Jobs Now and for the Future[J]. US Department of Commerce, 2011, 22(1):96-98.

LinkedIn Talent Solutions,2017. The Digital Workforce of the Future [EB/OL]. [2021-07-08]. https://business.linkedin.com/content/dam/me/business/en-us/talent-solutions/cx/2017/PDFs/digital_workforce_future.pdf.

MALIK M.STEM4ALL, AI and STREAM in Education: A 20-month Experience — Maszlee Malik [EB/OL] . （2022-03-25）[2022-12-29]. https://www.malaymail.com/news/what-you-think/2021/03/25/stem4all-ai-

and-stream-in-education-a-20-month-experience-maszlee-malik/1961057.

MARTÍN‐PÁEZ T, AGUILERA D, PERALES‐PALACIOS F J, et al., 2019. What are we talking about when we talk about STEM education? A review of literature [J]. Science Education, 103 (4): 799-822.

MATARIĆ M J, KOENIG N, FEIL-SEIFER D, 2007. Materials for Enabling Hands-on Robotics and STEM Education [A]. // AAAI Spring Symposium on Robots and Robot Venues, Resources for AI Education [C]. Stanford: CA: 99‐102.

MEDEL-AÑONUEVO C, OHSAKO T, MAUCH W, 2001. Revisiting Lifelong Learning for the 21st Century [R/OL]. [2022-02-23]. https://unesdoc.unesco.org/ark:/48223/pf0000127667/PDF/127667eng.pdf.multi.

MEYER H, KUKRETI A R, LIBERI D, et al., 2020. Creating Engineering Design Challenges: Success Stories from Teachers [M]. Arlington: National Science Teaching Association Press.

MOOTE J, ARCHER L, DEWITT J, et al., 2020. Comparing Students' Engineering and Science Aspirations from Age 10 to 16: Investigating the Role of Gender, Ethnicity, Cultural Capital, and Attitudinal Factors [J]. Journal of Engineering Education, 109 (1): 34-51.

MORAKANYANE R, GRACE A, 2017. Conceptualizing Digital Transformation in Business Organizations: A Systematic Review of Literature [A]. Pucihar A. 30th Bled Econference: Digital Transformation from Connecting Things to Transforming Our Lives [C]. Bled: University of Maribor: 427-444.

MORRAR R, ARMAN H, MOUSA S, 2017. The Fourth Industrial Revolution (Industry 4.0): A Social Innovation Perspective [J]. Technology Innovation Management Review, 7 (11) 12-20.

Ministry of Education, 2022. Roadmap on the Utilization of Data in

Education［EB/OL］.［2022-05-04］. https://cio.go.jp/sites/default/files/uploads/documents/digital/20220107_news_education_01.pdf.

MANYIKA J, LUND S, CHUI M, et al.,2017. Jobs Lost, Jobs Gained: Workforce Transitions in a Time of Automation. McKinsey Global Institute. San Francisco, 86. Retrieved July 13, 2020, from https://www.mckinsey.com/~/media/mckinsey/featured%20insights/Future%20of%20Organizations/What%20the%20future%20of%20work%20will%20mean%20for%20jobs%20skills%20and%20wages/MGI-Jobs-Lost-Jobs-Gained-Report-December-6-2017.ashx.

MILNER H R, TENORE F B,2010. Classroom Management in Diverse Classrooms[J]. Urban Education, 45(5): 560-603.

NADELSON L S, SEIFERT A L, 2017. Integrated STEM Defined: Contexts, Challenges, and the Future［J］. The Journal of Educational Research, 110（3）: 221-223.

NATHAN M J, SRISURICHAN R, WALKINGTON C, et al., 2013. Building Cohesion Across Representations: A Mechanism for STEM Integration［J］. Journal of Engineering Education, 102（1）: 77-116.

NOVIKOVAS A, NOVIKOVIENĖ L, SHAPOVAL R, SOLNTSEVA K, 2017. The Peculiarities of Motivation and Organization of Civil Defence Service in Lithuania and Ukraine［J］. Journal of Security and Sustainability Issues, 7（2）: 369-380.

National Academies of Sciences, Engineering, and Medicine（NASEM）, 2019. Science and Engineering for Grades 6-12: Investigation and Design at the Center［M］. Washington, D. C.: National Academies Press.

National Research Council, 2015. Identifying and Supporting Productive STEM Programs in Out-of-school Settings［J］. Washington D.C.: National Academies Press.

National Research Council, 1996. National Science Education Standards: Observe, Interact, Change, Learn [M]. Washington D. C.: National Academy Press.

OBLINGER D, 2005. Leading the Transition from Classrooms to Learning Spaces [EB/OL]. (2005-01-01) [2014-03-20]. https://er.educause.edu/articles/2005/1/leading-the-transition-from-classrooms-to-learning-spaces.

OECD, 2003. Scientific Literacy: The PISA 2003 Assessment Framework [M]. Paris: Author.

OECD, 2006. Assessing Scientific, Reading and Mathematical Literacy: A Framework for PISA 2006 [M]. Paris: Author.

OECD, 2018. The Future of Education and Skills — Education 2030 [EB/OL]. (2018-05-04) [2022-04-05]. https://www.oecd.org/education/2030/E2030%20Position%20Paper%20(05.04.2018).pdf.

OECD, 2019. PISA 2018 Results, Insights and Interpretations [EB/OL]. (2019-12-03) [2022-02-18]. https://www.oecd.org/pisa/PISA%202018%20Insights%20and%20Interpretations%20FINAL%20PDF.pdf.

OSMAN K, SAAT R M, 2014. Science, Technology, Engineering and Mathematics (STEM) Education in Malaysia [J]. Eurasia Journal of Mathematics, Science and Technology Education, 10 (3): 153-154. https://doi.org/10.12973/eurasia.2014.1077a.

PANIAGUA A, ISTANCE D, 2018. Teachers as Designers of Learning Environments: The Importance of Innovative Pedagogies [M]. // Educational Research and Innovation. Paris: OECD Publishing.

Petrosains (Ed.), 2021a. Petrosains Science Drama Competition [EB/OL]. [2022-04-05]. https://petrosains.com.my/science-drama-competition.

Petrosains,2021b. Petrosains RBTX Challenge [EB/OL]. [2022-04-05]. https://petrosains.com.my/rbtx-challenge/.

Petrosains, 2021c. Petrosains RBTX Challenge 2021 Innovation Category Rulesand Regulations [EB/OL]. [2022-04-05]. https://petrosains.com.my/wp-content/uploads/RBTX2021_Rules_Regulations_Innovation.pdf.

Project Lead The Way (PLTW), 2021. Our PreK-12 Pathways: Cohesive, Hands-On Learning Experiences [EB/OL]. [2022-12-29]. https://www.pltw.org/our-programs/QUALITY ASSURED STEM Case Study: Ringwood School (Science Club), 2010-2019.

REDECKER C. European Framework for the Digital Competence of Educators: DigCompEdu [EB/OL]. [2022-05-04]. https://publications.jrc.ec.europa.eu/repository/handle/JRC107466.

ROBECK E, 2014. The NGSS and STEM Instruction: Two Intersecting Initiatives [EB/OL]. [2023-05-15] .https://www.mheducation.com/unitas/school/explore/ngss/white-papers/ngss-and-stem-instruciton.pdf.

ROBERTS P, 2000. Education, Literacy, and Humanization: Exploring the Work of Paulo Freire [M] .Westport, CT: Bergin 8& Garvey.

ROMM J J, 1993. Defining National Security: The Nonmilitary Aspects [M] . Council on Foreign Relations.

Rolls-Royce, 2020. Spirit of Innovation [EB/OL]. [2022-09-01]. https://careers.rolls-royce.com/stem/spirit-of-innovation.

Royal Academy of Engineering, 2021a. Other STEM Support Organisations [EB/OL]. (2021-08-01) [2022-08-05]. https://www.raeng.org.uk/education/schools/teaching-and-learning-resources/further-stem-support.

Royal Academy of Engineering, 2021b. STEM at Home [EB/OL]. (2021-08-01) [2022-08-05]. https://www.raeng.org.uk/education/

stem-at-home.

SABOCHIK K. Changing the Equation in STEM Education. The White House: President Barack Obama, 2010, September 16. https://obamawhitehouse.archives.gov/blog/2010/09/16/changing-equation-stem-education.

SAKULKUEAKULSUK B, WITOON S, NGARMKAJORNWIWAT P, et al., 2018. Kids Making AI: Integrating Machine Learning, Gamification, and Social Context in STEM Education [ A ] // 2018 IEEE International Conference on Teaching, Assessment, and Learning for Engineering (TALE) [ C ]. IEEE: 1005-1010.

SAVVA S, 2019. Emergent Digital Multiliteracy Practices at the Core of a Museum - School Partnership [ M ] // Emergent Practices and Material Conditions in Learning and Teaching with Technologies. Springer: 199-215.

SCHWAB, 2016. The Fourth Industrial Revolution: What It Means, How to Respond [ EB/OL ] . ( 2016-01-17 ) [ 2023-03-14 ] .https://www.ge.com/news/reports/the-4th-industrial-revolution-what-it-means-how-to-respond.

SEAGE S J, TÜREGÜN M, 2020. The Effects of Blended Learning on STEM Achievement of Elementary School Students [ J ] . International Journal of Research in Education and Science, 6 ( 1 ) : 133-140.

SHAHALI E H M, ISMAIL I, HALIM L, 2017. STEM Education in Malaysia: Policy, Trajectories and Initiatives [ J ] . Asian Research Policy, 8 ( 2 ) : 122-133.

SINGER J D, BREMER S, STUCKEY J, 1982. Capability Distribution, Uncertainty, and Major Power War, 1820-1965 [ M ] //Peace, War, and Numbers, Beverly Hills: Sage: 19-48.

SPRINGATE I, HARLAND J, LORD P, et al., 2008. Why Choose Physics and Chemistry? The Influences on Physics and Chemistry Subject Choices of BME Students [R/OL]. (2008-11) [2022-02-18]. https://www.nfer.ac.uk/media/1618/auc02.pdf.

STEM Learning, 2021. STEM Ambassador Programme [EB/OL]. (2021-04-19). https://www.stem.org.uk/stem-ambassadors.

STEM Learning, 2022a. STEM Case Study: Ringwood School (Science Club) [EB/OL]. [2022-05-22]. https://www.stem.org.uk/resources/elibrary/resource/36779/stem-case-study-ringwood-school-science-club.

STEM Learning, 2022b. The Royal Academy of Engineering [EB/OL]. [2022-05-22].https://www.stem.org.uk/resources/collection/2816/royal-academy-engineering.

STEM Online Challenge, 2021. STEM Online Challenge Sekolah Rendah 2021 [EB/OL]. [2022-12-29]. https://sites.google.com/moe-dl.edu.my/stemocns2021sr/pengenalanSTEM Learning (Ed.).

STEM works-WestEd, 2021a [EB/OL]. (2021-04-19). https://stemworks.wested.org.

STEM works-WestEd, 2021b. STEMworks Design Principles [EB/OL]. (2021-04-19). https://stemworks.wested.org/sites/default/files/STEMworks_Design_Principles.pdf.

STEM works-WestEd, 2021c. STEMworks Design Principles Rubric-STEM Works at WestEd [EB/OL]. (2021-04-19). https://stemworks.wested.org/sites/default/files/STEMworks_Design_Principles_Rubric.pdf.

STRAW S, MACLEOD S, 2015. Evaluation of STEMNET's Operations and Impacts 2011—2015: Summary Report [J]. Slough, England: National Foundation for Educational Research, UK.

SU H F H, LEDBETTER N, FERGUSON J, 2017. Finland: An Exemplary STEM Educational System [J]. Transformations, 3 (1): 4.

SUNG W, AHN J, BLACK J B, 2017. Introducing Computational Thinking to Young Learners: Practicing Computational Perspectives Through Embodiment in Mathematics Education [J]. Technology, Knowledge and Learning, 22 (3): 443-463.

SWAGERTY L M, HODGE T, 2019. Fostering Creativity and Curiosity: Developing Safer Elementary STEM Learning Spaces [J]. Technology and Engineering Teacher, 78 (8): 20-23.

So W M W, He Q, Chen Y, et al., 2021. School-STEM Professionals' Collaboration: A Case Study on Teachers' Conceptions [J]. Asia-Pacific Journal of Teacher Education, 49 (3): 300-318.

TANG K S, WILLIAMS P J, 2018. STEM Literacy or Literacies? Examining the Empirical Basis of These Constructs [J]. Review of Education, 2018.

THORBURN M, STOLZ S, 2017. Embodied Learning and School-based Physical Culture: Implications for Professionalism and Practice in Physical Education [J]. Sport, Education and Society, 22 (6): 721-731.

TULIVUORI J, 2021. Different Approaches to Learning Science, Technology, Engineering, and Mathematics: Case Studies from Thailand, the Republic of Korea, Singapore, and Finland [M].Asian Development Bank, Manila, Philippines. https://doi.org/10.22617/spr210041.

The Royal Society, 2014. Vision for Science and Mathematics Education [M]. London: Royal Society Policy Centre.

The Scottish Government, 2017. Science, Technology, Engineering and Mathematics (STEM) Evidence Base [EB/OL]. (2017-10-26) [2022-02-18]. https://www.gov.scot/publications/science-technology-engineering-mathematics-education-training-strategy-scotland.

U.S. Department of Education, 2016. STEM 2026: A Vision for Innovation in STEM Education [R].

U.S. Department of Education, 2017. Reimagining the Role of Technology in Education: 2017 National Education Technology Plan Update [EB/OL]. [2022-05-04]. https://tech.ed.gov/files/2017/01/NETP17.pdf.

UNESCO International Bureau of Education, 2019. Exploring STEM Competences for the 21st Century [R/OL]. (2019-02) [2022-02-18]. https://unesdoc.unesco.org/ark:/48223/pf0000368485.

UNESCO, 2015. Rethinking Education: Towards a Global Common Good? [EB/OL]. [2022-08-01] http://unesdoc.unesco.org/images/0023/ 002325/ 232555e. pdf.

UNESCO, 2016. Education for All (2000—2015): Achievements and Challenges [EB/OL]. [2021-04-18]. http://www.unesco.org/new/en/ education/themes/leading-the-international-agenda/education-for-all/.

United Nations. The Sustainable Development Goals [EB/OL]. (2020-12-15) [2022-12-25].https://www.un.org/sustainabledevelopment/zh/ sustainable-development-goals/.

United States Congress, 2015. STEM Education Act of 2015 [Z]. U.S. Government Publishing Office: 114-59. [EB/OL]. (2015-12-16) [2020-12-20]. https://www.congress.gov/114/plaws/publ59/PLAW-114publ59. pdf.

VARTIAINEN J, KUMPULAINEN K, 2020. Makerspaces, Multiliteracies and Early Science Education: The Finnish Approach [M]//Enhancing Digital Literacy and Creativity: Makerspaces in the Early Years. New York: Routledge.

WANG H H, MOORE T J, ROEHRIG G H, et al., 2011. STEM Integration: Teacher Perceptions and Practice [J]. Journal of Pre-College Engineering Education Research (2): 1-13.

WANG L, CHIANG F K, 2020. Integrating Novel Engineering Strategies Into STEM Education: APP Design and an Assessment of Engineering - related Attitudes [J]. British Journal of Educational Technology,51 (6) : 1938-1959.

WEISS S P, MASER R, OLIVER K, et al., 2014. North Carolina Virtual Public School Blended Learning STEM Courses [R/OL]. (2014- 08) [2022-02-18]. https://publicpolicy.unc.edu/wp-content/uploads/ sites/107/2015/07/North-Carolina-Virtual-Public-School-Blended- Learning-STEM-Courses-Final-Report-Impact-Qualitative-Assessment- and-Policy-Recs-August-2014.pdf.

WILSON A D, GOLONKA S, 2013 Embodied Cognition Is Not What You Think It Is [J]. Frontiers in Psychology (4) : 1 - 13.

World Economic Forum, 2018. The Future of Jobs Report [EB/OL]. (2018) [2022-02-14]. https://www3.weforum.org/docs/WEF_Future _ of_Jobs_2018.pdf.

World Economic Forum, 2020. Schools of the Future: Defining New Models of Education for the Fourth Industrial Revolution [R]. Switzerland: World Economic Forum: 1-14.

World Intellectual Property Organization, 2021. Global Innovation Index 2021: Tracking Innovation through the COVID-19 Crisis [EB/OL]. (2021- 09-20) [2022-02-18]. https://www.wipo.int/edocs/pubdocs/ en/wipo_ pub_gii_2021.pdf.

YAVUZ Ü, YILDIZ DUBAN N, 2021. Primary School Students' Interests on Professions and Opinions on STEM Implementations [J]. International Technology and Education Journal, 5 (1) : 21-31.

ZOLLMAN, A, 2011. Is Stem Misspelled? [J]. School Science & Mathematics, 111 (5) : 197-198.